美军陆空联合作战指挥

许正忠　史文丽　张永亮　编　著

编　写　人　员

编　　著　许正忠　史文丽　张永亮
副 主 编　张素刚　宋有法　魏军民　张乃敏
编写人员　夏志雄　王光远　陈　琪
　　　　　秦荣荣　沈　义　郑慧娟
校　　对　史文丽

Wuhan University Press
武汉大学出版社

图书在版编目(CIP)数据

美军陆空联合作战指挥/许正忠，史文丽，张永亮编著.—武汉：武汉大学出版社，2021.12

ISBN 978-7-307-22686-9

Ⅰ.美… Ⅱ.①许… ②史… ③张… Ⅲ.联合作战－研究－美国 Ⅳ.E837

中国版本图书馆CIP数据核字(2021)第229639号

责任编辑：黄朝昉　　责任校对：姜程程　　版式设计：天　韵

出版发行：**武汉大学出版社**　（430072　武昌　珞珈山）
（电子邮箱：cbs22@whu.edu.cn　网址：www.wdp.com.cn）

印刷：三河市京兰印务有限公司

开本：710×1000　1/16　　印张：17.5　　字数：295千字

版次：2021年12月第1版　　2021年12月第1次印刷

ISBN 978-7-307-22686-9　　定价：68.00元

前　言

美军1982年颁发的《作战纲要》首次提出了“空地一体战”理论；1993年颁发的《作战纲要》将“空地一体战”发展为“联合作战”；2001年，美国国防部首次确立了“网络中心战”，强调各部队基于网络高效协作、一体化行动；2016年，美国陆军正式提出了“多域战”概念，企图通过作战力量的多域融合，实现作战行动的跨域协同；2020年，军种“多域战”概念发展为联合“全域作战”概念，部队行动将涵盖陆海空天电网等全部作战领域，联合作战向更低、更快和更精细层次延伸。历经海湾战争、阿富汗战争和伊拉克战争，美军在陆空联合作战理论研究和实践探索方面已经走在了世界的前列。由于思维方式和作战理念不同，美军陆空联合指挥体系、组织流程、协同方式散见于各大条令之中，需要我们去研究、归纳和总结。

翻开美军作战条令，如《联合作战纲要》《近距空中支援的联合战术、技术和程序》《联合空中作战指挥与控制条令》《联合遮断纲要》《联合火力支援》《战区空地作战行动的多军种程序》，我们很难发现单独的与陆空联合作战相关的内容。实际上，当前美军没有独立的陆空联合作战概念，美军陆空联合作战是融入诸军种一体化联合作战之中的。因此，本书以美军陆、空军为主进行研究，但研究的视角并没有局限于陆、空军本身，而是在总体上剖析美军联合作战指挥体制的基础上，深入探讨陆空联合作战指挥问题。

本书围绕美军“如何组织实施”陆空联合作战这一问题展开研究，主要是回答美军陆空联合作战“指挥架构”“筹划流程”“计划制订”“构网建链”“协同方式”等重难点问题，共分七章。第一章为绪论，主要介绍美军相关基本情况，使读者对美国陆军与空军基本情况以及美军陆空联合作战的主要行动和历史发展有一个初步的了解。第二章介绍美军陆空联合作战指挥体制，在剖析美军国家指挥体制、战区指挥体制、军种指挥体制的基础上，重点对美军战区空地系统进行了介绍。第三章介绍美军陆空联合作战组织流程，主要梳理美军陆空联合作战的组织筹划流程。由于陆空联合作战行动样式较多，其中以近距空中支援行动最为复杂，也最为典型，因此本书以近距空中支援行动为例，对美军陆空联合作战组织筹划流程进行了介绍。第四章介绍美军陆空联合作战计划制订，主要阐述美军陆空联合作战计划的类型、计划制订过程和需要重点把握的问题。第五章介绍美军陆空联合作战通指网系，主要介绍美国陆军与空军组织指挥所依托的信息系统，以及陆空沟通协调联络所依赖的通信网络。第六章介绍美军陆空联合作战协同方式，主要介绍美军陆空联合作战的协同方式和协调方法。协同方式分计划式协同、临机式协同和召唤式协同进行介绍；协调方法分火力协调方法、空域协调方法进行介绍。第七章指明美军陆空联合作战指挥的启示，主要分析美军陆空联合作战指挥的经验教训，探讨美军陆空联合作战指挥的主要启示。

本书的研究目的是剖析美军陆空联合作战指挥体制、厘清其指挥关系，梳理其指挥流程，研究其制订计划、构网建链、组织协同的方法，以期为广大军事研究者和军事爱好者提供了解、学习美军陆空联合作战指挥问题的有益参考，起到抛砖引玉的作用。

本书资料均来源于国内外公开出版物。为增强权威性和可信度，本书注意采用美军公开出版的联合条令和军种条令。并对重要观点和引用资料注明了出处。由于部分内容和观点综合于各类报纸、杂志和网络资料，因此未能一一注明来源。本书涉及信息量大、知识面宽，一些问题也是众说纷纭，难有定论。研究过程中，编写组深感能力水平有限，占有资料有限，对相关问题的研究还是初步的，有些观点还有待进一步研究核实，书中必定存在一定的疏漏和不妥，望学界同人和广大读者批评指正。

编写组

2021 年 7 月

目　录

第一章
绪　论

指挥服务于作战。深入分析美军陆空联合作战指挥，首先需要了解美国陆军和空军编制和装备等基本情况，掌握美军陆空联合作战的主要行动，知晓其陆空联合作战的历史演变。

第一节　美国陆、空军基本情况

美国武装力量由陆军、海军、空军、海军陆战队、海岸警卫队、太空军、国民警卫队构成。美国海岸警卫队平时由国土安全部指挥，战时由国防部指挥。

一、陆军基本情况

美国陆军是美国武装力量的主要组成部分之一，包括现役部队、预备役部队和国民警卫队，始建于1775年，史称大陆陆军。美国参加的第一场战争是1775年9月发起的入侵加拿大的战争。历经独立战争、美英战争、美墨战争、美国内战、印第安纳战争、美西战争、第一次世界大战和第二次世界大战等战争，逐渐发展壮大，美国陆军成长为世界上较为强大的陆军之一。

（一）基本建制①②

美国陆军实行军政、军令相分离的体制，即“养兵”与“用兵”相分离。军政系统由总统、国防部长、陆军部及其陆军参谋部组成；军令系统由总统、国防部长、参谋长联席会议主席、战区司令部组成。总统、国防部长通过陆军部统管陆军建设；总统、国防部长通过参谋长联席会议主席对战区下达命令，由战区负责指挥陆军部队行动。

---

① 萧石忠．美国陆军［M］．北京：人民出版社，2004：19－23＋31.

② 樊高月．美国陆军扫描［M］．北京：光明日报出版社，1999：13－21.

陆军行政管理链如图 1－1 所示；陆军作战指挥链如图 1－2 所示。

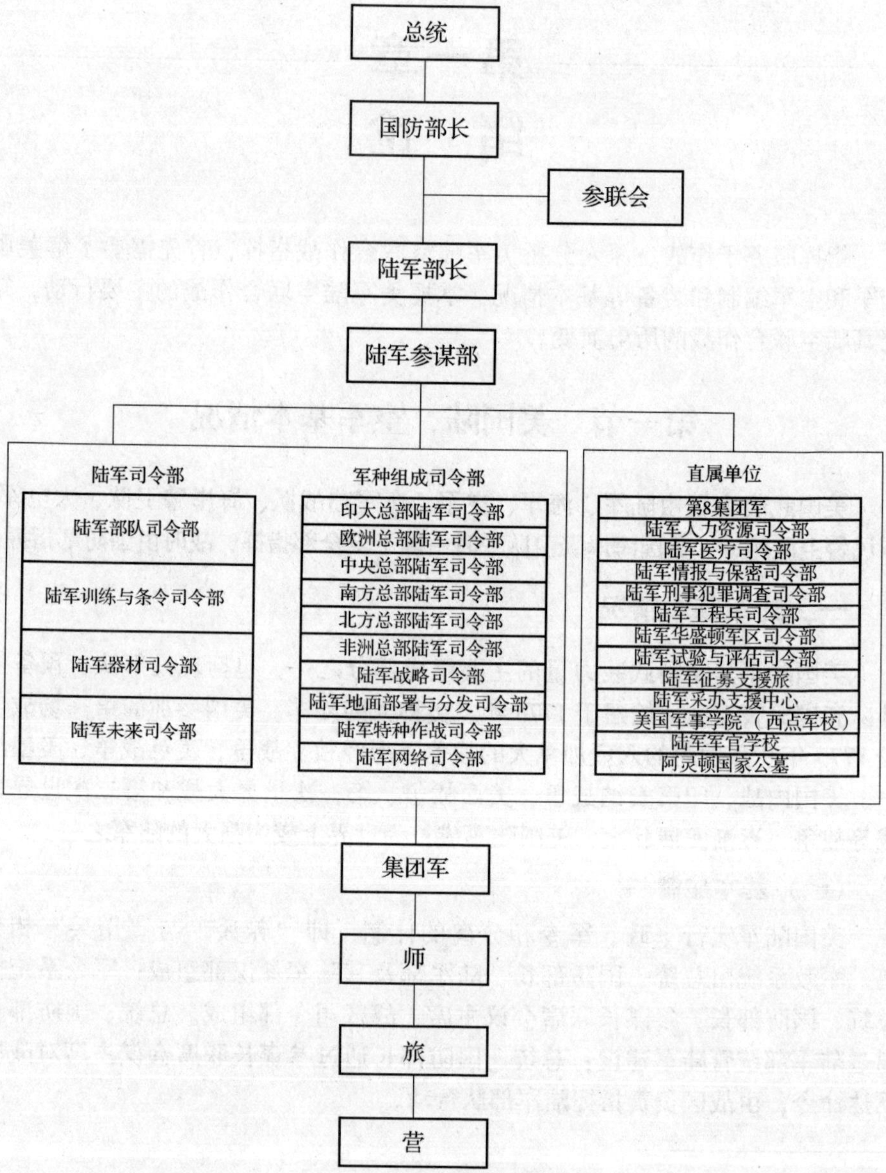

图 1－1　陆军行政管理链

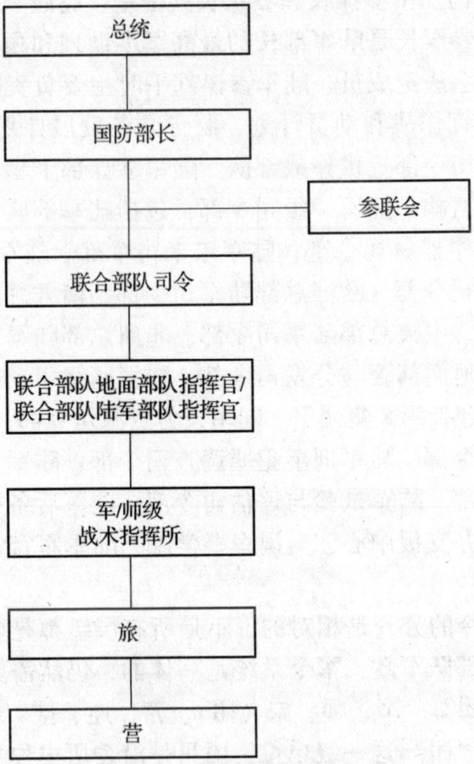

图 1－2 陆军作战指挥链

陆军部。陆军最高行政领导机关，隶属国防部。由部长办公厅、陆军参谋部、陆军一级司令部和下属专业机构组成。负责陆军的人事与行政管理、部队组建、战备训练、兵役动员、武器装备的研制与采购以及其他后勤保障等事务，但没有作战指挥权。部长为文职官员，由总统提名，经参议院同意后任命。另设副部长 1 名和若干名助理部长及帮办，协助正副部长分管各项工作。

部长办公厅。由部长、副部长、若干助理部长（均为文职）和其他助手组成。陆军部长负责陆军的一切事务。陆军副部长负责采办事务，并就此直接向负责采办事务的国防部副部长报告工作。助理部长分别负责基地、后勤与环境，财务管理，民用工程以及研究、发展与采购以及人力与后备役事务。

陆军参谋部。陆军参谋部是陆军部长的军事参谋与办事机构，也是陆军的最高军事职能部门。由参谋长和参谋长办公室、高级参谋、特业参谋、侍从参谋组成。陆军参谋长是陆军部长的最高军事助理和顾问，是陆军中军职最高的军官和参联会法定成员。陆军参谋部平时主要负责陆军部队的行政管理、军事训练、拟订作战和动员计划、制订装备发展计划和各种条令条例。战时负责向各联合司令部提供作战部队。陆军参谋部下辖一级司令部、军种组成司令部和直属机构。陆军一级司令部，包括陆军部队司令部、陆军训练与条令司令部、陆军器材司令部、陆军未来司令部。陆军军种组成司令部，包括印太总部陆军司令部、欧洲总部陆军司令部、南方总部陆军司令部、北方总部陆军司令部、中央总部陆军司令部、非洲总部陆军司令部、陆军特种作战司令部、陆军地面部署与分发司令部、陆军网络司令部、陆军战略司令部等。直属单位，包括第 8 集团军、陆军人力资源司令部、陆军医疗司令部、陆军情报与保密司令部、陆军刑事犯罪调查司令部、陆军工程兵司令部、陆军华盛顿军区司令部、陆军试验与评估司令部、陆军后备役司令部、陆军征募支援旅、陆军采办支援中心、美国军事学院、陆军军官学校、阿灵顿国家公墓等。

美军军政、军令的分开是相对的，不是所有层级都是分开的，对于陆军部队而言，军以下部队军政、军令系统是一体的，仍然需要本级指挥员的指挥。美陆军设有集团军、军、师、旅（团）、营、连、排、班等作战单位。美国陆军编制中并无“团”这一级单位，团只是沿袭历史称号。建制为团的单位包括第 2 骑兵团、第 3 装甲骑兵团、第 75 别动团、第 11 装甲骑兵团。

集团军。集团军司令通常为中将军衔。美国陆军共有 7 个集团军：第 1、2、3、5、6、7、8 集团军。第 1 集团军是陆军预备役部队的训练总部；第 2 集团军为美国陆军网络空间司令部；第 3、5、6、7 集团军分别为美军中央总部、北方总部、南方总部、欧洲总部所属的陆军军种司令部。在海湾战争和伊拉克战争中，中央司令部陆军司令部均由第 3 集团军担任。第 8 集团军驻韩国，指挥机构齐全并统辖有作战部队，是实质意义上的野战集团军①。

军。一般作为陆军战役或战术司令部使用。军长通常为中将军衔。军没有固定的编制，根据作战任务不同，军可由不同数量和种类的师及其他战斗、战斗支援和战斗勤务支援部队编配而成。军通常在上级部队、联军部队或联

① 郭慧志. 锋从磨砺出：美国陆军战术体制发展历程［M］. 北京：航空工业出版社，2014：504－505.

合特遣部队的编成内作战，也可独立遂行任务。美陆军现编有3个军，分别为第1、3军和第18空降军。第5军军部于2013年6月除役①。

师。一般作为陆军战术司令部使用。师长通常为少将军衔。美陆军现役师共有6种类型：步兵师、山地师、机械化步兵师、装甲师、空降师和空中突击师。其中，步兵师、山地师为轻型师，装甲师和机械化步兵师为重型师，空降师、空中突击师为快速反应师。轻型师包括第25轻步兵师和第10山地师。重型师包括第1骑兵师、第1装甲师、第1机步师、第2机步师、第3机步师和第4机步师。快速反应师包括第82空降师和第101空中突击师②。

旅。美陆军的基本作战单位。旅长通常为上校军衔。美国陆军旅包括作战旅、支援旅和职能旅3种。作战旅，包括重型（装甲）旅、中型（斯特赖克）旅和轻型（步兵）旅3类。支援旅，包括陆航旅、火力旅、战场监视旅、战斗支援旅和维持旅5种。职能旅，主要向战区级部队提供作战支援，也可配属至军和师的作战控制之下，包括工兵旅、宪兵旅、化学旅、防空炮兵旅、通信旅、医疗旅、军事情报旅、民事旅等。

营。营长通常为中校军衔。营长配有一个参谋班子，履行作战、训练、管理和后勤等方面的职责。营有战斗、战斗支援、战斗勤务支援多种类型。营拥有充分的战术制定和行政管理自主权。装甲骑兵营和空中骑兵营称为中队。2个或2个以上作战营组成1个旅。

连。连是机动营和骑兵营的基本战术组成单位。连长通常为上尉军衔。炮兵部队中的这一级作战单位被称作炮兵连，装甲骑兵或空中骑兵部队被称为骑兵连。通常5个连组成1个营。

排。指挥官为陆军中尉。根据类型的不同其规模有所变化：步兵（40名）、装甲兵（4名坦克兵、16名士兵）。3~4个排组成1个连。

班。指挥官为陆军军士。陆军战斗编制中的最小单位。根据类型的不同其规模有所变化：步兵（9名）、装甲兵（4名）、工程兵（10名）。3~4个班组成1个排③。

---

① 郭慧志. 锋从磨砺出：美国陆军战术体制发展历程［M］. 北京：航空工业出版社，2014：506.

② 郭慧志. 锋从磨砺出：美国陆军战术体制发展历程［M］. 北京：航空工业出版社，2014：507.

③ 美国陆军部. 现役美国陆军武器系统鉴赏图典［M］. 刘杨，译. 北京：人民邮电出版社，2014：345.

（二）当前典型装备①

主要装备 M1“艾布拉姆斯”等型主战坦克、M2/M3“布雷德利”步兵战车、M109 系列履带式自行榴弹炮、“斯特赖克”轮式装甲车、AH-64D 型直升机、RQ-7 无人机等武器。美陆军武器装备信息化水平高，配套设备完善，火力和机动能力强，防空反导和夜战能力较为突出。

M1“艾布拉姆斯”系列坦克是美国陆军及海军陆战队现役装甲部队的核心力量，1973 年开始研制，1982 年装备美军，现共有 M1A1、M1A2、M1A2 SEP 3 种型号。M1A1 主战坦克以其机动性强、火力精准强悍等优势而扬名世界，是让美国陆军引以为傲的装备，亦为美国陆军装备的代表。

图 1-3 M1A2“艾布拉姆斯”主战坦克

尺　　寸：车长 9.77 米，车宽 3.66 米，车高 2.44 米
战斗全重：M1A2（68.4 吨），M1A2 SEP（69.5 吨）
乘　　员：4 人
最大速度：M1A2 66.8 千米/时；M1A2 SEP 67.6 千米/时
最大行程：391 千米
装　　甲：复合装甲
武器装备：M256 型 120 毫米滑膛炮
M2 型 12.7 毫米机枪
M240 型 7.62 毫米通用机枪（2 挺）

① 刘剑. 美国陆军图鉴：下册［M］. 北京：人民邮电出版社，2014：62-128.

美国“布雷德利”M2/M3 履带式步兵战车是世界上较为先进的步兵战车之一，具备较强的火力、机动性、装甲防护和车载作战系统，在海湾战争和伊拉克战争中均大显身手。M2 为步兵战车，最新型号为 M2A3，主要用于战场输送步兵伴随坦克战斗，提供火力支援并压制敌方反坦克武器和装甲车，消灭敌有生力量。M3 为装甲侦察车，最新型号为 M3A3，与 M2A3 相比仅存在一些较小的内部差别。

“斯特赖克”是美军新式 8 轮装甲车，名字来源于美国陆军两名被美国国会授予荣誉勋章的士兵：一名是上士罗伯特·斯特赖克，在越南战争中阵亡；另一名是一等兵斯图亚特·斯特赖克，在第二次世界大战中阵亡。“斯特赖克”装甲车火力强大，防护性能优良，其灵活性优于美军重型装甲部队的 M2 系列“布雷德利”步兵战车和 M1 系列主战坦克。“斯特赖克”基本型有 2 名乘员，可搭载 9 名士兵，并配有机枪、榴弹发射器等武器。“斯特赖克”装甲车有侦察、自行榴弹炮、迫击炮、指挥、工程、救护等多种衍生型号，每种车的底盘是通用的，因此车辆维护成本大大降低。

图 1－4　M2A3“布雷德利”步兵战车

尺　　寸：车长 6.45 米，车宽 3.2 米，车高 2.56 米
战斗全重：22.6 吨
载　　员：乘员 3 人（指挥官、炮手和驾驶员），载员 7 人（全副武装步兵）
最大速度：66 千米/时（公路），7.2 千米/时（水上）
最大行程：483 千米
武器装备：M242 型 25 毫米自动炮（射程 2000 米以上）
　　　　　M240 型 7.62 毫米机枪（2200/4200 发）
　　　　　2 联装“陶”式反坦克导弹发射架（射程 3.75 千米）

图1-5 “斯特赖克”轮式装甲车

尺　　寸：车长6.98米，车宽2.71米，车高2.64米

战斗全重：18.5吨（基础型）

载　　员：乘员2人，载员9人（装甲输送车）

最大速度：100千米/时

最大行程：500千米

武器装备：M2型12.7毫米机枪，MK19型40毫米榴弹发射器，
M240型7.62毫米机枪，25毫米自动炮，105毫米滑膛炮等

M109“帕拉丁”自行榴弹炮是近几十年来美军主要的陆地火力支援武器和北约军队炮兵部队的标准装备，是第二次世界大战后至目前生产数量最多、装备数量最多、装备国家最多、累计服役时间最长的自行火炮。该炮自1963年6月服役以来，先后参加过越南战争、中东战争、两伊战争、海湾战争和伊拉克战争。该型火炮可发射榴弹、发烟弹、照明弹、火箭增程弹、子母弹、布雷弹等多种类型弹药。M109 A6是M109系列自行榴弹炮中最先进的型号，是目前美军重装师和装甲部队的主要支援火力，同时也是美军第一种可独立作战的数字化火炮系统。

M270 MLRS多管火箭炮，是美国为填补身管火炮和战术导弹之间的火力空白而研制的自行火箭炮，主要用于打击敌有生力量、炮兵阵地和装甲集群。M270发射箱可以携带12枚火箭弹或2枚陆军战术导弹。可在1分钟内发射12枚227毫米火箭弹，抛出7728发子弹，覆盖面积相当于6个足球场。其行军战斗转换时间为5分钟，战斗行军转换时间为2分钟，再装时间为5分钟。

图 1-6 M109 A6 "帕拉丁" 自行榴弹炮

尺　　寸：车长 9.1 米，车宽 3.15 米，车高 3.3 米
战斗全重：28.3 吨
乘　　员：4 人
最大速度：56.3 千米/时
最大行程：354 千米
有效射程：24000 ~ 30000 米
最大射速：8 发/分（急促射速）
武器装备：M248 型 155 毫米榴弹炮
　　　　　M2 型 12.7 毫米机枪

其 C3 系统能够接受空军联合监视与目标攻击雷达系统分发的目标数据，从而提高陆空协同能力和综合打击能力[①]。

AH-64D 型 "长弓阿帕奇" 武装直升机是美陆军目前最先进的重型武装直升机。主要用于武装侦察、纵深精确打击、近距空中支援等作战任务。具有全天候作战、火力强和生存能力强等特点，能够承受 23 毫米以下的高射炮的攻击。可外挂 "地狱火" 及 70 毫米火箭弹，对装甲目标威胁较大[②]。

UH-60 是西科斯基公司研制的通用直升机，绰号 "黑鹰"（Black Hawk）。可执行空中打击、全面支援、护送伤员、指挥控制等任务。"黑鹰" 直升机极大提高了美国陆军的整体机动能力。能运送全副武装的 11 人步兵班。此外，还有 1 个货运挂钩可以执行外部吊运任务。

① 樊高月：美国陆军扫描［M］. 北京：光明日报出版社，1999：296.
② 西风. 21 世纪美军空中力量［M］. 北京：中国市场出版社，2013：170-175.

图 1-7　M270 MLRS 多管火箭炮

尺　　寸：车长 6.85 米，车宽 2.97 米，车高 2.59 米
战斗全重：25.19 吨
乘　　员：3 人
最大速度：64 千米/时
最大行程：483 千米
有效射程：32000~45000 米（常规或增程火箭弹）；70000 米（制导火箭弹）；
300000 米（战术导弹）
最大射速：12 发/分
配备弹药：M26 式双用途子母火箭弹，布雷弹，反坦克子母弹，制导火箭弹，陆军战术导弹等

图 1-8　AH-64D 型“长弓阿帕奇”武装直升机

机　　高：4.3 米
主旋翼直径：14.63 米
乘　　员：2 人
重　　量：空重 7800 千克；最大起飞重量：10433 千克
速　　度：巡航速度 265 千米/时；最大速度 365 千米/时；垂直爬升速度 450 米/分
最大航程：426 千米（全重）
实用升限：6400 米（最小载荷）
动力装置：2 台 GE T 700-701 发动机
武器装备：1 门 M230 30 毫米多管火炮，“地狱火”导弹，“响尾蛇”反辐射导弹，AIM-9 导弹

图 1－9　UH－60L“黑鹰”直升机

机　　长：19.76 米

机　　高：5.13 米

主旋翼直径：16.36 米

乘　　员：2 人

内部载重：11 人/1197 千克

外部载重：4000 千克

巡航速度：150 千米/时

爬 升 率：400 米/分

实用升限：5790 米

武器装备：2 挺机枪，1 门 70 毫米火箭发射巢，AGM－114“地狱火”空对地导弹等

CH－47“支奴干”是一种由美国波音公司制造的多功能、双引擎、双螺旋桨的中型运输直升机。乘员共有 4 人，包括 1 名飞行员、1 名领航员和其他 2 名机组人员。能够运送 45 名全副武装的士兵或者是各种重量较大的货物，最大载重量达到 10.1 吨，性能可靠。已经在美国军队服役了几十年。主要任务是输送武器、弹药、人员和给养，执行救援、空中医疗、伞降、飞机回收和特种任务①。

RQ－11A 是美国航宇环境公司研制的无人侦察机，绰号“大乌鸦”（Raven）。“大乌鸦”很大程度上延伸了美军基本单位的视界，使他们具有了超地平线的情报监视和侦察能力。在使用时，仅需 1 名士兵抛射即可起飞。改进型采用“凯夫拉”纤维增强复合材料制造，结构更加坚固。该机静音性能良好，在 90 米高度以上飞行时，地面人员基本上听不到电动马达的声音，再加上其较小的体积，所以很少遭受敌方地面火力的攻击。

① 西风．21 世纪美军空中力量［M］．北京：中国市场出版社，2013：180－184.

图 1－10　CH－47D 型“支奴干”直升机

机　　高：5.7 米
主旋翼直径：18.28 米
乘　　员：2 人
空　　重：10814 千克
速　　度：巡航速度 265 千米/时；垂直爬升速度 561 米/分
航　　程：600 千米
实用升限：3900 米（最小载荷）
动力装置：2 台莱康明 T－55－L－712 发动机
武器装备：3 挺 7.62 毫米 M－60 机枪

“大乌鸦”可以从地面站进行遥控，也可以使用 GPS 航途基准点导航从而完全自动执行任务。无人机可以通过一个按键马上自动返回出发点①。

RQ－7 是美军装备的无人侦察机，绰号“影子”（Shadow）。RQ－7 无人机具有体积小、重量轻的特点，整套系统可通过 C－130 运输机快速部署到战区的任何一个地方。该无人机的探测能力较强，可探测到距离陆军旅战术作战中心约 125 千米外的目标，并可在 2438 米的高空全天候侦察到 3.5 千米倾斜距离内的地面战术车辆。RQ－7 是“影子”系列当中最新的无人机系统，享有“陆军的眼睛”之美称，可以让陆军指挥官在作战中“第一时间发现，第一时间了解，第一时间行动”。

① 《深度军事》编委会. 现代战机鉴赏指南：珍藏版［M］. 2 版. 北京：清华大学出版社，2017：407.

图 1－11　RQ－11A“大乌鸦”无人机

机　　长：1.09 米

翼　　展：1.3 米

空　　重：1.9 千克

速　　度：巡航速度 56 千米/时

使用范围：10 千米

续航时间：1～1.5 小时

图 1－12　RQ－7“影子”无人机

机　　长：3.4 米

翼　　展：4.3 米

重　　量：空重 84 千克；最大起飞重量 170 千克

最大速度：204 千米/时

使用范围：125 千米

实用升限：4572 米

MQ－8B 美国是诺斯罗普·格鲁曼公司研制的垂直起降无人机，绰号“火力侦察兵”（Fire Scout）。MQ－8B 可在战时迅速转变角色，执行包括情报、侦察、监视、通信中继等在内的多项任务。同时，这种做法还可为今后进行升级改造预留充足的载荷空间。MQ－8B 无人机还具备挂载“蝰蛇打击”智能反装甲滑翔弹和“九头蛇”低成本精确杀伤火箭的能力，将来可能还会使用“地狱火”导弹和以色列拉斐尔公司的“长钉”导弹。MQ－8B 提供侦察、态势感知、精确定位的支持，已被美陆军选作“未来作战系统”的一个组成部分，将成为旅级部队装备的战术无人机。

图 1－13　MQ－8B“火力侦察兵”无人机

机　　长：7.3 米

翼　　展：8.4 米

重　　量：空重 940 千克；最大起飞重量 1430 千克

最大速度：213 千米/时

使用范围：203 千米

实用升限：6100 米

二、空军基本情况

美国空军前身是美国陆军航空队，于 1947 年 7 月 26 日脱离陆军建制，正式成为与陆、海军并列的独立军种，同年 9 月 18 日成立空军部。美空军武器装备信息化程度高，技术水平先进，具有较强的隐身突防、战略投送、侦察监视、制空作战和对地支援能力。

（一）基本建制①②

美国空军同样实行军政、军令相分离的体制，即“养兵”与“用兵”相

① 萧石忠．美国空军［M］．北京：人民出版社，2004：21－23．

② 萧石忠．美国空军［M］．北京：人民出版社，2004：39－40．

分离。军政系统由总统、国防部长、空军部及其空军参谋部组成；军令系统由总统、国防部长、参谋长联席会议主席、战区司令部组成。总统、国防部长通过空军部统管空军建设；总统、国防部长通过参谋长联席会议主席对战区下达命令，由战区负责指挥空军部队行动。

空军行政管理链如图 1－14 所示，空军作战指挥链如图 1－15 所示。

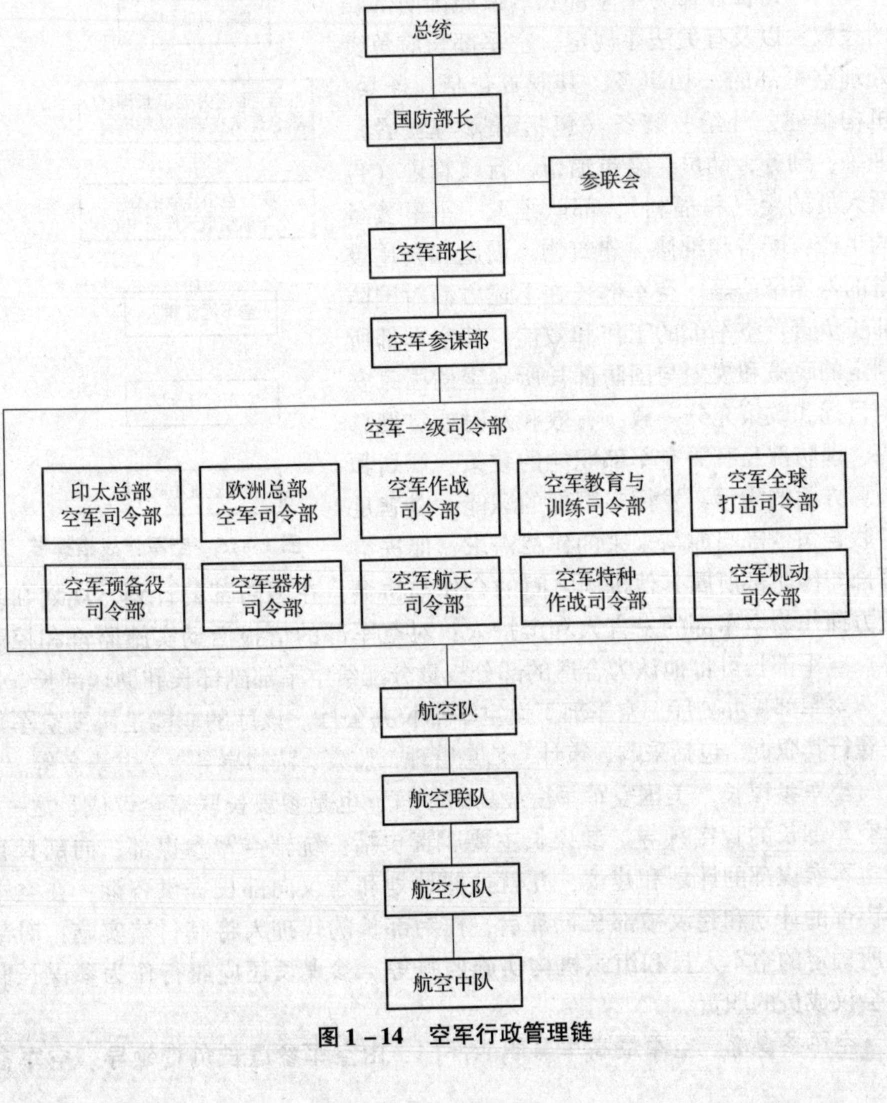

图 1－14　空军行政管理链

空军部。由美国空军部长负责领导，是美国空军最高行政领导机构，由空军部长办公厅、空军参谋部以及若干下一级司令部组成。

空军部长。空军部长为空军部首长，由文职人员担任。通常情况下，军官退出现役后5年之内不得被任命为空军部长。依照国防部长的授权，以及有关法律规定，空军部长应负责处理空军部的一切事务，其职责包括：征兵，机构组建，补给，装备（包括研究与发展），训练，勤务，动员，复员退伍，行政管理（包括人员的士气和福利），部队维系，军事装备的生产、配备和维修，建筑物、设施和公用设备的保养维修等。空军部长在下述方面对国防部长负责：空军部的工作和效能；使空军部所制定的政策和规划与国防部长所确定的国家安全目标和政策充分一致；有效和及时地贯彻总统、国防部长有关空军部职能的政策、规划和预算方面的指示；发挥空军部的职能，以满足各联合司令部当前与未来的作战需求；促进空军部与国防部所属其他机构之间的合作与协调；在国防部的计划、规划和政策方面作为空军部的发言人和辩护人；对空军部的情报活动实施监督和控制等。空军部长可将他认为合适的部分权责分配给空军部副部长和助理部长。

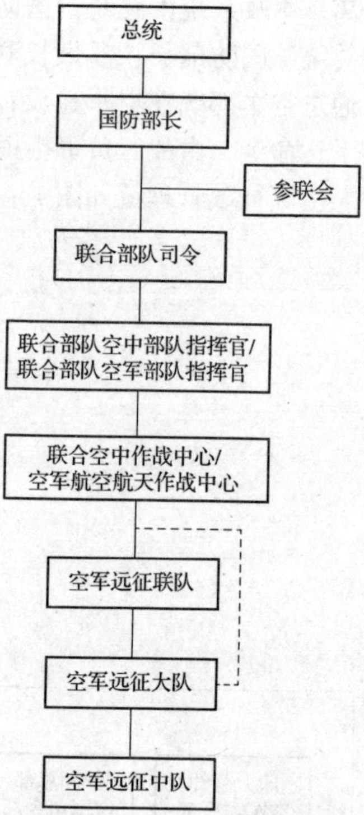

图1-15　空军作战指挥链

空军部长办公厅。空军部下设空军部长办公厅。该厅的职能是协助空军部长履行其职责，包括采购、审计、信息管理、监察、法律事务、公共事务等。

空军参谋长。美国空军军衔最高的军官，也是参谋长联席会议成员之一，受空军部长的直接领导。参谋长主要职责包括：统辖空军参谋部；向部长转交空军参谋部的计划和建议，并就这些计划和建议向部长提供咨询；在空军参谋部的计划和建议被部长批准后，作为部长的代理人将其付诸实施；对部长所确定的空军人员和组织机构实施监督等。参谋长还应履行作为参谋长联席会议成员的职责。

空军参谋部。空军最高军事职能部门，由空军参谋长负责领导。空军参谋部向空军部长、副部长、助理部长和空军参谋长提供专业性协助。空军参谋部主要职责包括：依照有关法律规定，协助空军部长或空军参谋长使用空军部队，进行空军的征募、组织、补给、装备（包括空军部长所分配的研究和发展方面的任务）、训练、勤务、动员、复员退伍、行政管理和部队维系等方面的工作；就空军的效能及其支援作战司令部的军事行动准备情况进行调查和报告；执行并监督相关计划和指示的落实情况；根据部长、参谋长的指示，协调空军各部门的行动；履行部长规定的其他职责。

空军一级司令部。空军参谋部下辖空军一级司令部，主要包括：空军作战司令部、空军教育与训练司令部、印太总部空军司令部、欧洲总部空军司令部、空军器材司令部、空军特种作战司令部、空军机动司令部、空军全球打击司令部等。

空军现役部队通常按航空队、航空联队/大队和航空中队 3 级编成。战时，为适应全球作战任务，美空军采用航空航天远征部队的任务编组形式。航空航天远征部队包括空中作战力量和相关支援保障力量，具备独立完成空中作战任务的能力，通常以航空联队、航空大队、航空中队为基础进行组建，采用空军远征联队、空军远征大队、空军远征中队的番号。

航空队。美国空军战役指挥层。航空队司令军衔为中将或少将。航空队没有固定编成，下辖若干联队。战时，航空队可能作为战区空军司令部使用，负责责任区内空中作战行动的指挥和控制任务。

联队。美国空军基本战术单位，大多数联队有自己的基地，具备较为完善的战斗和勤务保障能力。联队指挥官通常是上校军衔，少数规模较大或地位较高的联队指挥官才是准将。联队包括战斗机联队、轰炸机联队、运输机联队、空军基地联队等。联队一般下辖 4 个大队：作战大队、维修大队、地勤大队和医务大队。该编制使得联队具备较强的独立作战能力，符合美军海外部署及全球作战要求。一个飞行联队所有的飞机都集中在作战大队，是联队的核心。大队指挥官通常为上校军衔。大队通常由 1 个以上的中队组成，但一般不会超过 4 个作战中队。作战大队不一定隶属于作战联队，可以是独立的。

中队。美国空军的基本战术单位。中队指挥官通常为中校军衔。包括轰炸机中队、侦察机中队、战斗机中队、特种作战中队、无人机中队、加油机中队、运输机中队、救援中队等。各中队编制并不统一，飞机数量一般为 12～24 架。

美国空军海外出征时，并非出动整个联队，而是采用模块化编组的方式抽调部队，组成远征部队。

（二）典型装备①②

美国空军空中作战力量主要包括战斗机、攻击机、轰炸机、预警机、电子战飞机、侦察机、运输机、加油机等。A－10 攻击机一度是实施近距空中支援的主力机种，但 F－16、F－35 等战斗机，甚至是 B－52、B－1B 等轰炸机也可以实施近距空中支援，并取得过较好的作战效果。

1. 战斗机

美国空军战斗机包括 F－15、F－16、F－22、F－35 等多种型号。

F－15“鹰”式战斗机属双发重型超音速制空战斗机，主要用于夺取制空权，兼具对地攻击能力。F－15 的设计主要是突出空战格斗能力，具有推重比大、翼载小、机动性好等特点。F－15C 型是“鹰”式战机的主要截击机型，动力装置为普拉特·惠特尼集团公司的 2 台 F－100 型高技术涡轮风扇发动机。该发动机使得该型飞机具备非凡的盘旋性能和作战推力，为在空战中取得主动权创造了条件。由于推力重量比适当，飞机紧急起飞时间仅需 6 秒钟，跑道为 183 米时，最大速度 2.5 马赫，给飞行员在突然遭遇敌机时提供了充足的应对时间。

F－16 型“战隼”战斗机是典型的第三代轻型喷气战斗机，主要用于争夺制空权，也可执行支援地面部队作战，是美空军主力机种之一。F－16 型战斗机装备 1 台先进的机前显示及武器瞄准计算机系统，可显示目标具体位置，帮助武器系统瞄准目标，并在机前显示器上发出指令。同时，该系统还可显示飞机的平飞及垂直速度、飞行高度、航向、爬升率及剩余航程等飞行信息。F－16 型战斗机共有 5 种对地攻击模式和 4 种空战模式。其中，4 种空战模式包括“快射”作战模式、计算提前角作战模式、混战作战模式和空对空导弹作战模式。F－16C 挂装“蓝盾”吊舱后，投放激光制导炸弹时可由本机进行激光照射。F－16 战斗机首次使用于海湾战争，共出动 13500 架次，数量高于其他飞机。

---

① 西风．当代美军空中力量［M］．北京：中国市场出版社，2009：6－120.

② 《深度军事》编委会．现代战机鉴赏指南：珍藏版［M］.2 版．北京：清华大学出版社，2017：339－341.

图1-16 F-15“鹰”式战斗机

尺　　寸：翼展13.05米，机长19.45米，机高5.65米

重　　量：空重12973千克，最大起飞重量30845千克

最大速度：2.5马赫

实用升限：18300米

最大航程：3200千米

武器装备：1门20毫米M61 A1火神机炮，AIM-7F型“麻雀”式雷达制导空对空导弹，4枚备用的AIM-9L型“响尾蛇”式导弹

图1-17 F-16型“战隼”战斗机

尺　　寸：翼展9.45米，机长15.03米，机高5.09米

重　　量：空重8627千克，最大起飞重量16100千克

最大速度：2175千米/时（F-16C）

实用升限：15239米

最大航程：4220千米（F-16E）

武器装备：1门GPU-5/A型30毫米口径机炮，可挂载“响尾蛇”式导弹及“麻雀”式、“小牛”式等超视距空对地导弹，子母弹箱（内装跑道炸弹、聚能炸弹、反坦克炸弹等武器）

F/A－22“猛禽”战斗机是单座双发高隐身性第五代战斗机，于21世纪初期陆续进入美国空军服役，以取代上一代的主力机种F－15“鹰式”战斗机。该型飞机的空对空武器属内置型；3个内部隔离舱装载“响尾蛇”式导弹，可携带4枚AIM－120A型导弹或6枚“阿姆拉姆”中程空对空导弹。F/A－22型战斗机采用全隐身与气动综合布局，具有持续的超音速巡航能力、先进的机载设备和火控系统与综合航空电子系统。在设计上具备超音速巡航、超视距作战、高机动性、对雷达与红外线隐形等特性。作战中，以争夺制空权为主，并肩负对地攻击任务。

F－35属于具有隐身设计的第五代战斗机，作战半径超过1000千米，无超音速巡航能力，引擎有矢量推进能力。具有全天候攻击海陆空目标的能力，用于执行近距空中支援、轰炸、防空截击等多种任务。F－35“闪电”轻型战斗攻击机将代替F－16轻型战斗机，与F－22战斗机一起构成未来美国空中打击力量的中坚。目前拥有3种型号：F－35A采用传统跑道起降，装备空军以替代F－16；F－35B是短距离起降/垂直起降机种，以替代AV－8B，装备海军陆战队；F－35C是航空母舰舰载机型号。

图1－18　F/A－22型“猛禽”战斗机

尺　　寸：翼展13.57米，机长19.06米，机高5.03米

重　　量：空重13600千克

最大速度：2.1马赫

实用升限：19500米

航　　程：4830千米

武器装备：1门20毫米M61A2“火神”航炮，4个外挂点，2个内置弹舱，可携带4枚AIM－120A中程空对空导弹或6枚“阿姆拉姆”中程空对空导弹，2枚AIM－9M“响尾蛇”导弹

图1－19　F－35A战斗机

尺　　寸：翼展10.7米，机长15.67米，机高4.33米
重　　量：空重13154千克，最大起飞重量31800千克
最大速度：1.6马赫
实用升限：18288米
航　　程：2220千米
作战半径：1160千米（无空中加油）
武器系统：1门GAU－22/A 25毫米机炮。
对空：AIM－120、AIM－9X、AIM－132、
欧洲“流星”导弹。
对地：“JASSM”联合空对地远距攻击导弹、
AGM－158C远程反舰导弹等

2. 攻击机

A－10“雷电”攻击机是亚音速双发单座攻击机，是实施对地支援的主力，主要用于攻击坦克、装甲车群和战场上的活动目标及重要火力点。另外，也引导其他攻击机对地面目标进行攻击。具有结构简单、载荷大、弹种多、火力强、反应灵活、作战半径大、巡航时间长、机动能力强、短距起落等特点，可以在低空、中空和高空作战，具有较强的低空飞行生存能力，配备夜视镜可以在夜间作战。A－10攻击机首次用于海湾战争，其间144架A－10共出动8100架次，摧毁伊军坦克987辆、卡车和其他车辆1800多辆，任务执行率高达95.7%。

图 1-20 A-10“雷电”攻击机

尺　　寸：翼展 17.53 米，机长 16.26 米，机高 4.47 米

重　　量：空重 9771 千克，最大起飞重量 22680 千克

最大速度：0.7 马赫

实用升限：13700 米

航　　程：3900 千米（带 3 个外挂副油箱，无武装）

作战半径：460 千米（近距空中支援），500 千米（反装甲）

武器装备：1 门 30 毫米 7 管速射机炮，可挂载 AIM-9F/J“响尾蛇”空空导弹、AGM-65“幼畜”空地导弹和火箭发射架等

AC-130“大力神”攻击机由 C-130 大力神运输机改装而成，其强大的机载武器、从飞机侧面发射的武器系统与精确的传感、导航与火控系统高度集成，使其成为美国空军特种部队的攻击性平台，可以在夜间或不良天候条件下提供长久的精确火力打击，是当今世界最为复杂的飞机之一。因其强大的火力特性，该机又被形象地称为“飞行炮艇”。AC-130U 的主要优势是留空时间长（可达 12 小时）、载弹量大（超过 10 吨）、火力覆盖面广且持久凶猛，而且在夜间或恶劣气候条件下的作战能力也较强，因此，AC-130 尽管略显笨重，且在防空严密情况下的生存力较低，但仍是美国最重要的空中支援火力之一，适合打击建筑群、车队、炮兵阵地、地面部队等目标，为地面进攻提供大面积的火力压制。

图 1-21　AC-130“大力神”攻击机

尺　　寸：翼展 40.4 米，机长 29.8 米，机高 11.7 米

重　　量：69750 千克（最大起飞重量）

最大速度：468～480 千米/时

实用升限：7576 米

最大航程：2340 千米（无空中加油）

作战半径：926 千米

武器装备：7.62 毫米到 20 毫米的机炮，1 门 105 毫米榴弹炮，2 门 M61 型“火神”6 管 20 毫米航炮，1 门“博福斯”式 40 毫米自动炮等

3. 轰炸机

B-52 是美国波音公司研制的重型亚音速远程战略轰炸机，可携带核武器、常规武器或巡航导弹，执行常规和战略轰炸任务。B-52 是美国空军服役时间最长的轰炸机。1948 年提出设计方案，1952 年第一架原型机试飞，1955 年 6 月第一批生产型交付使用。

B-52 型轰炸机的载弹量非常大，可携带 AGM-86C 空射巡航导弹和各种常规及精确弹药。这些武器可以确保 B-52 在执行常规轰炸任务时拥有超越其他轰炸机的饱和攻击能力。20 世纪 90 年代是 B-52 轰炸机使用的鼎盛期，有 600 多架 B-52 各型飞机在美国战略空军服役，以后大多数早期型号先后退役。随着空地精确打击武器的发展，B-52 轰炸机具备直接支援地面战术行动的灵活打击能力。

图 1－22　B－52D“同温层堡垒”轰炸机

尺　　寸：翼展 56.39 米，机长 47.73 米，机高 14.73 米
重　　量：最大起飞重量 204115 千克
最大速度：1014 千米/时
实用升限：13720 米
最大航程：9978 千米
动力装置：8 台普拉特·惠特尼 J57－P－19W 涡轮喷气发动机
武器装备：可挂 20 枚 AGM－69A 空地导弹，可携带常规炸弹或核弹，载弹量 27215 千克；1 门 20 毫米 M－61“火神”6 管机炮

B－1B 型“枪骑兵”战略轰炸机是由美国洛克韦尔飞机公司研制的一种远程、多用途、可变后掠翼超音速战略轰炸机，可从民用机场起飞。该机主要用于执行战略轰炸、常规轰炸、海上巡逻、近距空中支援等任务，也可以作为巡航导弹载机使用。该机 1984 年首飞，于 1985 年 6 月至 1988 年 5 月交付。B－1B 轰炸机最大航速 1324 千米/时（1.25 马赫），续航能力为 1.2 万千米，雷达反射面积为 0.75 平方米，是空军武器库中载荷较大的轰炸机，炸弹舱合计可携带 34 吨弹药，此外还可外挂 26 吨弹药。B－1B 型轰炸机在低空、高速突防飞行过程中，应用电子干扰设备，红外对抗、雷达定位与告警系统来应付敌人先进的防空系统。该机型还采用了先进的低探测技术。在阿富汗战争主要作战行动中，8 架 B－1B 参战，其飞行架次占总量的 5%，投弹量占总量的 40%，包括 3900 枚联合直接攻击弹药。

图1-23 B-1B型“枪骑兵”战略轰炸机

尺　　寸：翼展41.67米，机长44.81米，机高10.36米
重　　量：空重87091千克，最大起飞重量216365千克
最大速度：1324千米/时
实用升限：15240米
最大航程：约12000千米
动力装置：4台F101-GE-102型涡轮风扇发动机
武器装备：标准情况下，最高载弹量34020千克

B-2A“幽灵”轰炸机是隐形、远程、多用途战略轰炸机，可投放核弹及常规武器。B-2A拥有洲际航程，配合空中加油后，能以美国本土为基地打击全球目标。1989年7月17日首飞，1993年12月7日交付。其最主要的特点是低可侦测性，即隐身能力突出。B-2的隐身并非局限于雷达侦测层面，也包括降低红外线、可见光与噪声等不同信号，使被侦测与锁定的可能性降到最低。由于其出色的隐身功能，B-2在执行作战任务时通常不需要护航和压制敌防空系统的支援飞机。B-2轰炸机最主要的任务即担任美国空军的穿透性攻击任务，在战争中深入敌方领土进行包括投掷核武器等各式攻击行动。在阿富汗战争中的前3天，6架B-2轰炸机从本土起飞，经太平洋、东南亚和印度洋，向阿富汗投掷了96枚联合直接攻击弹药，最后到迪岛降落，创造了连续作战44小时的新纪录。在伊拉克战争中，B-2轰炸机共出动49架次。

图1-24 B-2A“幽灵”轰炸机

尺　　寸：翼展52.43米，机长21.03米，机高5.18米

重　　量：空重71700千克，最大起飞重量168430千克

巡航速度：（12200米高度）0.8马赫

实用升限：15240米

航　　程：（最大起飞重量时）8154千米

动力装置：4台F118-GE-100型涡轮风扇发动机

武器装备：可携带16枚SRAM Ⅱ短距攻击导弹或AGM-129型巡航导弹，16枚MK84型普通炸弹，36枚CBU-87型集束炸弹，16枚B63型核炸弹等

4. 指挥预警机

E-4B“末日飞机”是美国国家机载指挥中心。在战时，被国家领导人用作空中紧急指挥所。由波音公司747-200B型客机改装而成。该指挥机用于美国本土受到核/常规空袭时，国家出现紧急情况或地面指挥控制中队遭到毁坏时，作为现代化高生存性的指挥、控制和通信中心，指挥美国部队，执行紧急战争命令，并协调地方政府的行动。

作为一架战备飞机，该机配备有核热屏蔽、LF/VLF无线电以及大量的卫星通信设备。通过空中加油，其在空中可停留72小时，甚至是一个星期。机上乘员可达上百人，包括联合军种作战人员、空战司令部飞行员、维护和安全人员、通信人员和其他补充人员。

E-3“望楼”预警机，是美国波音公司研制的全天候远程空中预警和控制机，集预警、指挥、控制、通信、电子对抗及打击功能于一体，用于搜索、监视并跟踪空中、地面及海上目标的作战支援飞机，可在空中进行预警并指挥截击机攻击敌机，是美海、空军及海军陆战队的不可缺少的武器装备。对

图 1-25 E-4B“末日飞机”

尺　　寸：翼展 59.7 米，机长 70.5 米，机高 19.3 米

重　　量：最大起飞总重 360000 千克，机内燃油 150395 千克

巡航速度：933 千米/时

续航时间：执勤续航时间大于 12 小时（不空中加油），最大续航时间 72 小时

低空飞行目标，其探测距离达 320 千米。在支援空对地行动时，可以协调禁飞、侦察、空运和近距支援等行动。E-3 预警机装有雷达、通信、导航与制导、指挥与控制、数据处理与显示、无源电子监视及电子对抗等电子设备，集战术预警、决策支持、通信导航、无源探测及数据传输等功能于一体，具有探测低空超低空目标性能佳、指挥控制能力强、机动性能好、抗干扰能力强、用途广泛等特点。

E-8C“联合星”飞机，是美国空军和陆军联合研制的指挥控制系统，主要用于空地一体化作战的指挥控制通信与情报活动，对监视军事冲突和突发事件中的地面情况、控制空地联合作战都具有重要作用，堪称空中与地面之间的“神经中枢”。E-8C 联合星系统，全称为 E-8C 联合监视目标攻击雷达系统。整个系统主要由载机、机载系统和地面站系统组成。该系统装备大量先进的通信电子设备，能同时完成空地联合作战的指挥控制、火力攻击制导与情报侦察分析任务，综合功能较全。其主要任务是对地面、低空的固定与活动目标进行定位、探测与跟踪，将目标状况与位置信息实时传送给地面部队指挥官与空中攻击飞机，指挥引导地面和空中火力对地攻击，其纵深距离在 250 千米左右。据报道，该机在 8 小时的飞行中可监视 100 万平方千米的地区，并可区分履带式和轮式车辆。

图1-26　E-3“望楼”预警机

尺　　寸：翼展44.42米，机长46.61米，机高12.73米

重　　量：空重78000千克，最大起飞重量147550千克

速　　度：最大平飞速度853千米/时

实用升限：12200米

最大航程：9270千米

续航时间：11小时（不加油）

动力装置：4台TF33-PW-100A涡轮风扇发动机

机载设备：AN/APY-1型S波段脉冲多普勒雷达、自动驾驶仪等

图1-27　E-8C联合监视目标攻击雷达系统

尺　　寸：翼展44.42米，机长46.61米，机高12.6米

实用升限：12801米

最大速度：1028千米/时

探测区域：标准覆盖区为150×180平方千米；最大覆盖区为512×512平方千米

最大续航时间：20小时（空中加油）

最大载油航程：12030千米

5. 侦察机

RC－135 型“铆钉”战略侦察机，是美国空军最先进的战略电子侦察机之一，被美国空军视为与新一代军事侦察卫星和远程无人驾驶飞机并驾齐驱的最重要的侦察武器。擅长在目标国沿海地区实施侦察行动。1964 年开始装备美国部队，可以执行信号情报、电子情报和弹道导弹情报侦察等任务。平时，RC－135 主要用于对目标国进行高空远程战略侦察。战时，RC－135 主要用于迅速捕捉和分析战场上的各种电子威胁，然后将分析结果与其他电子战系统进行协同，最后把目标数据提供给打击力量。在入侵巴拿马战争中，RC－135 首次参加实战。在海湾战争中，美军共派出 4 架 RC－135 型侦察机对伊拉克进行不间断的侦察监视，平均每天有 2 架侦察机在空中飞行，每架飞机一次侦察时间通常为 12 小时。

图 1－28　RC－135“铆钉”战略侦察机

尺　　寸：翼展 44.4 米，机长 46.6 米，机高 12.95 米
重　　量：空重 67000 千克，最大起飞重量 135450 千克
速　　度：巡航速度 860 千米/时，最大速度 1000 千米/时
实用升限：15000 米
最大航程：12000 千米
滞空时间：20 小时
动力装置：4 台 TF33－P－9 涡轮风扇发动机
机载设备：侧视雷达、杂波干扰机、电子情报系统等

U－2 高空侦察机是洛克希德·马丁公司研制的全天候、亚音速、单引擎、单座高空照相侦察和空中取样侦察机。U－2 侦察机的机身表面为黑色，采用正常气动布局，有一对细长的主翼，配有高分辨率航空摄影系统和电子

对抗系统，装置各种电子侦测和反制装备，能够侦测敌机雷达信号，还能够加以干扰。它可在和平时期、危机时、小规模冲突和战争中为决策者提供重要情报，也可用于电子感应器研发、确认卫星资料和校准。1956 年开始装备美空军，计划于 2011 年前全部退役，但退役计划被推迟，目前仍有部分机型在服役。

图 1－29　U－2R 高空侦察机

尺　　寸：翼展 31.39 米，机长 19.13 米，机高 4.88 米
重　　量：最大起飞重量 18597 千克
速　　度：最大速度 692 千米/时
实用升限：21000 米
最大航程：8000 千米
续航时间：8 小时
动力装置：J75－P－13B 涡轮喷气发动机
机载设备：HR－73B 相机，KA－80A 相机，电子侦察设备等

6. 运输机

C－5"银河"运输机是美国洛克希德·马丁公司生产的远程重型军用运输机，也是美国空军现役载重量最大的战略运输机。1968 年 6 月 30 日首飞，1970 年 6 月正式服役。C－5 运输机能够在全球范围内运载超大规格的货物并在相对较短的距离起飞和降落。地面工作人员可以同时在 C－5 运输机的前后舱门进行装载和卸载。C－5 是第一种安装空中受油管的运输机，能在世界各地不着陆飞行。由于具备空中受油能力，它的航程只是受限于机组人员的忍

耐力。它的先进起落装置可使其在世界各地机场包括条件简陋的机场起降。可随时满载全副武装的战斗部队（包括主战坦克）到达全球的任何地方，为战斗中的部队提供野外支援。

图 1－30 C－5B“银河”运输机

尺　　寸：翼展 67.88 米，机长 75.54 米，机高 19.85 米

重　　量：空重 169650 千克，最大起飞重量 379660 千克

速　　度：最大平飞速度 919 千米/时

实用升限：10895 米

最大载重航程：5526 千米

起飞滑跑距离：2530 米

着陆滑跑距离：725 米

C－17“环球霸王”运输机是美国研制的一种较先进的新型军用运输机，装备部队后表现出极佳的作战能力，并曾经创造许多世界航空纪录。C－17运输机采用碳刹车装置和反推力装置，降落距离较短；自动化程度很高，仅需要 3 名机组成员；安装了新型的尾板和装卸系统，飞机装卸货物更有效率。另外，机上还采用了数字式电传操纵系统、操纵警告系统等。C－17 运输机综合了战术和战略运输机的优势，是一种独特的运输机，可以装载大量货物从简易机场起降，还可以在地面或空中快速转换货舱空间，以执行不同的运输任务。C－17 运输机融战略和战术空运能力于一体，是目前世界上唯一可以同时适应战略、战术任务的运输机。

图 1－31　C－17“环球霸王”运输机

尺　　寸：翼展 50.29 米，机长 53.04 米，机高 16.79 米
重　　量：空重 125645 千克，最大起飞重量 265352 千克
速　　度：高空巡航速度 0.77 马赫
实用升限：13715 米
航　　程：4630 千米
动力装置：F－117－PW－100 发动机
机载设备：AN/ALE－47 干扰系统，数字式电传操纵系统等

C－130“大力神”运输机是美国研制的一种能在简易机场起降，以涡轮螺旋桨发动机为动力的多用途中型战术运输机，是美军运输机中的主力。由于发动机经济性好，性能稳定，C－130 适合在各种环境下执行前线运输任务，实战中显示出较强的机动性和广泛的适用性。1951 年开始研制，1954 年 8 月 23 日首飞，1956 年正式服役。C－130 自交付美国空军以来，一直在不断改进，目前有多种型别和改进型号，能够适应不同的用途，根据需要可以执行高空测绘、气象探测、搜索救援、空中加油、对地支援、森林灭火、预警机和无人驾驶飞机的发射与引导等任务。C－130 可按需要运送或空降人员以及空投货物，返航时可从战场撤离伤员。在海湾战争爆发前的备战行动中，美国空军的 C－130 运输机已进行了 11700 架次空运及其他作战支援任务，飞行任务完成率达 97%；在海湾战争中，美国空军有 700 架 C－130 运输机及其派生型参加空运及其他作战支援任务，出动架次的 98% 完成了飞行任务。

图 1-32　C-130 "大力神" 运输机

尺　　寸：翼展 40.41 米，机长 29.79 米，机高 11.66 米

重　　量：空重 34170 千克，正常起飞重量 70310 千克

速　　度：巡航速度 620 千米/时

实用升限：空载 10060 米，载荷 7077 米

最大载重航程：4000 千米

起飞滑跑距离：空载 428 米，载荷 1093 米

动力装置：4 台 T56-A-15 涡轮螺旋桨发动机

机载设备：LTN-72 惯性导航设备，RDR-1F 气象雷达，AP-105V 自动驾驶仪等

7. 加油机

KC-135 空中加油机是美国波音公司在为美国空军研制出 C-135 军用运输机基础上发展而来的一种大型空中加油机。KC-135 加油机采用可伸缩加油套管和锥型套管两种加油装置，可在夜间和复杂气象下为各种不同性能的飞机加油。KC-135 空中加油机于 1956 年 8 月首次试飞，1957 年正式装备部队。KC-135 空中加油机的最初设计主要是为美国空军的远程战略轰炸机进行空中加油，后来也可为美国空军、海军、海军陆战队的各型战机进行空中加油。加油机拥有很强的载油能力和航程，增强了美国空中打击力量的战略机动性。

8. 无人机

MQ-1 是美国通用原子技术公司研制的无人攻击机，绰号"捕食者"(Predator)。MQ-1 可在粗略准备的地面上起飞升空，起降距离约为 670 米，起飞过程由遥控飞行员进行视距内控制。在回收方面，MQ-1 可以采用软式着陆和降落伞紧急回收两种方式。MQ-1 可以在目标上空逗留 24 小时，对目

图 1－33　KC－135 空中加油机

尺　　寸：翼展 39.88 米，机长 41.53 米，机高 12.7 米
重　　量：最大起飞重量 146285 千克
巡航速度：853 千米/时
实用升限：15240 米
最大航程：18520 千米
最大运油量：90719 千克
动力装置：4 台 CFM－56 涡轮风扇发动机
机载设备：配置导航设备、监视设备、通信设施等

标进行充分的监视，最大续航时间高达 60 小时。该机的侦察设备在 4000 米高处的分辨率为 0.3 米，对目标定位精度达到极为精确的 0.25 米。

卫星传输可以让 MQ－1 的领航员在美国就可以操纵在中东战斗的武器化了的无人机。一项保守的预测显示这种新的作战方式节省了国防部的时间、费用和精力，不需将操作人员以及他们所有的装备从美国运输到战区。但是 MQ－1 的体积小，缺乏整体结构力量，这使得 MQ－1 只可以携带 1 枚重量低于 79 千克的导弹，“地狱火”导弹几乎成为唯一的选择。

RQ－4B 是美国诺斯洛普·格鲁曼公司研制的高空大型长航时战略无人侦察机，绰号“全球鹰”（Global Hawk）。可以提供后方指挥官综观战场或细部目标监视的能力。装备高分辨率合成孔径雷达，可以看穿云层和风沙，还有光电红外线模组（EO/IR）提供长程远时间全区域动态监视。白天监视区域超过 10 万平方千米。RQ－4B 还可以进行波谱分析的谍报工作，提前发现全球各地的危机和冲突。也能帮忙导引空军的导弹轰炸，使误击率降低。

图 1-34 MQ-1"捕食者"无人侦察机

尺 寸：翼展 14.8 米，机长 8.22 米，机高 2.1 米

重 量：空重 512 千克，最大起飞重量 1020 千克

速 度：最大飞行速度 217 千米/时

实用升限：7620 米

最大航程：3704 千米

机载设备：GPS 导航设备、光电摄像机、红外成像仪等

RQ-4B 的飞行控制系统采用 GPS 全球定位系统和惯性导航系统，可自动完成从起飞到着陆的整个飞行过程。通过使用一条卫星链路，自动将无人机的飞行状态数据发送到任务控制单元。

图 1-35 RQ-4B"全球鹰"无人机

尺 寸：翼展 35.42 米，机长 13.51 米，机高 4.63 米

重 量：空重 3850 千克，载重 10400 千克

巡航速度：635 千米/时

实用升限：20000 米

最大航程：23468 千米

续航时间：42 小时

美国 RQ－170“哨兵”无人机是美国洛克希德·马丁公司研制的隐形无人机，绰号“哨兵”（Sentinel）。RQ－170 无人机沿用了“无尾飞翼式”的设计理念，外形与 B－2 隐形轰炸机相似，如同一只回飞镖。与 F－117A 隐形战斗机和 B－2 隐形轰炸机不同的是，RQ－170 的机翼并没有遮蔽排气装置，这样做的目的可能是避免敏感部件进入飞机平台后遭遇操作损失，并最终导致这样的技术误入他人之手。RQ－170 是一种不携带武器的无人机，是第一种被正式承认的采用隐身设计的无人机。2011 年 5 月 1 日，美军在巴基斯坦击毙拉登，RQ－170 无人机便负责监视任务。2011 年 12 月，伊朗发布消息说俘虏了 1 架美军 RQ－170 无人侦察机，但美国对此进行否认。

图 1－36　RQ－170“哨兵”无人机

尺　　寸：翼展 20 米，机长 4.5 米，机高 2 米
重　　量：最大起飞重量 3856 千克
飞行速度：亚音速
最大升限：15240 米
首次出现时间：2007 年

MQ－9“死神”无人机被设计成主要为地面部队提供近距空中支援的攻击型无人机，此外还可以在危险地区执行持久监视和侦察任务。装备有先进的红外设备、电子光学设备以及微光电视和合成孔径雷达，拥有不俗的对地攻击能力，并拥有卓越的续航能力，可在战区上空停留数小时之久。此外，MQ－9 无人机还可以为空中作战中心和地面部队收集战区情报，对战场进行

监控，并根据实际情况开火。相比 MQ－1，MQ－9 无人机的动力更强，飞行速度可达 MQ－1 的 3 倍，而且拥有更大的载弹量，装备 6 个武器挂架，可搭载海尔法导弹和 227 千克炸弹等①。

图 1－37　MQ－9“死神”无人机

尺　　寸：翼展 20 米，机长 11 米，机高 3.8 米
重　　量：空重 2223 千克，最大起飞重量 4760 千克
最大速度：482 千米/时
最大航程：5926 千米
实用升限：15000 米

“复仇者”（Avenger）是美国通用原子技术公司研制的隐身无人战斗机。“复仇者”体积庞大，可搭载 1.36 吨的有效载荷，发动机为普惠 PW545B 喷气发动机。该发动机可让“复仇者”的飞行速度在“捕食者”无人机的 3 倍以上。“复仇者”有 1 个长达 3 米的武器舱，可携带 227 千克级炸弹，包括 GBU－38 型制导炸弹、制导组件和激光制导组件。另外还可以将武器舱拆掉，安装 1 个半埋式广域监视吊舱。在执行非隐身任务时，可在无人机的机身和机翼下挂装武器和其他任务载荷，包括附加油箱②。

---

① 《深度军事》编委会．现代战机鉴赏指南（珍藏版）［M］.2 版．北京：清华大学出版社，2017：406.

② 《深度军事》编委会．现代战机鉴赏指南（珍藏版）［M］.2 版．北京：清华大学出版社，2017：414.

图1－38 “复仇者”无人机

机　　长：13.2米

翼　　展：20.1米

重　　量：最大起飞重量9000千克

最大速度：740千米/时

续航时间：20小时

最大升限：18288米

第二节　美军陆空联合作战主要行动

陆空联合作战行动，即陆军与空军共同实施的作战行动，通常以一个军种为主组织实施，既可以空军为主，陆军辅之；也可以陆军为主、空军辅之。美军陆空联合作战包括制空作战、战略空袭、联合遮断、近距空中支援、侦察与监视、联合防空、电子战、空运、机降、空中战斗搜索与救援等行动。其中，较为典型、联合特征体现较为明显的是近距空中支援行动。战略空袭、空中遮断、空运这些行动通常以空军为主进行，但在特定情况下需要陆军的支援和配合，这些行动也将对陆军行动产生直接或间接的影响，需要陆军指挥官与空军指挥官密切协调，以达成统一行动。

一、制空作战[①]

制空作战是战略空袭、空中遮断、近距空中支援的前提和基础。美军对制空作战的定义是，“为赢得和保持空中优势而实施的作战，其目的是阻止敌人妨碍己方地面或空中行动”。其目的就是掌握空中优势，获得行动自由。

制空作战分为进攻性、防御性两种。防御性制空作战，即各部队通过运用建制武器和被动防空措施对付敌空中与导弹的威胁。与进攻性制空作战不同，防御性制空作战通常发生在己方部队占领区。该行动分为主动防空和被动防空两种样式，联合空中部队主要实施主动防空。

进攻性制空作战包括对地攻击、空中作战、护航、压制敌防空等行动。制空作战力量运用原则：能用飞机完成的任务，则不用特种作战部队去完成；能用敌防空区外发射武器完成的任务，就不用直接攻击弹药去完成。美军用于进攻性制空作战的主要力量包括固定翼飞机、直升机、无人机、电子战系统等。

对地攻击，是指在敌飞机、导弹尚未起飞或发射前将其摧毁。具体目标包括停在地面上的飞机、飞机跑道、机场指挥系统、油料贮存设施、导弹发射场和导弹发射架等。采取对地攻击的主要目的是在对方空中作战力量和导弹发挥作用之前将其摧毁。

空中作战，是指使用战斗机在指定的空域进行搜索，对临时出现的敌空中目标（包括飞机、弹道导弹和巡航导弹等）实施摧毁或驱逐的空中作战。

护航，是指为在敌占区上空飞行的己方飞机提供防护的行动，用于对敌空中飞机和地面防空系统实施攻击，因为被护航飞机的空中格斗能力较弱，通常不具备压制敌地面防空系统的能力。美军要求，当己方飞机进入或离开目标空域时，通常指定飞机实施护航，以防止敌空中部队和地面防空部队实施攻击。当某些空中力量遂行空中遮断、空中侦察、空运、搜索与救援、空中加油、空中指挥与控制以及电子战时，通常需要战斗机部队实施护航行动，以保障安全。

压制敌防空，是指对敌地面防空力量实施的直接攻击，包括全面压制、局部压制、临时压制。美军要求，在实施近距空中支援之前要对目标区附近

---

① 李文. 美军联合空中作战研究［M］. 北京：国防大学出版社，2003：130－143.

敌防空系统进行可靠的压制，获得局部空中优势。与其他空中作战样式不同的是，近距空中支援中的空中优势有可能通过地面炮兵获得。地面炮兵对敌防空系统实施火力压制，可以为近距空中支援创造有利条件。

二、战略空袭①

美军战略空袭是指，“针对敌人重心或其他关键目标群，包括指挥机构、战争生产能力以及关键的支援设施而采取的军事行动，以便摧毁和瓦解敌军事能力，使其无法保持遂行战争或实施侵略性行动的能力或意志”。

在通常情况下，战略空袭关注军事行动的战略和战役级，而其他对地攻击行动和制空作战则主要关注军事行动的战役和战术级。也就是说，美军战略空袭主要用于达成战略战役作战目的。其战略空袭的根本目的是：摧毁或瓦解敌人遂行战争的能力或意志。战略空袭的目标可能是重要工业系统、原料来源、紧缺物资、储备物资、电力系统、运输系统、通信设施、已集结但尚未投入作战的部队、重要农业地区和其他的关键目标。

在建立战略空袭理论的初期，特别是在第二次世界大战及其以前一段时间内，世界上多数空战理论家把战略空袭与轰炸机直接联系起来，认为战略空袭是轰炸机的专利。其中的原因包括：一是轰炸机的作战半径大，可以深入敌军后方对关键目标实施轰炸；二是轰炸机载弹量大，特别适合于对大城市、工业区和平民区等大面积的目标实施轰炸。而其他作战飞机都不具备这两个特点，实施战略空袭的能力较为有限。但是，现代军事技术已使空中力量的面貌焕然一新。喷气发动机的采用，提高了飞机的速度；加油机的出现，增加了飞机的作战半径；精确制导弹药的大量运用，提高了空中攻击的精准度和摧毁能力；隐形技术的发展，提高了飞机的战略突防能力。这些因素使得战略空袭力量的种类大幅度增加，美军空中部队中的多数作战飞机都有能力实施战略空袭。

美军认为，“战略空袭不是由武器或投射系统的类型、射程、速度或破坏力决定的，而是由武器或投射系统对直接达成国家或战区战略目标的有效贡献来决定的”。也就是说，无论部队使用武器的性质如何，运用方式怎样，目标在何处，目标特性如何，只要对目标的攻击能够达成战略目的，那么这种

① 李文. 美军联合空中作战研究［M］. 北京：国防大学出版社，2003：145－156.

行动就是战略空袭。因此，从理论上讲，美军空中力量中的任何部队、任何武器系统和任何弹药都可用于实施战略空袭。

美军战略空袭的主要目标包括敌“关键的制造系统、材料原产地、关键材料、物资储存设施、电力系统、运输系统、通信设施、未投入战斗的集结部队、关键的农业区以及其他相关目标”。具体来讲，美军战略空袭的目标包括以下三种。

一是高层领导目标。包括敌国家高层指挥机构，关键的指挥、控制、通信和情报系统，敌国家和军队重要领导的住所或办公设施。海湾战争中，由于伊拉克的指挥与通信系统被多国部队的空中力量攻击而瘫痪，导致伊拉克总统萨达姆无法与其部署在科威特和伊拉克南部的战地指挥官保持联系，前线部队被迫各自为战，最终惨败。

二是战争潜力目标。包括军工生产、能源、交通、电力等基础设施。这些目标是战略空袭的传统目标，从战略空袭产生以来，这类目标在战略空袭目标中一直占据重要位置。第二次世界大战欧洲战场上，盟军对德国战略空袭目标的优先顺序为：潜艇工业—航空工业—交通运输系统—石油工业—其他军事目标。海湾战争中，为削弱伊拉克战争潜力，美军把伊拉克核生化生产能力（包括核生化研究所、核生化武器生产工厂和核生化武器的储存设施）、军品生产设施和储存基地、炼油和供油设施、海军部队和港口设施、飞毛腿导弹发射架及生产与储存设施等，作为战略空袭的打击目标。

三是主要军事目标。包括敌作战部队的主力、重要的武器装备、补给品储存基地、交通线以及前线部队重要的指挥与控制系统等。在海湾战争中，美军把伊拉克共和国卫队作为战略空袭的目标，同时对伊拉克部队的后方交通线的打击也严重削弱了伊军的作战能力。

三、联合遮断

在西方军事理论中，通常把用于切断敌前方部队与后方基地之间联系的行动称为“遮断”。但现代遮断行动的含义已经广泛得多。美军联合出版物JP3－03号《联合遮断纲要》（2007年5月3日颁布）对遮断行动的释义是：“遮断行动是指在敌将其地（水）面军事力量被有效地用于对付己方部队或达成其目标之前，将其牵制、瓦解、迟滞或摧毁的行动。在支援执法行动时，遮断行动包括牵制、瓦解、迟滞、拦截、登检、扣押或视情摧毁敌船舶、车辆、飞机、人员和货物。”遮断可以从地面、海上和空中实施，所有部队都有能力实施遮断。空中遮断行动通常远离己方地面部队，因而不需要每次都与己方地面部队的火力打击行动和战场机动行动进行密切的协调。因此，空军更习惯于通过空中遮断对陆军实施有效的支援。飞机是美军实施空中遮断的主要力量。美空军、海军、海军陆战队以及陆军部队的固定翼飞机、旋转翼飞机、无人机都可用于实施空中遮断。同大多数有人驾驶飞机相比，无人机拥有更长的滞空时间，更适用于在高威胁环境下作战。

美军强调通过空中遮断来调动和孤立敌军，从而将其各个击破。

空中遮断的目的是破坏和限制敌后续部队的机动，切断敌前后方的联系，并通过火力突击，孤立战场，重创敌军。破坏敌后勤供应、指挥与控制系统，摧毁敌交通枢纽，打乱敌方的作战计划，降低敌后续作战能力和反应能力。美军要求空中遮断行动应与地面作战行动密切协调、达成一致，以便实现战区司令的战役企图。根据这一要求，空中遮断的目标主要包括：敌重要的交通枢纽、铁路、桥梁、港口、码头、后方补给基地以及运动中的地面部队和后续梯队等。

空中遮断的攻击纵深在火力支援协调线以远数百千米范围内。火力支援协调线，通常在部队前沿前 30 ~ 40 千米处划定。火力支援协调线一般沿山脊、山谷、河流、道路等易于空中识别的地貌地物进行设置。设置该线的目的是加速空地协调，使空中力量便于对该线以远目标实施攻击。在实施空中遮断时，空中打击力量与该线以内的地面部队经过简单协调，即可对该线以远的敌方目标实施快速攻击。作战中，美军指挥官会根据所属火力的射程和火力打击计划灵活设置火力支援协调线的位置，并根据战场形势的发展变化，灵活调整火力支援协调线。火力支援协调线的调整，由地面指挥官确定，并需要迅速地通报给空军相关支援力量。

根据支援行动距离己方地面部队前沿线的距离，美军将空中遮断行动划分为战场空中遮断和空中遮断（下文称之为纵深空中遮断）。战场空中遮断，是距离己方部队前沿前 30 ~ 150 千米之间的区域，该区域可在火力支援协调线以内或以外。纵深空中遮断，在火力支援协调线以外实施，距离己方部队前沿前 150 千米以远的区域。

（一）战场空中遮断

战场空中遮断，是指空中力量向预计能对战场产生近期影响，而又不紧靠已方部队的敌军目标实施的各种攻击。战场空中遮断与陆航、战术导弹和远程火炮相结合，是陆军部队实施纵深作战行动的有效手段。其目的是打击敌纵深重兵集团，阻止敌军增援，孤立当面之敌。因此，战场空中遮断可对陆军部队的作战行动产生决定性影响。

战场空中遮断的攻击范围为火力支援协调线以远和以内的各一部分地域，与纵深空中遮断和近距空中支援的范围有所重叠。该地域是陆军部队作战的“中场”，是衔接前后方的重要地域。战场空中遮断的攻击目标主要为敌第二梯队、直升机部队、指挥所和后勤补给基地等。

战场空中遮断通常在地面部队的近距离作战开始之前实施。实施战场空中遮断的飞机主要是轰炸机和战斗机。实施战场空中遮断的飞机架次分别由战区陆军和军一级掌握，少量向下分配给各师。但在制订战场空中遮断飞机架次的分配方案时，旅一级的指挥官可提出战场空中遮断的目标。

（二）纵深空中遮断

纵深空中遮断，主要是对敌深远纵深目标实施的攻击。实施纵深空中遮断的飞机主要是轰炸机和战斗机。实施纵深空中遮断的飞机架次由战区联合空中作战中心统一掌握，不向下分配给各陆军部队。纵深空中遮断的攻击目标主要由战区司令根据战区联合战役企图确定。战区地面部队也可以向战区申请纵深空中遮断目标。

纵深空中遮断对地面作战行动往往产生长期的、间接的影响，通常不会产生近期的、直接的影响。实际作战中，空中力量指挥官与地面部队指挥官之间往往因空中遮断的目标发生矛盾。遮断的纵深越大，对已方部队造成误伤的可能性就越小，军种间的协同也越少，飞行员行动的自由度和灵活性就越大。因此，空中力量指挥官往往更愿意对敌深远纵深目标实施遮断。而地面部队指挥官往往希望空中力量打击直接威胁、影响地面部队作战行动的浅近纵深目标，以消除、降低威胁，支援、掩护和配合地面部队作战行动。

四、近距空中支援

近距空中支援，是指对靠近己方地面部队的敌军实施的空中攻击，以支援地面部队的作战行动或为部队的行动提供掩护。近距空中支援是由固定翼飞机和旋转翼飞机实施的。“近距”并不是指飞机距离地面部队的距离，而是指敌我部队处于近战的状态，即打击的目标与己方部队处于近战状态。为防止误伤，达成统一行动，每次空中支援行动都需要与地面部队的火力打击行动、战场机动行动进行密切协调。

近距空中支援是空中支援行动中效果最集中、最明显的行动。其目的是直接补充和加强地面部队的火力。因此，近距空中支援可对地面部队产生直接的战术影响。当陆军所属火力不适宜对敌攻击时，或需要加强火力打击效果时，可实施近距空中支援。近距空中支援一般在火力支援协调线（在部队前沿前30～40千米处划定）以内实施，打击目标包括：敌指挥所、集结部队、可疑的伏击地带、炮兵阵地、防空阵地、机动中的部队以及妨碍己方作战行动的目标。

实施近距空中支援，作战飞机攻击的最低安全距离为：在己方阵地无防护时约1000米，有防护时约200米；若在使用精确制导武器又有防护时，最小安全距离可达25米。

实施近距空中支援的飞机包括攻击机、战斗机、轰炸机、直升机和无人机。用于近距空中支援的飞机架次，由联合空中作战中心统一控制。中心根据地面部队的申请，依据目标价值、紧要程度等因素，视情分配空中支援的架次。在地面进攻发起之前和地面进攻的最初阶段，实施纵深空中遮断的架次通常多于战场空中遮断和近距空中支援。随着地面进攻的发展，实施战场空中遮断和近距空中支援的架次逐步增多。到进攻作战后期，则主要实施近距空中支援。各类型空中支援架次的分配，由战区司令决定。

近距空中支援、空中遮断、战略空袭行动在打击目标、打击结果、打击兵器上有所不同。当然，这种不同是相对的，不是绝对的。相关距离的划分也是相对的，不是绝对的。

打击目标位置不同。按作战区域的不同，空中火力支援可区分为近距空中支援和空中遮断两种方式。近距空中支援打击的目标距离己方地面部队较近，打击目标通常位于己方部队前沿线30～40千米以内的区域；空中遮断打击的目标通常位于敌纵深，其中，战场空中遮断打击的目标通常位于己方部队前沿前30～150千米以内的区域，纵深空中遮断打击的日标通常位于己方部队前沿前150千米以远的区域。近距空中支援区域以及战场空中遮断、纵深空中遮断的区域，是根据战场情况进行具体设置的，并非固定不变。战略轰炸的目标则是敌国的中心，远离陆军前沿部队的作战范围。战略空袭可在

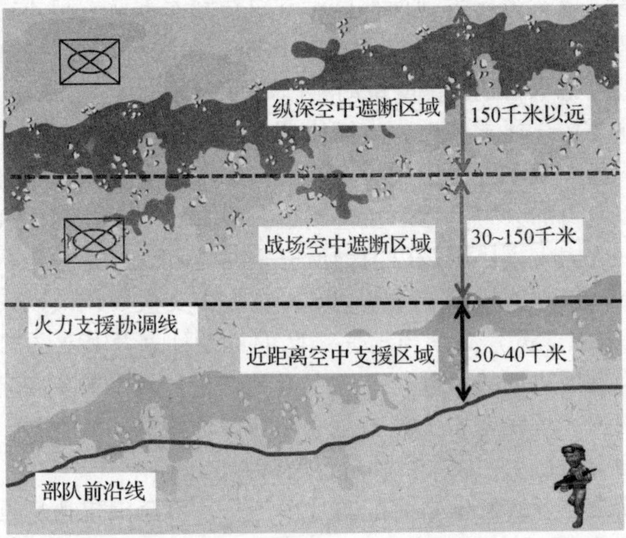

图 1－39　近距空中支援与空中遮断区域划分

整个作战区域内实施，是一种不受地面部队行动限制的空中行动，主要目的是削弱敌作战潜能。

打击目标类型不同。近距空中支援主要打击敌方前沿和浅近纵深目标；空中遮断主要打击敌第二梯队、预备力量、纵深价值目标、机场、后勤和通信设施；战略轰炸是为了摧毁敌人发动战争的能力，打击的是敌方有工业生产潜力的目标，以及为敌军生产装备、提供补给和提供服务的其他目标，包括敌军首脑、通信系统、发电系统、运输系统、军民工厂和基础设施等。

打击结果不同。近距空中支援的效果能够快速直接显现。空中遮断影响的战场范围比近距空中支援要广，其支援效果需要经过一定时间才能显现。战略轰炸产生的效果更为深远，其影响效果要经过较长时间才能体现。

打击兵器不同。近距空中支援需要的是小型、灵活的对地攻击机、直升机、无人机，飞机航程相对较短，能胜任对点状目标扫射或俯冲轰炸的任务。空中遮断则成了轻型和中型轰炸机的活动范围，飞机航程较远，能携带重型炸弹。战略轰炸需要的是重型轰炸机，飞机航程更远，能穿透敌领空、深入敌方领土，载弹量需要足够大。

近距空中支援、战略空袭、空中遮断行动对陆空协同的要求也不同。

战略空袭通常远离己方地面部队，空军与陆军部队一般不需要非常周密的协调，只需要在战区层面对空袭行动和地面作战行动进行总体统筹安排。空袭目标需要考虑到对地面部队机动和作战的影响。

近距空中支援，通常在火力支援协调线以内地区实施。这是因为陆军近距离作战的纵深一般不大于压制火炮的最大射程（大约40千米），火力支援主要依靠陆军自身的火力，近距空中支援在很大程度上是地面火力支援的补充或加强。在火力支援协调线以内的所有空对地和地对地攻击行动，都将由有关的地面部队指挥官控制。美军规定，在火力支援协调线以内的空中支援（主要是近距空中支援）必须与地面部队的机动计划及其火力打击计划相协调，而在火力支援协调线以外，空中力量具有相对较大的攻击自由度。由于在近战范围之内，近距空中支援力量必须与地面炮兵、防空兵、直升机、无人机以及地面突击行动、侦察行动进行周密协调。

空中遮断是在近战发生之前削弱敌军部队。该范围包括从近战区域延伸至美军地面部队有计划机动的纵深。在此范围内，空军部队需要与陆军部队进行协商，联合确定遮断目标，制订遮断计划，协调遮断行动。但相较于近距空中支援所涉及的复杂空地协调事项，空中遮断的协调工作相对比较简单。空中遮断行动的协调层次也相对较高，通常由陆军师以上机构负责与空军部队具体协商纵深空中遮断行动。而近距空中支援的组织协调，需要陆军各级指挥机构负责。

五、侦察与监视

基于网络化信息系统，美军形成了联合侦察监视体系。各军种可实时共享信息、交互信息。空军可为陆军提供浅近纵深区域内的敌方信息，陆军也可为空军提供近距离地面战场情报。一体化的侦察监视体系为陆空一体化联合作战创造了有利条件。

为获得及时、准确的战场情报，美空军在支援地面部队作战时，可担负战场空中侦察与监视任务。有人/无人侦察机、空中预警机、联合监视目标攻击雷达系统可对战场价值目标进行搜集，查明对方兵力部署情况，监视敌军最新动向，向陆军指挥官提供近实时的情报信息。空军侦察机、联合监视目标攻击雷达系统以及战斗机、攻击机、无人机获取的实时战场态势能够通过专用数据链传输给地面部队指挥官甚至于武器平台，这不仅大大拓展了地面部队侦察监视范围，还为快速目标识别、精确空地协同创造了条件。陆军部队获取的近距离地面战场情况，也可以通过数据链传输给空中侦察机、空中支援飞机，后者还可以通过空中中继平台传输给远方空军航空航天作战中心。

六、压制敌防空系统

美军认为，联合压制对方地面防空系统，不仅可以相互支援，而且可以迅速瓦解对方防空体系。陆、空军联合压制敌防空系统，通常由战区空军指挥官负责制订计划和统一指挥，协调陆、空军行动，对敌方防空系统实施电子压制或火力摧毁。具体压制行动分为三个区域进行：第一区域，从己方前沿线到地面部队目视观察的极限距离，大约 5 千米纵深，主要以陆军野战火炮、攻击直升机和电子战武器，压制敌低空近程防空兵器；第二区域，从目视观察的极限距离开始，延伸到己方炮兵的最大射程或火力支援协调线附近，大约 45 千米纵深，主要使用陆军攻击直升机和空军近距空中支援飞机，压制敌中低空、中近程防空兵器；第三区域，从火力协调线到战场的全纵深，主要使用空军电子战飞机和执行空中遮断的飞机，压制敌中高空、中远程防空兵器。

七、电子战

有效的电子战是夺取作战胜利、降低己方伤亡和战损的可靠保证。美空军在支援地面部队作战时非常重视并能充分发挥电磁优势的作用。使用专门的电子战飞机和设备实施强烈的电子干扰与欺骗，并通过“硬杀伤”手段，摧毁和压制敌方的电磁能力，以夺取电磁频谱的控制权，使敌军变成“瞎子”和“聋子”。其做法，一是实施“硬摧毁”。在实施电子干扰的同时，大量使用反辐射导弹，对敌方预警和防空系统进行火力压制。例如，在海湾战争中，美军就投入电子战飞机160 余架，发射反辐射导弹2000 余枚，致使伊军防空系统既无招架之功，更无还手之力，陷入瘫痪状态。二是实施“软杀伤”。在实施航空火力突击前和突击过程中，大量施放电子干扰，使对方通信中断，指挥失灵，雷达迷盲，导弹失控，地面防空系统陷入瘫痪。

八、空运

空运是通过空中运输工具将人员、装备和各种补给物资运送到战区各作战地域的行动。战区空中运输又可分为战斗支援空运与战斗勤务支援空运两种。美军重视空运活动的统一指挥和调度，成立了运输司令部，平时其职责主要是管理各军种的运输需求和运输活动，战时则统一指挥和调度各军种的运输工具，以支援担负作战任务的部队。美国空军 C－17、C－130 运输机都能在相对简易的环境下起飞、降落，能够装载美国陆军“阿帕奇”武装直升机、“斯特赖克”装甲车等武器装备，从而大大加强了美国陆军的反应速度和机动作战能力。

九、机降

空军部队可为陆军机降行动提供侦察情报支援、预先航空火力准备、直接航空火力准备、空中掩护、近距空中支援等行动。

提供侦察情报支援。行动前，通常由空军派出侦察机对预先确定的飞行航线和机降着陆地域进行反复的空中侦察，以掌握飞行航线沿线机降着陆地域附近的地形、道路、敌方的兵力部署等情况，为地面部队指挥员拟制机降作战计划提供情报。

实施预先航空火力准备。在机降着陆地域确定后，根据机降规模的大小，空军协同地面部队远程炮兵火力，对机降地域实施预先航空火力准备，以压制敌方防空火力体系，摧毁机降地域及其附近的敌坦克部队和重兵集团，并监视和阻止敌方军队进入机降地域。若机降规模较小，机降地域附近敌防御较为薄弱，为了增大突然性，也可不实施预先火力准备而在机降前实施直接航空火力准备。

实施直接航空火力准备。通常在机降前 30～60 分钟内进行，持续时间 15 分钟左右。有时也可在突击部（分）队机降前 10～15 分钟进行，到机降前 2～3 分钟停止。压制目标主要是着陆地域和飞行航线上的目标，并遮断对方通向着陆场和进出航线上的所有通路。

实施空中掩护。在运输直升机向预定着陆场飞行的过程中，空军派出战斗机在飞行航线沿线和着陆场上空实施空中警戒和护航，以保障运输直升机群的空中安全。

实施近距空中支援。在机降着陆和着陆后的战斗过程中，空军通常按照预先计划，对机降部（分）队实施密集的近距航空火力支援和空中掩护。

十、搜索与救援

搜索与救援，是指使用飞机或直升机对遇险人员进行搜索、营救和援助的行动。当发生险情后，美陆军部队可申请空中力量对相关人员进行搜索、营救和援助。

第三节　美军陆空联合作战历史发展

美军陆空联合作战经历了曲折的发展历程，其间既有成功的经验，也有失败的教训。回顾其历史发展，有助于更好地认识其陆空联合作战指挥。

一、同一军种内的支援作战

1947 年之前，美国空军还未独立成军，只是作为陆军兵种部队使用，在战场上只能对地面部队实施有限的、简单的支援作战。

美军早期航空力量主要从英国、法国等国购进，其结构和条令总体上则师从法军。早在第一次世界大战以前，飞机就已经运用于军事活动，但受飞机性能的限制，加之没有机载武器装备，早期飞机只能与地面部队进行简单的协同，仅能根据地面部队的需要执行侦察、校射等保障性任务。第一次世界大战的巨大需要促进了航空技术的发展，航空兵部队开始利用航空火力支援地面部队作战，陆军与空军才开始了真正意义上的协同作战。但这一时期，航空兵部队还没有正式成为独立的军种，大多从属于陆军部队作战。

美军在 1926 年颁布的《野战条令》规定，航空兵隶属于陆军战术指挥官，并由这些指挥官给航空兵部队分配任务。苏德战争爆发时，苏军前线航空兵也分别隶属于各个陆军合成集团军。所以，这一时期的航空兵只是按照陆军指挥官的意愿，为地面部队提供保护伞式的掩护，以及作为火炮的延伸来使用。航空兵与陆军的协同，通常是以陆军需求为主导的指令式协同。陆空协同作战只是初露头角，没有详细的协同计划，没有完备的协调组织，陆空联络的手段相当落后，陆空协同作战的时域和空域十分受限。

1935 年，陆军航空队建立了空军总部，得到了更大的自主权。陆军航空兵的重点从对地攻击转向了战略轰炸，近距空中支援则被忽视。1942 年 4 月，美国陆军颁布了作战条令，规定了航空兵支援地面作战的组织实施和战术运用，区分了近距空中支援和空中遮断。在经历“凯瑟琳山口”惨痛教训之后，美军进行了认真总结，调整了北非空中力量的指挥结构，借鉴了英国集中控制空中力量的经验。

1943 年 7 月 21 日，美国陆军总参谋部正式出版了《FM100－20：空中力量的指挥与运用》。该条令规定：空中力量应由航空兵指挥官控制；航空兵和地面部队指挥官应一同制订计划，参谋人员在同一个司令部工作。该条令认为，空中部队与地面部队地位相等，集中控制利于发挥其灵活性，战术空军指挥人员必须有能力集中攻击决定性的目标。根据这一条令，战区司令负责空中与地面部队的指挥；地面行动的成功首先需要夺取空中优势，其次是实施空中遮断，之后进行近距空中支援。该条令虽然在细节方面仍不够具体，但规定了美国空军的战术运用方法，标志着美军近距空中支援正式形成。

这一时期，空地联络机构和装备开始发展。美军开始组建由飞行员牵头的空中控制组。空中控制组乘吉普车，配备甚高频无线电台和相应的引导装备，与陆军地面部队共同行动，具有变更航线和召唤紧急航空支援的权限。

二、军种间粗放的协同作战

第二次世界大战期间，战争实践促使空军确立了主体地位。1947 年，美国空军成为独立军种，陆军与空军成为平等伙伴关系。基于平等协作，陆空协同作战快速发展，初步形成模式。从 1947 年空军独立到 1986 年之前，联合作战指挥体制还不健全不成熟，程序还不规范，方式方法还比较落后，而且美陆军与空军存在狭隘的本位主义，只能实施粗放的协同作战。这一时期陆空协同作战只是形成了初步模式，陆空协同作战的整体水平普遍较低。

二战期间，鉴于分散使用航空兵所带来的种种弊端，美英苏等国考虑成立统一指挥空军部队的空军指挥机构。1942 年 5 月，苏军对前线航空兵的组织体制实行了根本调整。凡是在集团军和方面军编成内作战的航空兵部队，统一编成空军集团军，隶属于方面军司令部。方面军司令员通过隶属的空军集团军司令员统一指挥所属航空兵部队的战斗行动。1943 年，在摩洛哥的卡萨布兰卡召开了盟军作战会议，决定将在北非作战的所有美、英航空兵部队，全部由新成立的西北非战术航空队指挥。这样，航空兵与地面部队就处于平等地位，陆军与空军按照协同计划使用各自的兵力。

空军主体地位的确立，对陆空联合作战具有重要意义，使得陆空联合作战指挥机制得以迅速发展。苏军航空兵指挥所靠近诸兵种合成军队指挥所配置，空军集团军向第一梯队步兵军、师派遣空军代表。盟军设立了联合控制与协调站，向很多地面部队派遣了空中联络军官。美军设立了空地协同组，其任务是向陆军部队指挥官就航空兵的使用问题提出建议。德国准许飞行员与被支援的地面部队直接通话联系，并开始向前方部队派出空军联络军官，以解决空地协同问题。

越战前，美军建立了战术空中控制中心，派出了战术空军控制组，支援飞机由战术空军控制组引导到陆军任务前线。战术空军控制组与地面部队指挥机构进行协调，控制计划和紧急近距空中支援。由于地面引导存在地形上的诸多限制，因此诞生了机载前进航空控制员，其主要负责从空中指挥引导支援飞机。为了提高响应性，美军会分配一定的飞机执行空中警戒任务。警戒飞机依据计划盘旋在前线，对临机目标进行打击。如果没有空中警戒架次，紧急空中支援申请通过陆军渠道汇总到联合作战中心，由其决定是否重新分配空中资产。为简化程序，战术空中控制中心往往直接向前方空中控制员分配一定的警戒架次。

越战中，空军对作战飞机实施集中控制，同时允许分散实施紧急近距空中支援。计划性申请至少在实施之前 24 小时通过陆军各个层级进行呈报。申请通过营、旅火力支援协调中心，师战术作战中心，军战术作战中心呈报给战术空中支援部门，该部门与空军的战术空中控制中心一同工作。战术空中控制中心向地面部队分配可用架次。为了提高紧急申请的响应速度，紧急申请由地面部队直接发往直接空中支援中心。直接空中支援中心负责协调紧急空中支援申请。空军向营级单位派遣战术空军控制组，并广泛使用机载前方空中控制员。武装直升机几乎全部用于支援地面作战，陆军将其作为飞行的空中大炮。从申请直升机火力到抵达平均用时 12 分钟。

这一时期科学技术的发展，特别是无线电和雷达的广泛使用，拓宽了陆空协同的时域和空域。依靠无线电和雷达技术，指挥官能够根据空中情况有针对性地下达命令，地面部队与空中飞机之间可相互提供信息，在复杂气象条件下和夜间可对地面目标进行突击，地面目标引导员可引导飞机准确突击目标。但美国陆军与空军当时对于空中力量的使用还存在诸多矛盾。

一是空中任务优先排序问题。航空部队更宁愿实施空中遮断，而地面指挥官希望实施近距空中支援。二是空中力量的指挥与控制问题。航空指挥官坚持集中控制空中力量，特别是在航空资源有限的情况下，而地面指挥官希望实行分散控制，如向每个师分派一个战斗轰炸机大队。三是空地系统所需的联合训练与协调问题。因训练不足，空军只能提供有限的战术空中控制小组，远达不到地面部队的要求。四是支援飞机类型问题。空军主张使用喷气式飞机，而地面指挥官坚持使用速度较慢、易于操作的螺旋桨飞机。由于空军和陆军对空中力量的运用持有不同的意见，陆军对空军的指控一度进入了白热化。问题的产生主要是由两个军种之间缺乏沟通、缺乏相互理解所致，双方都从自己的立场，而不是从整个战场或者对方的立场看待问题。

总体来看，冷战期间近距空中支援获得了进一步的发展。由于作战飞机及其机载武器性能的提高和空地协调系统的改善，近距空中支援成为空中力量的主要任务之一。歼击机、攻击机、歼击轰炸机、战略轰炸机在近距空中支援中都得到了运用，精确制导武器走上了舞台。战术空中控制中心、直接空中支援中心、战术空军控制组等空地协调系统进一步建立。空军开始逐步加强战术空军控制组的职业化建设。

“二战”中的近距空中支援

3月26日傍晚，西部沙漠空军对艾尔哈迈前敌军防线发起了攻击。英国和新西兰军队的先头部队以黄色烟幕做标示，与此同时，英军炮兵向敌人重要的阵地发射了烟幕弹。在盟军前线后方，“在地面上挖出了很大的地标，并燃起了红色与蓝色的烟幕……在精确选择的位置上载货卡车排成字母的形状充当信号板”。15时30分，54架轰炸机——“陆军航空队”的波斯顿和米切尔与南非空军——对艾尔哈迈附近的目标实施了“定型轰炸”。紧随其后的是第一批战斗轰炸机——P-40战斗机、“喷火”式战斗机和“飓风”式战斗机——从最低高度扫射并轰炸敌人的阵地，间隔为15分钟。包括一些“陆军航空队”飞行员在内的飞行员，奉命攻击预先设定的目标，并扫射敌人炮手，摧毁敌人的炮兵和反坦克炮。1个“喷火”式战斗机中队在上空为战斗轰炸机进行掩护，26架战斗轰炸机中队提供了有效的近距空中支援，对敌人实施了两个半小时的扫射和轰炸。

16时，战斗轰炸机开始攻击后半小时，英国和新西兰军队在火炮弹幕的掩护下发起攻击。进攻以每3分钟100码的速度推进，从而，自动确定了轰炸线。盟军战斗轰炸机在弹幕前继续作战。这种空军与炮兵的联合火力使防御方难以招架。到月亮升起时，英军装甲部队和新西兰军队步兵突破了敌人的防线。两天内，新西兰军队攻占了加贝斯，英军第八军通过地中海与费贯杰盐沼之间的缺口向北挺进。

盟军在马雷特防线战斗中对飞机的使用提供了一个极具灵活性的经典事例。当第十二空中支援司令部和第242大队通过攻击机场压制敌方空军的同时，西部沙漠空军与地面炮兵一同在艾尔哈迈防御阵地上为地面部队炸开了一条通路。布罗德赫斯特认为，3月26日在艾尔哈迈进行的战斗是“根据集中原则合理使用空中力量的范例”。盟军突破艾尔哈迈并攻占了加贝斯，迫使轴心国军队从突尼斯南部撤退。

来源：《近距空中支援发展史战例研究》

本杰明·富兰克林·库林编著——1990年

三、陆海空融合的联合作战

海湾战争以前，美军进行了许多不同规模、不同样式的联合作战，但联合部队指挥官空有联合的“头衔”，而无联合的“实权”，各军种自成体系，内耗不断，很难实现真正意义上的协调。为了弥合军种缝隙，1986年美国总统批准了《戈德华特-尼科尔斯法案》。该法案取消了各军种部长的战时指挥权，赋予战区指挥官较高的作战指挥权，美军才由此开始了以海湾战争为标志的现代联合作战。现在，美军各战区司令部都是完全的联合作战司令部。各军种地位平等，对担任联合司令部司令的军种出身没有限制。通常情况下，司令、副司令和参谋长，即前“三把手”来自不同的军种。由单一军种组成的“专业司令部”已彻底退出了历史舞台。通过《戈德华特-尼科尔斯法案》，美军健全了战区联合指挥体制，理顺了作战指挥关系，突出了战区指挥官的指挥权力，取消了军种指挥官的作战指挥权，美国陆军、海军、空军真正融合成为一个整体。

先进军事技术的发展，联合作战理论的提出，联合作战体制的改革，使得空地作战系统逐步建立并日趋完善，这大大加强了陆军与空军的联系与协调。美军空地作战系统包括：联合空中作战中心、控制与报知中心、空运控制中心、空中支援作战中心、战术空军控制组、机载战场指挥与控制中心、机载预警与控制系统、联合监视与目标攻击雷达、机载前方控制员、战场协调组。其中，联合空中作战中心是核心机构，负责从总体上协调陆军部队的支援申请；控制与报知中心主要负责任务区域内的空中态势监控、作战飞机指挥引导和空域管制等事项；机载战场指挥与控制中心的主要职能是对空中力量支援地面（或海上）部队的行动进行协调；机载预警与控制系统的职能主要是监视、预警、协调对地支援，搜集空中和地面的情况等；机载前方控制员能从空中对支援作战飞机实施精确引导；联合监视与目标攻击雷达是美陆军和空军为加强协同作战而联合研制的指挥和控制系统，可实时指挥空中和地面火力对所选择的敌地面目标实施攻击；空中支援作战中心和战术空军控制组配置于陆军部队，近距离与陆军受援部队开展协调活动；战场协调组隶属陆军部队，作战中位于空军航空航天作战中心或联合空中作战中心，负责沟通联络，转达和说明陆军部队提出的空中支援申请，近距离与空军部队开展协调活动。

在海湾战争中，战场协调组首次使用，改变了陆空单向协调模式，有效解决了陆军与空军部队联系不畅、交流不便等问题，发挥了不可替代的作用。联合监视与目标攻击雷达系统也是首次投入使用，该飞机能将空中侦察的情报信息在1~2分钟内同时传送到陆军和空军指挥所，使两个军种首次实现情报实时共享。所以，在这一时期，空地系统的建立大大加强了陆军与空军部队的联系，陆空作战协调的组织日趋完善，陆空作战协调的效能有了质的飞跃。空中力量已经完全处于与其他军种平等的地位，成为战争中的主角。

在海湾战争中，地面行动只持续了100小时，飞机大多被集中用于实施战略轰炸、空中遮断等任务。空中力量在海湾战争中大放异彩，有人开始怀疑陆军的作用，甚至出现了“陆军无用论”。但阿富汗战争和伊拉克战争再次证明了空地联合作战的重要价值。在低强度的反恐战争中，对手常常与平民混杂在一起，或者躲藏在某处。作为空军来讲，最好是在对手与己方地面部队接触之前发现他们并通过空中遮断方式将其歼灭，但是地面部队在与对手接触之前很难发现他们，接触之后双方又交错在一起。在这种情况下，空军需要地面力量将目标驱赶出来，地面力量需要空军提供近距空中支援。因此，两个军种进行了积极的对话，提高了军种间的联合水平。

四、基于网络的一体化作战

1993年，美军以《作战纲要》的形式正式确立了联合作战。2001年，美国防部首次确立了“网络中心战”，强调各部队基于信息网络高效协作、一体化行动。随着信息技术的不断发展和网络化信息系统的形成，陆空作战协同向自主式方向发展。基于信息网络，战场感知全维化、指挥控制网络化、火力打击远程化，提高了美军陆空联合作战的效能。

通信技术的发展大大减少了空中支援的反应时间。早期，由于通信技术落后，作战飞机只能按飞行前规定的任务、航迹执行预定任务。二战后，待召唤、变更航线等航空活动的出现得益于无线电技术的成熟。无线电语音通信一直延续到现在。在伊拉克战争中，终端攻击控制员也经常使用语音方式与飞行员联络，引导飞机飞临目标上空——该方法常常造成任务延迟。随着通信技术的改进和全球定位系统的普及，空中力量的态势感知能力不断增强，并能根据战场需要迅速做出反应。特别是通过数据链，终端攻击控制员可以直接将目标信息发送给飞行员，不但可以避免语音通信的错误，而且可以大大减少反应时间。

精确制导弹药的发展也为缩短打击时间提供了条件。现在的精确制导弹药不但精准度高，威力大，而且尺寸也在缩小。这样不仅可以减少附带毁伤，还大大减少了对后勤的要求，同样的飞机可以携带更多不同种类的弹药，能针对不同的目标选用不同的弹药，无须因弹药不匹配而重新返回装载合适的弹药，从而提高了近距空中支援的效率。近距空中支援的反应时间越来越短。海湾战争时期，近距空中支援反应时间一般为十几分钟；到了伊拉克战争，近距空中支援的时间一般为5~10分钟。在目标区域上空待战的AC-130或A-10飞机反应时间更短。

伊拉克战争表明，网络化信息系统已逐渐成为美军陆空联合作战的重要支撑。信息系统对陆空联合作战的支撑作用在美陆军第3机步师体现得尤为明显。伊拉克战争中，美陆军第3机步师就装备了数十类作战系统。例如，为部队提高指挥控制和态势感知能力的“蓝军跟踪系统”；跟踪战场上空飞机和分发空域控制措施的“战术空域综合系统”；传送目标数据和火力攻击效果图的“自动化纵深作战协调系统”；进行情报搜集、处理与分发的“轻型全源分析系统”；提供通用作战态势图和决策支援的“机动控制系统”；用于协调、控制和计划火力支援的“高级野战炮兵战术数据系统”；等等。

作战中，部队利用“蓝军跟踪系统”，能够实时地获取作战飞机和其他地面作战平台的位置和身份信息，从而有助于提高指挥控制和态势感知能力，以减少误伤，加强协调；利用“战术空域综合系统”，很好地完成了空域控制措施的输入和分发；使用“自动化纵深作战协调系统”Excel电子数据表向第5军提交空中遮断目标，并利用该系统中的“限制目标图像库”图像，对目标原始坐标和“影响地点”坐标加以验证；利用“高级野战炮兵战术数据系统”，批准有关火力支援申请，提高了态势感知能力及火力的计划、执行效率。从伊拉克战争来看，信息系统已成为陆空联合作战的物质技术基础。

从近几场局部战争来看，美国陆军对于航空火力支援的依赖性正在增强。美国新型陆军更加强调快速机动能力，其自身携带的“建制火力”将有所减少。与此同时，为了适应分散作战的需要，未来陆军部队将以更小规模执行任务。空军的侦察与监视能够加强陆军的战场感知能力，所以，陆军和空军部队需要在更低级别采取联合行动。特别是深入任务区的特种部队缺乏持续战斗能力，其生存离不开空中力量，空中力量可为其提供运输、补给、信息保障和火力支援。在阿富汗战争中，由12人组成的特种部队特遣队与终端攻击控制员共同行动，以协调近距空中支援的方式打击塔利班。所以，加强与空中力量的协同，获得强大的航空支援，对于美国陆军而言十分重要。

美军各军兵种之间的联合特征也越来越强。例如，空军F-16多用途战机和陆军AH-64“阿帕奇”攻击直升机为海军陆战队提供近距空中支援；海军陆战队AH-1“眼镜蛇”攻击直升机对陆军作战旅进行支援；海军F/A-18多用途战机支援特种作战部队；海军陆战队远征部队下辖旋转翼和固定翼航空兵，其营一级力量能够与陆战队以外的部队进行一体化的联合作战。随着联合训练的深入和培训标准的规范，可以预见，未来美军军种间的联合将更加顺畅。

目前，无人机在侦察监视、制空作战、空中支援中的作用越发关键。无人机由于其独特的优势，自出现以来已经取得长足进步。与有人作战飞机相比，无人机具有更加安全、费用低廉和效能更高的优势，因而备受美军青睐，发展也很迅速，不仅使用范围在不断扩大，而且功能也在不断拓展。2001年，美军的MQ-1“捕食者”无人机通过实弹射击测试后成为全球首架武装无人机，并在阿富汗战争中得到了运用。

目前，无人机已被广泛运用于战场。一方面，作为侦察平台，无人机在侦察情报方面发挥着巨大作用。2001 年 11 月 13 日，美军使用“捕食者”无人机发现一支由十几辆越野车组成的车队从喀布尔城区驶出，发现目标可疑后，美军利用“捕食者”继续在目标上空盘旋录像，获取影像资料。判明目标是“基地”组织高层领导后，美军使用“捕食者”无人机，配合 3 架 F-15E 战斗机，击毙“基地”组织二号头目“阿提夫”。伊拉克战争中，RQ-4“全球鹰”无人机能持续不断地将近实时的影像资料传送给位于沙特阿拉伯的联合空中作战中心及第 5 军司令部，为打击时效性目标提供了许多重要情报。另一方面，无人机的作战功能也在不断增加，逐步从空中侦察向空中打击、压制敌防空等功能拓展。继 MQ-1“捕食者”武装无人机之后，美国空军在此基础上又推出了尺寸更大、重量更重的 MQ-9“死神”武装无人机。与前者不同的是，“死神”无人机是空军首款“猎杀者”无人机，可执行近距空中支援任务，也可以在山区和危险地区执行持久监视与侦察任务。

运用无人机进行空中待战，不仅可以解决轰炸机资源不足的问题，还可以避免使用大量战斗机进行空中待战所造成的资源浪费。例如，“捕食者”无人机最大续航时间可达 60 小时，能够长时间跟踪目标并迅速对其发起攻击。在反暴乱行动中，无人机的灵活性和快速反应能力对于打击熟悉地形不断移动的目标发挥了重要作用。由于无人机性价比高，并且不受飞行员疲劳耐受时间的影响，所以美国空中力量的发展重心正进一步向无人机倾斜。有分析人士认为，按这一趋势发展下去，无人机将取代有人机的主角地位，并彻底改变美空中力量的构成比例。

信息技术、无人技术的发展，未来战争样式的转型，使得美军陆空联合作战行动不断向战术层次延伸。近年来，美军多域作战、全域作战概念的提出，表明美军陆空联合作战正向战术层次不断延伸，向多领域融合方向快速发展。军事理论、军事技术的发展，也促使美军空中支援作战中心、战术空军控制组等协调联络机构向更低层次派遣。

第二章 美军陆空联合作战指挥体制

联合作战的关键在指挥。纵观美军联合作战的发展历史，实际上也主要集中在指挥体制问题上。经过近40年的艰难探索，美军在3个层级形成了联合指挥机构：战略层，即参谋长联席会议及其联合参谋部；战区层，即战区联合司令部（如印太司令部）及其下属联合司令部（如驻日司令部）；战术层，即联合特遣部队司令部，根据特定任务临时组成联合特遣部队。

美军现行作战指挥体制主要包括国家作战指挥体制、战区作战指挥体制和军种作战指挥体制。美军陆空联合作战行动是在国家级、战区级指挥机构的统一筹划组织下进行的，通常并不存在单独的陆空联合作战指挥机构。美军实施全球战略，作战中要求发挥各军种部队的联合作战效能，强调按地理区域和职能领域统一实施联合指挥与控制。作战中，战区司令通常指定职能部队指挥官控制协调本领域内各军兵种的作战行动，如联合部队地面部队、联合部队空中部队、联合部队海上部队，由他们来统一指挥、控制和协调各军兵种部队的地面作战行动、空中作战行动和海上作战行动。职能部队司令部以军种部队司令部为主组建，同时吸收其他军兵种部队的代表。因此，美军陆空联合作战组织体系包括国家、战区、军种指挥机构，以及陆空协调联络机构。

总体来讲，美军陆空联合作战指挥始于国家指挥当局，终于陆空协调联络机构，重点在战区，主体活动在军种。国家指挥当局是最高权力机构，决定着陆空联合作战“实施与否”；战区负责提出构想、审批目标清单、分配空中架次、制订总体计划，决定着陆空联合作战的“总体设计”；军种部队负责选取目标、提交申请、筹划准备和行动实施，决定着陆空联合作战的“组织实施”；陆空协调机构负责沟通联络、末端引导、终端控制，决定着陆空联合作战的“打击效果”。为了更好地理解美军陆空联合作战的组织体系，下面将分层次、分类别进行介绍。

第一节 国家指挥体制

美国国防领导体制为总统和国防部长统一领导下的军令、军政双轨制。军令系统由总统、国防部长通过参谋长联席会议主席，对联合作战司令部及各作战部队实施作战指挥。军政系统由总统、国防部长通过军种部，统管各军种行政管理、部队建设、战备训练、武器采购等。

一、美国防领导和指挥体制①

美国防领导系统由总统、国家安全委员会、国防部及其所属参谋长联席会议、陆海空三军种部以及联合作战司令部组成。

（一）国家最高指挥当局

总统。根据美国宪法，总统兼任武装部队总司令，负责决策“打不打”和“何时打”等重大战略问题。美国第一枚核武器的发射必须由总统亲自下令。总统通过国防部的两个渠道领导与指挥部队：通过陆、海、空三军种部对部队实施行政领导；通过联合作战司令部对部队实施作战指挥。

国防部长。国防部长是国防部最高领导人，为文职官员，由总统在征得参议院同意后任命，对国防部有管理、领导和指挥权。国防部长是总统处理国家安全事务的主要助手。总统在国防部长的协助下，行使指挥武装部队的最高权力。《美国法典》规定，武装力量中正规部队的授衔军官退出现役不满10年者不得被任命为国防部长。

（二）国家安全委员会

1947年7月，依据《国家安全法》，美国建立了国家安全委员会。国家安全委员会直属总统领导，总部设在首都华盛顿。

国家安全委员会是美国“国家安全”问题的最高决策咨询机构，负责向总统提供与国家安全有关的政治、经济、军事、外交方面的综合建议。通过国家安全委员会，军事部门能够与政府其他部、局在国家安全事务上进行更

① 军事科学院世界军事研究部. 美国军事基本情况［M］. 北京：军事科学出版社，2004：187－208.

有效的合作。该委员会的职责权限大小取决于美国总统个人的决策习惯和国家安全形势，有的总统主动将自己的资源、信任、影响力和权力交与委员会成员；有的总统却一人操控大权，因此美国国家安全委员会的规模和制度一直在变化。

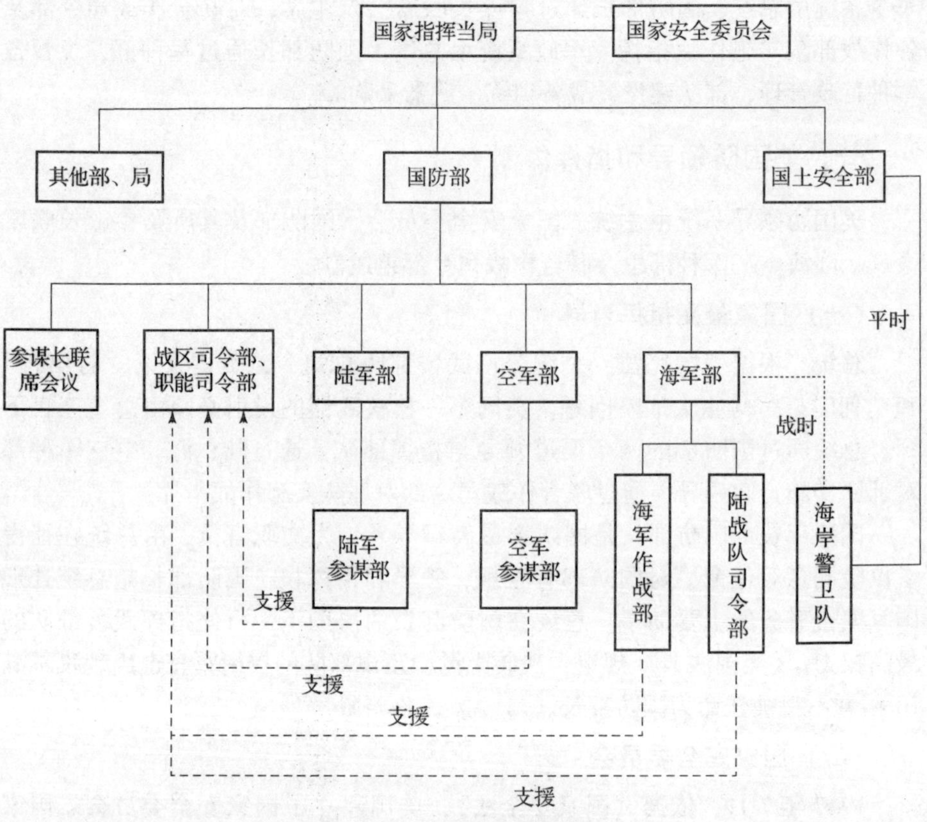

图 2－1　美国防领导体制

国家安全委员会主要由两个部分组成：一个是由高级官员组成的委员会，另一个是配合日常工作的常设办事机构。国家安全委员会法定成员包括总统、副总统、国务卿、国防部长、财政部长、国家安全事务助理。委员会主席由美国总统担任。国家安全事务助理（国家安全顾问）负责委员会的日常工作。参联会主席是法定的军事顾问，中央情报局局长是法定的情报顾问。参加该委员会会议的除了上述成员外，总统还有权根据会议议题，邀请其他相关人员参加。参加者可能包括白宫办公厅主任、总统顾问、总统经济政策助理、司法部长等。

（三）国防部①

国防部是美国政府的一个内阁级行政部门，是总统领导与指挥美国武装力量的最高领导机关。其前身为1789年成立的陆军部，后根据《1947年国家安全法》定名为国家军事部，但因其地位等同于军种部，起不了统管全军的作用，1949年的《国家安全法（修正案）》以国防部取代国家军事部，并规定其为政府一级部，3个军种部降为其下属部门，从而确立了国防部对全军的统管地位。国防部主要由国防部长办公厅，参谋长联席会议，国防部直属局与专业机构，陆、海、空三军种部以及各联合作战司令部等组成。

国防部的主要职责是：根据美国国家政策和利益，制定国防政策和军事战略，通过3个军种部对各部队实施行政管理，并通过参谋长联席会议对部队实施作战指挥；制定国防预算和兵力规划；统一领导国防科学技术的研究和后勤供应工作；对外负责军事谈判，派遣军事顾问团，培训外国军队和监督军事援助的使用等。

1. 参谋长联席会议②

参谋长联席会议成立于1947年，是总统和国防部长最高军事咨询机构，成员包括主席、副主席、陆军参谋长、空军参谋长、海军作战部长、海军陆战队司令和国民警卫队局局长。参谋长联席会议没有作战指挥权，在国防部长的领导下，负责向作战指挥官下达总统和国防部长对武装部队的命令。

具体职责包括：制定美国武装力量的战略方针；制订战略行动计划；制订应急行动计划；向总统和国防部长提出关于军队建设、国防发展项目与预算、采购需求评估、联合作战条令、联合训练政策等方面的建议；在战时协助国家指挥当局对美国武装力量实施战略指挥，监督各联合司令部的军事活动。

参联会主席，是总统和国防部长的首席军事顾问。主要负责战略指导、协调联合作战，向总统和国防部长提出作战建议，下达作战命令。参谋长联

① 卢利华．外军作战指挥［M］．北京：国防大学出版社，2010：7－12.

② 樊高月．观察美军点与面［M］．北京：长征出版社，2012：95－98.

席会议主席由军队高级将领担任，主席与副主席在不同的军种中挑选，在主席缺席的情况下，副主席代理其职权。

联合参谋部。联合参谋部是参谋长联席会议的常设机构，由参谋长联席会议主席全权领导。联合参谋部主任由参联会主席征求参联会其他成员的意见后提名，经国防部长同意后任命。其职责是协助参联会主席管理联合参谋部。按照法律，只有参联会主席有权指挥联合参谋部。联合参谋部各军种人员构成比例基本相当，在人员组成上，陆、海、空三军各占1/3左右。根据美国《国家安全法》，联合参谋部不是整个美武装部队的总参谋部，对作战部队没有指挥权，只是参联会的办事机构，其职责是负责协助参联会主席对作战部队实施联合战略指导，协调各联合作战司令部联合作战。

虽然没有作战指挥权，但联合参谋部是美军在战略层次的联合机构，具有重要的职能作用。其职能部门包括：管理部，人力人事部，情报部，作战部，后勤部，战略计划与政策部，指挥、控制、通信和计算机/网络部，作战计划与联合部队发展部，部队结构/资源与评估部。职能部门围绕作战设置，突出作战功能，职能部门中作战部人数最多，也最重要。

管理部。管理部由联合参谋部秘书办公室、联合参谋部审计办公室、联合参谋部支援勤务办公室、联合参谋部保密办公室和联合参谋部信息资源管理办公室组成。其职责是通过计划、管理和指导有关支援活动协助参联会主席和联合参谋部进行工作。支援活动包括：通信管理、预算、财务、行政管理、档案管理、信息技术、勤务、资源、信息保密等。

人力人事部。人力人事部由部长办公室、军事秘书处、人事战备处、人事勤务处、联合人力管理处和牧师办公室组成。其职责是向参联会主席提供一流的人力人事建议，确保美国武装力量保持最高战备水平和持续作战能力。

情报部。情报部由部长办公室、行政保障处、5个副部长办公室及所属处组成。其职责是向参谋长联席会议、国防部长办公室、联合参谋部和联合司令部提供全源情报。情报部还是国防情报局的一部分，可利用国防情报局的各种能力去完成其使命。

作战部。作战部由部长办公室、军事秘书办公室、6个副部长及其所属处组成。其职责是把联合参谋部的计划、政策、情报、人力、通信和后勤功能转化为行动。它负责调动部队，向国家领导层详细介绍作战情况，是作战司令部司令与国家指挥当局联系的纽带。

后勤部。后勤部由部长办公室、军事秘书处、后勤战备与需求副部长办公室及战备与需求处、医疗战备副部长办公室及医疗战备处、美国运输司令部司令联络办公室、海事管理局联络办公室、后勤战备中心、机动处、保障/动员与计划处、发展处等组成。其职责是进行联合部署和物资的快速分发，保护部队健康，建立灵活的基础设施，综合后勤需求信息，指导联合战区后勤管理，协调多国后勤保障和开辟联合后勤保障途径。

战略计划与政策部。战略计划与政策部由部长办公室、管理处/军事秘书处、远期计划组、欧洲安全问题美国代表、欧洲盟军最高司令部美国军事代表、6 个副部长办公室及所属处组成。其职责是协助参联会主席制定当前和未来的军事战略、计划指南和政策，提供政治军事建议和政策，确定国际谈判中的军方立场，进行机构间协调。

指挥、控制、通信与计算机/网络部。指挥、控制、通信与计算机网络部由部长办公室、项目与预算办公室、C4 评估处、军事通信/电子委员会、军事秘书处、3 个副部长办公室及所属处组成。其职责是向参联会主席提供有关指挥、控制、通信和计算机方面的意见和建议；保障从战区总司令到武器发射平台的 C4 需求；领导指挥、控制、通信和计算机部门；负责保障国家军事指挥系统；识别和解决国家级信息中有关军事方面的问题。

作战计划与联合部队发展部。作战计划与联合部队发展部由部长办公室、军事秘书办公室和 4 个处组成。其职责是构想、发展和评估当前与将来的联合作战理论，完成联合与多国部队的训练和演习，帮助参联会主席、战区作战司令部司令和军种指挥官做好联合作战和与多国作战的准备。

部队结构/资源与评估部。部队结构/资源与评估部由部长办公室、军事秘书处、联合战区空中与导弹防御组织（仅受控制）、资源与采购管理办公室、战斗识别与评估处、3 个副部长办公室及所属处组成。其职责是向参联会主席和参联会提供有关资源和部队结构方面的评估、分析和建议，具体包括：分析冷战后的美国防务需求与防务资源政策；制订对战略、非战略核与常规部队和系统的需求与选择的计划；支持联合司令部司令的工作；评估重要的采购计划和国防部采购政策；分析军种预算和项目；在防务采购管理系统和计划、立项预算系统方面代表联合司令部；进行联合作战推演与模拟；召开机构间政治、军事研讨会等。

参联会下属的国家军事指挥中心、国家预备军事指挥中心、国家空中作战指挥中心，由联合参谋部作战部负责日常管理。

国家军事指挥中心，成立于1962年10月，设在国防部五角大楼。由联合参谋部作战部副部长兼任该中心主任，是实施国家级联合作战指挥的基本指挥所。总统和国防部长通过国家军事指挥中心实施作战指挥。国家军事指挥中心主要职能包括：一是下达作战命令，战时总统、国防部长通过该中心下达作战命令，监控作战进程，指导战区作战；二是监控全球和战区态势；三是提供作战计划；四是确保通信联络，确保总统、国防部长与战区总部及国家相关部门的通信联络畅通。国家预备军事指挥中心，1955年建立，其指挥控制功能与国家军事指挥中心相似。国家空中作战指挥中心，由E－4B型飞机组成。在国家紧急情况下或地面指挥控制中心被毁的情况下，该飞机提供现代化的、抗毁性高的指挥控制和通信能力，指挥美国部队执行紧急作战命令，并协调民政当局的行动①。

2. 军种部

陆、海、空三军部直属国防部，部长均为文官，只负责各自军种的人事管理、训练教育、军事科研、武器装备和后勤保障等。军种参谋部（海军为作战部、海军陆战队为司令部）系军种部长的军事参谋与办事机构，军种参谋长（海军为作战部长、海军陆战队为司令）为本军种最高军事首长，上将军衔。平时，海军部还与国土安全部协调管理海岸警卫队事务，战时在总统授权下，海军部则从国土安全部接管和领导海岸警卫队。

平时，总统和国防部长通过各军种部长、军种参谋长以及各联合司令部下属的军种部队司令部，对全军实施行政管理和领导后勤保障。战时，军种部队司令部向战区联合部队提供军种部队，并通过军种指挥体系，对联合部队中的本军种部队实施行政与后勤支援。为了完成联合部队指挥官下达的作战任务，军种部队指挥官要建立军种部队与联合司令部之间的联系，计划和实施支援联合作战行动及下属军种部队的作战行动，并且根据本军种的职责向其他军种提供支援。

二、美国防领导和指挥体制变革之路

美陆、海、空三军自建军以来，各军种自成体系，军兵种间的门户之见

① 卢利华. 外军作战指挥［M］. 北京：国防大学出版社，2010：11－12.

和利益之争十分激烈。从1947年开始，美军就进行了联合作战指挥体制的改革，但在1986年之前，改革一直很不理想。在越南战争中，轰炸越南的美军飞机居然要同时听命于4个独立的司令部指挥，军种间的协同作战非常困难。经过近40年的艰难探索，美军才完成了联合作战指挥体制的改革。纵观美军联合作战指挥体制改革主要经历了以下几个阶段。

1947年，杜鲁门国防改组，成立了国防部，设立了国防部长并使国防部长进入作战指挥链，也设立了参联会主席并建立了联合参谋部，建立了战区联合司令部，但就整体而言它没有打破军种主导参联会和控制作战司令部的局面。二战结束时，组成美军领导指挥体制的主要机构是作为政府内阁部的陆军部和海军部，各军种拥有相当大的自主权。1942年，成立参谋长联席会议，效仿英军，但没通过立法。

1949年通过的《国家安全法（修正案）》，将国家军事部改为作为内阁部的国防部，把军种部从内阁部降为国防部的直属部，同时设立了参谋长联席会议主席职位。二战结束后，美军建立了地区作战司令部，降低了军种部的地位，但军种地位的下降并不意味着联合作战机构地位的上升。地区司令部都是军种主导的；太平洋司令部、大西洋司令部等由海军主导；欧洲司令部、远东司令部等由陆军主导；战略空军司令部更是完全由空军组成。第一个既有下属3个军种司令部、又有联合参谋部的三军联合司令部，是1952年7月改组后的欧洲司令部。就是这样的“联合司令部”，在执行任务时也是各管各的，作战指挥仍然通过各自的军种参谋长来实施。

1958年，艾森豪威尔国防改组，撤销了各军种部的作战指挥权，建立了总统和国防部长统一领导下的军事行政和作战指挥双轨制，明确规定建立军政和军令两权分开的制度，确立了从总统、国防部长到作战司令部司令的直接指挥关系。但改革没能彻底解决军种退出作战指挥链的问题。

1986年，《戈德华特－尼科尔斯国防部改组法》（下称《国防部改组法》）通过。该法案是由亚利桑那州共和党参议员 Barry Goldwater 和亚阿拉巴马州民主党参议员 William Flynt Nichols 共同提出，所以又被称为 *Goldwater－Nichols Act*，中文翻译为《戈德华特－尼科尔斯法案》。该法案使美军真正确立了联合作战指挥体制。

一是改革确立了“强势参联会”模式，突出了参联会主席的作用，压缩了军种参谋长的话语权。参联会层面确立了参联会主席的主导地位，是总统、国防部长的首席军事顾问，是军队的最高级别军官。这使参联会主席获得了原先由参联会全体成员所担负的某些职能。该法还规定设立专职参联会副主席，但与主席不能来自同一个军种。对军种参谋长的职能也有规定。他们既是本军种最高军事主官，又是参联会成员，但在这“两顶帽子”中，参联会成员的职务优先于军种参谋长的职务，军种日常事务多数情况下由第一副参谋长处理。所有这一切规定都是要确保联合考虑高于军种考虑。

参联会由原来的松散协调机构转变成为具有实际权力的联合作战统领机关。美参谋长联席会议是1942年年初由罗斯福总统运用战时总统特权，由陆军、海军联合委员会改组而成。1947年，经国会立法批准，参联会被正式列为美国军事体制中的一个领导机构。1949年，设参谋长联席会议主席，是总统和国防部长的首席军事顾问，负责主持联席会议和处理日常工作，为全军职位最高的现役军事将领，由各军种高级将领轮流担任。但20世纪80年代以前的参联会，只是一个协调军种作战决策及各自利益的联席会，各军兵种为维护自身利益和争取军种荣誉的竞争，使参联会成为没有决策建议权的“和稀泥”机构。1986年的改革，使得参联会由原来松散的协调机构转变成为具有实际决策建议权的联合作战统领机构，具有了制定战略、后勤支援和军事动员计划，制定诸军种联合作战和训练原则，向国防部长提出有关军事预算、军事科研和对外军援等方面的建议，组织诸军种大规模联合演习，对联合司令部和特种司令部实施作战指挥等五大职能，成为由美国总统及国防部长组成的联合作战统帅部领导下的军事决策咨询机构与指挥军队的执行机构。

参联会主席由原来的会议主持人和代言人转变成为具有联合作战决策建议权的“总参谋长”。参谋长联席会议主席是美军职位最高的现役军事将领。但20世纪80年代前的参联会主席，实际上只是参联会的会议主持人，和其他军种参谋长的地位平等，没有决策权，主要职责是使各军种参谋长达成一致意见。如果意见不一致，参联会主席只能把各军种参谋长的不同意见反映给国防部长或总统，供其定夺和裁决。因此，那时的参联会主席只是会议主持人。1986年，美国会通过的《国防部改组法》虽仍然规定参联会主席是会议主持人，但这个主持人地位不再与大家平等，而是代表参联会作为总统和国家安全委员会的主要军事顾问，是具有会议决策评价权的领导者；虽然参联会主席仍然是会议代言人，但他的职能不再只是协调、平衡大家意见的

“和事佬”，而是决定给国防部长、总统提出何种咨询建议的决策者。他既能反映各军种意见，又能独立发表自己的看法和见解，提出自己的意见和建议，具有了独立的决策建议权。这种改革与创新，使参联会主席由原来的会议主持人和代言人，转变成为具有联合作战决策建议权的“总参谋长”，也使参联会真正成为联合作战的领导机构。

二是改革真正确立了战区司令实施联合作战指挥的主体地位。美军战区司令部成立于 1947 年，但空有联合的“头衔”而无联合的“实权”。美军经历了数次国防体制改革，就是要树立战区司令部的指挥权威，但效果一直不理想。颇具讽刺意味的是，这个困扰了美军几十年的作战指挥难题，不是由身经百战的将军所攻克，倒是被名叫戈德华特和尼科尔斯的两个参议员给解决了。1986 年，美国会通过了他俩提出的《国防部改组法》，用立法的方式解决了联合作战中的各军种统一指挥问题。该法规定，“在所有冲突中，都将使用一支联合力量进行作战，各军种参谋长不再是作战指挥官，作战指挥官是 5 位战区总司令”，明确规定在一个地区内的所有部队都必须指派给本地区司令部的司令。联合作战司令直接向国防部长负责，有任免权、后勤指挥权。该法正式确定了美军指挥链：总统—国防部长—各联合作战司令部首长。军种参谋首长权职降低，只作为所在军种部部长的军事顾问。这就打破了各军种指挥的“权力壁垒”，使联合作战体制真正得以形成。该法还确定了军种部与联合作战司令部的权职分配。军种部及其下属机构承担部队组织、训练、装备以确保战斗力，联合作战司令部则是部队的战时使用者。平时各军种下属司令部司令向军种参谋首长负责，战时这些司令部直接接受联合司令部指挥。例如，陆军特种作战司令部是陆军部下属机构，平时行政是归属陆军参谋长调遣的；战时，陆军特种作战司令部及其部队归属美国特种作战司令部指挥，而具体分配到各战区的陆军特种部队归属所在战区的联合司令部指挥。

三是改革使美国总统由原来三军参谋长意见的裁决者转变为指挥联合作战的“总司令”。参谋长联席会议职能的改变，参联会主席权力的增加，各军种参谋长作战指挥权的削弱，各战区司令的联合作战指挥权的获得，不仅使美三军逐步削平了“山头”，成为联合作战的整体力量，也使美国总统真正成为号令三军、指挥三军的总司令。根据美国宪法，总统虽然是文职，却兼任武装部队总司令，是全军的最高统帅。但在以往的指挥体制中，由于参联会这个指挥中枢“阻塞”，成为各军种参谋长维护军种利益、军种荣誉和军种门户之见的维持会；参联会主席更是平衡三军利益的“政客”。因此，身为三军总司令的美国总统，主要精力也是放在协调三军利益，平衡、裁决三军意见上，难以实施有效的指挥和决策。比如，20世纪40年代的对日作战中，为突出本军种作用，美太平洋战区的陆军司令麦克阿瑟和海军统帅尼米兹就各搞过一套太平洋战略，而且两人都咄咄逼人，针锋相对，互不让步。对此，连老谋深算的罗斯福总统也难以摆平。参联会的改革，则使军种参谋长的战场作战指挥权受到削弱，参联会可以“目标一致”地听命于总统、国防部长的号令，各军种作战部队必须完全服从服务于战区总司令指挥，这使得美军联合作战指挥体制得以顺畅地运行起来。2002年10月，联合作战司令部首长的头衔从“总司令”（commander - in - chief）改为“作战司令”（combatant commander）和“司令”（commander）。战区性质的联合作战司令部，如美国中央司令部，首长采用“作战司令”称谓；职能性质的联合作战司令部，如美国战略司令部，首长采用“司令”称谓。这样一来，美军“总司令”称谓只有总统可以担当，符合美国宪法原则。

另外，1986年《国防部改组法》对文官武官分立、平时训练与战时指挥分离，都有重大法律价值。

第二节　战区指挥体制

总统、国防部长、联合部队司令构成了美军作战指挥链。联合作战的组织与实施重点在战区，战区司令通过参联会受领总统和国防部长下达的命令，对部队实施联合指挥，并直接向国家指挥当局负责。美军联合作战指挥体系如图2－2所示。

一、联合司令部主要分类①

联合作战司令部通常按战区或职能划分，其数量时常变化，并不固定，组成部队来自多个军种。经总统批准，参联会主席每年可对联合司令部的数量、任务、职责、部队结构和责任区进行一次调整。当前，美国有11个联合作战司令部，分为6个战区联合司令部和5个职能联合司令部。

① 卢利华. 外军作战指挥［M］. 北京：国防大学出版社，2010：12－17.

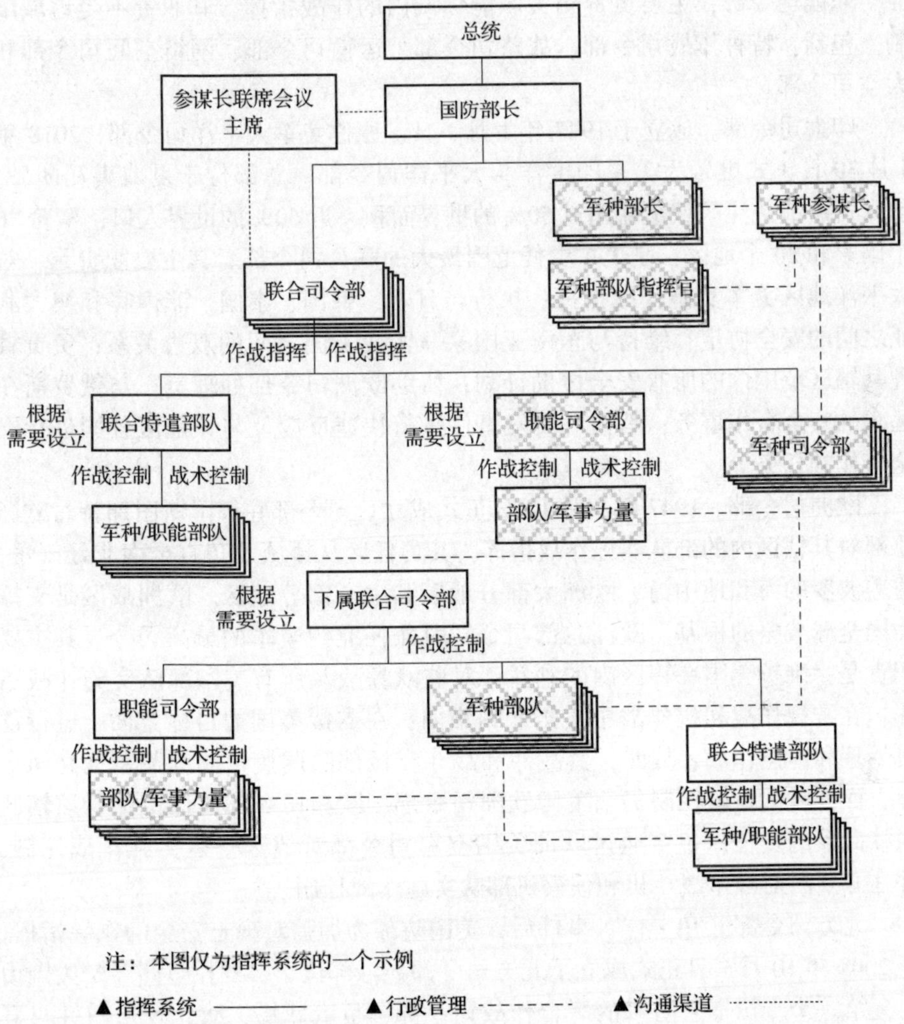

图 2－2　美军联合作战指挥体系

战区联合司令部，以地理区域划分，包括：印太司令部、欧洲司令部、北方司令部、南方司令部、中央司令部和非洲司令部。其职能包括：制订战区战略和作战计划；组织指挥联合作战行动和联合演训；协调战区政治、外交和军事安全事务等。

职能司令部，主要负责相关职能领域内的作战指挥，其职责不受地域限制。包括：特种作战司令部、战略司令部、运输司令部、网络空间司令部和太空司令部。

印太司令部。成立于1947年1月1日，原称美军太平洋司令部，2018年5月30日正式更名为美军印度洋－太平洋司令部。总部位于夏威夷瓦胡岛。印太司令部关注区域覆盖超过50%的世界面积、近60%的世界人口，横跨36个国家和20个地区，是美军责任范围最大的联合司令部。其主要职责是：对太平洋地区美军实施作战指挥；执行与日本、韩国、泰国、菲律宾和澳大利亚之间的安全协定；维持与东南亚国家联盟成员国之间的双边关系；负责管理其辖区范围内的所有安全援助计划；协助欧洲司令部处理美军与俄罗斯在远东的安全合作事务；承担对突发事件进行快速反应及与该地区各国进行安全合作的任务等。

欧洲司令部。1947年3月15日正式成立。司令部驻德国斯图加特。欧洲总部对其辖区内的部队实施作战指挥，其责任区从挪威北角直至南非好望角，覆盖波罗的海和地中海、欧洲大部分地区和中东部分地区。欧洲战区是支撑美国全球战略的根基。欧洲总部司令同时兼任北约盟军的最高司令。其主要职责是：维护美国在辖区内的利益；对驻欧洲战区所有美国部队实施作战指挥；在常规作战和核作战中支援北约集团；在支援美国的目标方面，进行危机处理和应急作战；战时，其战斗和战斗支援部队调拨给北约盟军最高司令部，而部队的行政控制仍归美国欧洲司令部。欧洲司令部还保留保管该辖区内核武器的责任；负责通过欧洲美国空军司令部对战区空运实施作战控制，并在必要时对战术战斗机和侦察机部队实施作战控制。

北方司令部。“9·11”事件后，美国防部为加强对国土安全的领导指挥，于2002年10月1日正式成立了北方司令部。总部位于科罗拉多州。是美国历史上第一个专司本土防御的联合作战司令部，负责威慑、防止及击败针对其责任区的威胁和侵略，并可根据总统或国防部长的指令，为地方当局提供军事支援。责任区包括美国大陆、阿拉斯加、加拿大、墨西哥、加勒比海北部地区及周围相关水域。

南方司令部。成立于1963年6月6日。总部位于佛罗里达州迈阿密。南方总部负责中美洲、南美洲、加勒比海岛国和墨西哥以南水域的美军部队军事行动。其主要职责是：对中美洲、南美洲和巴拿马运河区的美国部队实施作战指挥；保卫美国在巴拿马运河及其区域的利益，执行参联会指定的其他应急计划；保卫美国南部通路，支援美洲国家间的联合训练演习、搜索与救援任务以及救灾和撤退任务；援助南美洲国家军队对付暴乱、恐怖主义活动和毒品交易。

中央司令部。成立于1983年1月1日。总部位于南卡罗来纳州。其责任区西达埃及，东抵巴基斯坦，南北两端分别为肯尼亚和哈萨克斯坦，涵盖了位于欧洲、非洲和太平洋之间的全球“中心”地区。美国发动的阿富汗战争和伊拉克战争均由中央司令部负责指挥。其主要职责是：保持美国在中亚、南亚和中东的军事存在；制订作战计划，完善指挥通信，管理维护预置装备，为危机发生时美大部队进驻提供保障；执行反恐作战任务，打击“基地”组织等极端组织；保持对两伊的遏制，确保美国及西方国家的能源供应畅通无阻；保护该地区进口和出口航运及苏伊士运河、曼德海峡、霍尔木兹海峡等国际水道；对辖区内国家的安全援助计划实施控制，其部队在战时还可配属给北大西洋公约组织。

非洲司令部。2007年10月1日成立。司令部暂驻德国斯图加特。辖区包括除埃及以外的整个非洲大陆及附近岛屿和印度洋、大西洋部分海域。其主要职责是：与非洲国家及地区组织建立协作伙伴关系；协助其他政府机构在非洲地区实施安全政策；进行军事交流、训练演习等战区安全合作活动；提升战区伙伴国家的反恐能力；加强人道主义援助、灾难支援及反应能力；支援美国驻非洲的组织；实施军事作战行动。

特种作战司令部。1987年4月16日成立。总部位于佛罗里达州。特种作战司令部辖美国陆军、海军、空军特种作战司令部及1个联合特种作战司令部，负责包括民事支援和心理作战在内的特种作战。具体职责包括特种部队的训练、战备、人员晋升和任命，以及特种部队专用装备的研制和采办。特种作战司令部司令负责为联合作战司令部培训特种作战部队。战区联合作战司令部设有战区特种作战司令部，特种作战部队的行动具体可由战区特种作战司令部指挥。

战略司令部。2002年，原航天司令部与战略司令部合并成立新的战略司令部。司令部驻内布拉斯加州。战略司令部旨在将空间、信息对抗和进攻打击能力有机结合在一起，执行空间和全球打击等任务。其任务领域包括：全球打击、导弹防御、情报、监视与侦察，以及大规模杀伤性武器等。

运输司令部。1987年10月1日正式成立。司令部驻伊利诺伊州。下属司令部包括空军空中机动司令部、海军军事海运司令部和陆军地面部署与分发司令部。平时主要职责是管理各军种的运输需求和运输活动；战时统一指挥和调度各军种的运输系统和运输工具，以支援担负作战任务的战区。服务对象包括参谋长联席会议、联合司令部、各军种、国防后勤局、联邦机构、联合国和北约组织等。

网络空间司令部。2010 年 5 月 21 日，美军成立隶属战略司令部的网络空间司令部。2018 年 5 月，网络空间司令部升级为一级联合作战司令部。网络空间司令部是继特种作战司令部、战略司令部、运输司令部之后，成立的美军第四大职能司令部。其职能是计划、协调、组织和实施各类网络空间作战行动，包括指导国防部信息网络的防御行动，准备和实施军事网络空间作战行动，确保美军及其盟国在网络空间的行动自由，剥夺敌方在网络空间的行动自由。

太空司令部。2019 年 8 月 29 日，美国国防部太空司令部正式成立，成为美国第 11 个联合作战司令部，标志着美国组建独立天军的计划又完成关键一步。太空司令部总部设在科罗拉多州的彼得森空军基地。太空司令部负责太空作战力量的运用，实现太空作战的统一指挥控制。早在 1985 年，时任总统里根曾设立太空司令部，将其作为“星球大战”计划的重要组成部分。2001 年“9 · 11”事件后，美国武装力量转向反恐与本土安全，太空司令部于 2002 年解散，其职能被战略司令部兼并。太空司令部将逐步承揽空军所承担的大部分太空任务，并同陆军下设的空间和导弹防御司令部及海军下设的航天和海战系统司令部等部门进行整合。

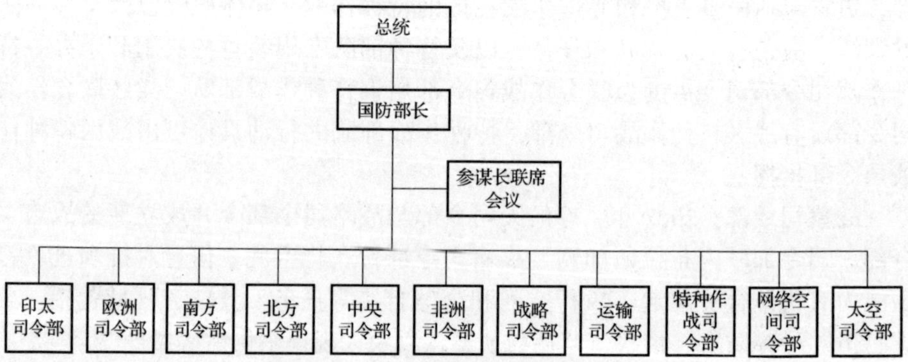

图 2－3　美军联合司令部组成

二、战区司令部基本编组[①]

战区司令部由司令官、主要参谋军官、个人参谋部门、联合参谋（一般参谋）部门以及侍从和特业参谋部门组成。司令官、副司令官和参谋长一般来自不同的军种，各军种人员比例也整体相当。

联合司令部司令通常履行下述职责：①对下属司令部和部队的军事行动、联合训练、后勤等所有方面进行权威性指导；②确定所辖司令部和部队的指挥关系；③必要时，组建司令部和部队以完成受领的任务；④必要时，使用所属部队完成受领的任务；⑤为下属指挥官分配指挥职责；⑥协调和批准行政管理、支援保障和完成任务所必需的纪律；⑦根据美国法典行使挑选下级指挥官、挑选作战司令部参谋、剥夺下属人员的部分权利、召集军事法庭等权力。此外，如果联合司令部司令觉得他所拥有的权力不足以对所属司令部和部队实施有效的指挥，他可以随时通过参联会主席向国防部长报告，请求增加权力。

主要参谋军官是参谋长，负责协调与领导参谋机构各部门的工作。

个人参谋部门直接对司令官负责，包括司令官的副官、随从参谋、法律顾问、公共事务顾问、监察长和国际事务顾问等。

侍从和特业参谋部门根据联合部队指挥官的指示履行专门职责，负责处理联合部队指挥官希望亲自控制的特别事务，如军法官、宪兵主任和监察长等。

联合参谋部一般设置人事、情报、作战、后勤、计划和通信部门。其编组与军种司令部保持相对一致。这样有利于各级指挥机构之间的协调和协作。战区司令部编组如图 2－4 所示。

尽管各联合司令部负责的地区和承担的任务不尽相同，但其编制体制大体一致。下面以美军印太司令部为例。

首长办公室。司令办公室包括司令、执行助理、随从参谋等人，另设外交政策办公室、公共外交顾问办公室、动员助理办公室等。副总司令/参谋长办公室包括副总司令/参谋长、助理、副官、秘书等人，另设监察长办公室、科技顾问办公室、高级士兵顾问办公室、立法事务办公室、礼宾办公室、公共事务办公室等。副参谋长办公室包括副参谋长、助理、主管军士长等人，

① 樊高月．观察美军点与面［M］．北京：长征出版社，2012：98－101.

另设华盛顿联络办公室、司令部史办公室、审计办公室、军法参谋办公室、军医办公室、分析与决策支援、演习模拟与知识生成办公室等。

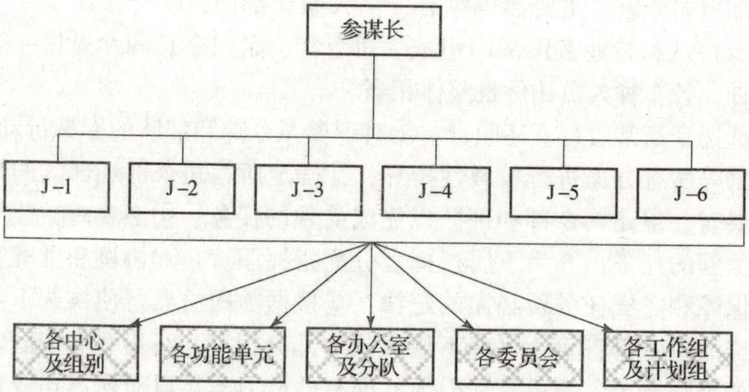

说明：指挥官可以根据需要增加 J-× 系列的联合参谋部门

J-1 联合参谋人力、人事与行政部　　J-4 联合参谋后勤、工程与保密支援部

J-2 联合参谋情报部　　J-5 联合参谋战略计划与政策部

J-3 联合参谋作战部　　J-6 联合参谋指挥、控制、通信与计算机/网络部

图 2-4　战区司令部编组①

联合参谋人力、人事与行政部（J-1）。设部长办公室和项目处、民事项目管理处、人力与战备处、行政项目处、预备役部队处等，负责印太司令部范围内的人力、人事和行政管理，上与联合参谋部的人力人事部发生业务联系，下与军种参谋部的人事部门发生业务联系。

联合参谋情报部（J-2）。设部长办公室、结构与系统处、计划与战备处、资源与支援处、情报收集、来源与信息作战处等处以及1个情报支援组，负责本战区的情报搜集与信息作战行动，上与联合参谋部的情报部发生业务联系，下与军种参谋部的情报部门发生业务联系。

联合参谋作战部（J-3）。设部长办公室、反恐怖/部队保护处、反毒品处、训练与战备处、联合试验处、指挥与控制处等处以及1个巡航导弹支援办公室，负责本战区的作战训练、计划与实施，上与联合参谋部的作战部发

① Joint Publication 3-0：Joint Operations，Page：IV-9，2018.

生业务联系，下与军种参谋部的作战与计划部门发生业务联系。

联合参谋后勤、工程与保密支援部（J－4）。设部长办公室、后勤信息系统处、后勤战备处、联合运输处、工程处、保密支援处、计划与演习处等处以及第21特遣部队司令部，负责本战区的作战后勤保障，上与联合参谋部的后勤部发生业务联系，下与军种参谋部的后勤部门发生业务联系。

联合参谋战略计划与政策部（J－5）。设部长办公室，东北亚政策处，南亚、东南亚和大洋洲政策处，地区战略与政策处、计划处、需求与部队处以及地区接触处等，负责制定太平洋战区的战略和各种政策、处理相关事务等，上与联合参谋部的战略计划与政策部、部队结构/资源与评估部发生业务联系，下与军种参谋部的民事、公共事务部门发生业务联系。

联合参谋指挥、控制、通信与计算机/网络部（J－6）。设部长办公室、合成互通处、C4I结构与资源处、C4I作战管理与计划处、C4系统处、信息安全处等，负责印太司令部的指挥、控制、通信与计算机系统管理与保障等，上与联合参谋部的指挥、控制、通信与计算机/网络部发生业务联系，下与军种部队的通信、电子、自动化管理等部门发生业务联系。

印太司令部下设印太陆军司令部、印太陆战队司令部、印太舰队司令部、印太空军司令部、印太特种作战司令部等军种组成司令部，驻日美军司令部、驻韩美军司令部、阿拉斯加司令部等联合司令部，以及西部机构联合特遣部队、灾害管理与人道主义援助中心、亚太安全研究中心等单位。

除各部门外，战时美军根据作战进程和需要，设置集成要素和各种委员会、中心、工作组，以及其他半固定和临时性机构。这些临时机构由各部门参谋人员联合组成，这些机构的设立有利于跨部门之间的协调与协作。由于陆军指挥机构同样设置集成要素和各种委员会，本章第三节将详细介绍。

三、战区基本指挥架构

战区联合司令部司令具有作战指挥权，是战区行动的总负责人，从总体上筹划组织各部队的联合行动，对其作战区域内所属部队、配属部队和支援部队实施集中统一指挥。战区司令通过下属联合司令部、联合特遣部队、军种部队、职能部队行使指挥权。下属联合司令部、联合特遣部队、职能部队根据需要进行设置，并非常态化编制。建立这种体制主要是出于两方面考虑：一是从战略任务考虑，美军实行的全球战略要求其军队在全球建立责任区；

二是从政治体制方面考虑，美国政治体制不允许建立掌握全部军权的总参谋部，只能把作战指挥权分散到各联合司令部。

联合部队司令最终决定航空部队的使用，负责定下联合作战的最终决心。战区责任区内，只有联合部队司令具有作战指挥权，有权力分配航空资源，建立指挥关系，变更作战任务。

战区联合作战指挥机构主要依托固定场所构建，必要时派出前指，一般不设立预指和机动指挥组。由于联合作战的组织实施较为复杂，联合部队司令通常通过下属联合司令部、联合特遣部队、军种部队司令部或职能部队司令部行使指挥权。

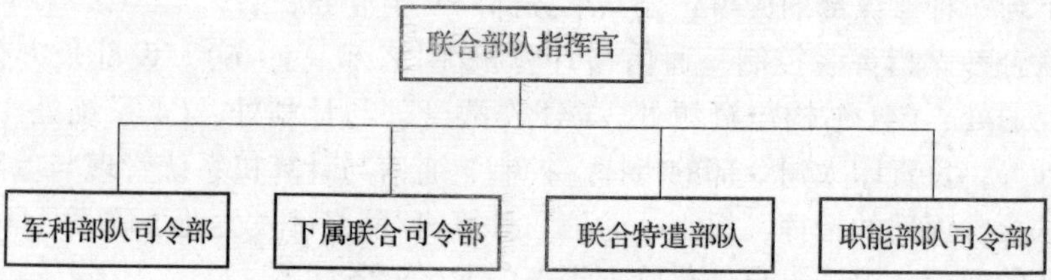

图 2－5　战区基本指挥架构

军种部队司令部。所有的联合司令部都包括下属军种司令部，这是因为联合部队的行政和后勤保障是经由军种部队提供的。联合部队指挥官也可以通过军种指挥官，或者在部队级别较低的情况下通过军种部队指挥官实施作战行动。使用军种部队遂行作战行动具有指挥渠道简明等优势。

下属联合司令部。战区范围内，美军可以在 3 个级别上组建联合司令部：战区联合司令部、下属联合司令部和联合特遣部队司令部。根据《联合司令部计划》，总统可以通过国防部长并在参谋长联席会议主席的建议和协助下组建作战司令部。当得到国防部长经参谋长联席会议主席的授权时，联合司令部指挥官可以按照组建联合司令部的标准组建下属联合司令部，以便连续实施作战行动。下属联合司令部可以按照地理区域或职能组建。下属联合司令部指挥官拥有与联合司令部指挥官类似的职能和责任，可以对所属或配属司令部和部队行使作战控制权。下属联合司令部的职能部队或军种部队指挥官承担与联合司令部的军种/职能部队指挥官相类似的责任和任务。下属联合司令部的军种或军种部队指挥官通常与联合司令部的军种司令部指挥官就有关本军种的事项进行直接交流，并根据军种司令部指挥官的指示向下属联合司令部指挥官通报有关情况。经上级授权后，联合特遣部队也可以组建下属联合司令部。

联合特遣部队。当执行的任务明确而有限，对其后勤不需要进行全面而集中的控制时，可由国家最高指挥当局、战区司令部及下属联合司令部、现有的联合特遣部队指挥官组建联合特遣部队。在达到预定目的或完成任务后，联合特遣部队一般都解散。1983 年入侵格林纳达战争和 1989 年入侵巴拿马战争中，美军都组建了联合特遣部队。联合特遣部队由两个或两个以上的军种部队组成，必要时也可建立职能部队司令部。联合特遣部队司令官对组建联合特遣部队的机构负责，并对隶属或配属的部队行使作战控制权。联合特遣部队的作战行动具有以下特点：兵力规模小，组建速度快；编组灵活，指挥机构精干；作战持续时间短，撤离迅速。针对特定行动和指定作战任务，美军还设有常设联合特遣部队，如印太司令部所属西部机构联合特遣部队。

职能部队司令部。当两个以上的军种部队必须在同一任务区域内行动时，或军种部队之间具有相似的作战能力，需要进行统一指挥与协调时，联合部队指挥官可以组建职能部队司令部。其目的是整合计划制订工作，减少控制跨度，提高指挥效能，统一作战行动、武器系统管理和部队间的协同。联合部队地面部队、联合部队空中部队、联合部队海上部队，都是职能部队的典型例子。值得注意的是，职能部队指挥官都是联合部队的下属指挥官，不拥有联合部队指挥官的权力和责任，其司令部也不是“联合部队司令部”。通常情况下，在完成任务过程中起主要作用的军种部队指挥官被指定为职能部队指挥官。当职能部队司令部运用来自两个以上军种的部队时，职能部队参谋机构应当包括相关军种部队的代表。军种代表的作用是帮助职能部队司令部了解军种作战能力，并最有效地运用这些军种部队。职能部队指挥官对所属军种部队行使作战控制权，对其他军种部队行使战术控制权。

联合部队司令还可能通过直接指挥的方式指挥规模有限的行动。如部队规模有限，联合空中作战行动是唯一作战行动，当空中作战的持续时间和范围都非常有限时，联合部队司令也可通过联合作战指挥机构直接组织、计划、指导和控制联合空中行动。联合司令部指挥官还可以直接通过单一军种部队指挥官来行使指挥权。联合司令部指挥官通常把需要单一军种部队完成的任务分配给军种部队指挥官。

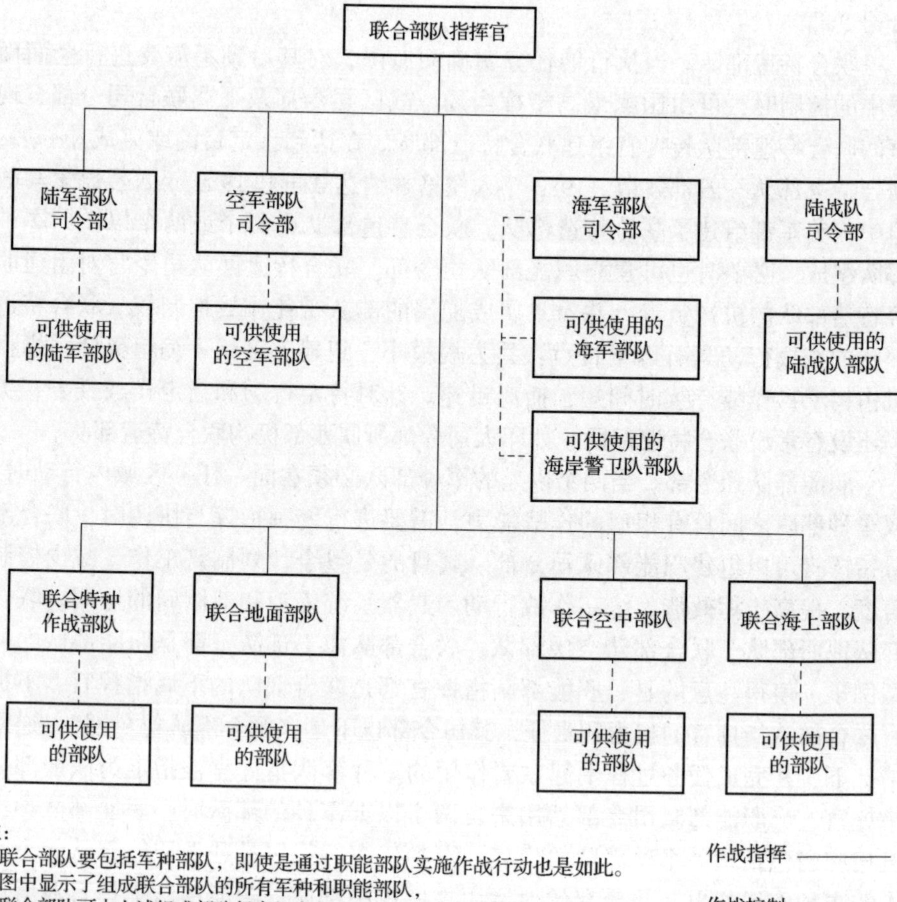

注：
1.联合部队要包括军种部队，即使是通过职能部队实施作战行动也是如此。
2.图中显示了组成联合部队的所有军种和职能部队，
联合部队可由上述组成部分任意组合而成。
3.联合部队可能编有海岸警卫队部队。

图 2－6　联合部队基本编成

四、作战指挥关系

明确指挥关系，是实施作战指挥的重要基础。美军在多种出版物中均对指挥关系进行了阐述。目前，美军的作战指挥关系主要包括：作战指挥、作战控制、战术控制、支援关系和其他职权。其中，作战指挥是最高指挥权限。

1. 作战指挥

美军联合出版物 JP3－0《联合作战条令》（2001 年 9 月 10 日颁布）指出："作战指挥是根据《美国法典》第十卷第 164 条或者总统在统一指挥计划中所做的规定，仅赋予各作战司令部指挥官对其所属部队行使的指挥权。这种权力既不能由他人代行，也不能转让。"职权包括：编组和运用各级司令部和部队，下达任务，规定目标，全权指挥为完成所受领的任务而实施的军事行动、联合训练和后勤保障。

不同于一般意义上的作战指挥权，美军作战指挥权限范围更大更广，包括指挥权、任命权、后勤权、预算权，以及编组部队、组建下属司令部、与国防部各机构直接联系等完成任务所需的全面权力，通常只有战区联合部队指挥官和特种作战指挥官等少数指挥官拥有作战指挥权。作战指挥（权）包括完成任务所需的一切权力，既不能由他人代行，也不能转让，除非得到总统和国防部长的授权。拥有了作战指挥（权），也就拥有了作战控制、战术控制和建立支援关系的权力。

作战指挥（权）包括后勤指令权。后勤指令权是作战司令部司令向下级指挥官下达指令（包括和平时期应采取的基本措施）的权力，以确保有效执行已批准的作战计划。在危机行动、战时条件或有必要改变正常后勤程序的紧急情况下，作战司令部司令所拥有的后勤和行政权力使其可以根据任务的需要，运用所属或配属部队的全部设施和补给。

作战指挥权需要通过下属部队的指挥官来行使。通常通过下属联合部队指挥官、军种部队、职能部队指挥官实施。当任务需要或情况紧急时，作战指挥官也可能通过直接指挥的方式来行使作战指挥权。

2. 作战控制

作战控制是作战指挥本身所固有的权力，即凡属作战控制的所有职能，作战指挥也同样拥有。不同于作战指挥权，作战控制权的权限要小得多。

美军作战控制权可由作战司令部及以下各级指挥官行使，可委托他人代行。美军联合出版物 JP3－0《联合作战条令》（2001 年 9 月 10 日颁布）指出："作战控制可由作战司令部及其以下各级指挥官行使，并且可以授权他人。作战控制是作战指挥本身所固有的。它是对下属部队行使以下指挥职能的权力：编组与使用司令部和部队、规定任务、确定目标、下达完成任务所需的权威性指令。”作战控制包括为下属联合部队指挥官明确职责和联合作战地域的权力。但作战控制本身不包括对后勤、行政纪律、内部编制、部队训练等方面给予的权威性指导。作战控制通常通过下属联合部队指挥官、军种部队指挥官、职能部队指挥官行使。

3. 战术控制

战术控制，是为了达成一定作战区域内各军兵种作战行动的协调统一，而对隶属、配属、支援或其他相关部队行使的协调权、控制权、指导权。通常只限于部队机动等有限的活动。

战术控制是作战控制本身所固有的。任何级别的部队都有权行使战术控制权。对战术控制的运用，美军联合出版物 JP3－0《联合作战条令》（2001年9月10日颁布）指出：“战术控制仅限于在作战地区对完成所受领的使命或任务而进行的调动和机动实施的具体指导和控制。战术控制可由作战司令部或其以下各级指挥官行使。战术控制不包括干预部队编组的权力或对行政和后勤支援实施权威性指导的权力；除非授权指令另有专门规定，否则原部队的指挥官将继续承担这些责任。”联合部队地面部队、联合部队空中部队、联合部队海上部队等职能部队的指挥官一般对任务区域内的相关部队行使战术控制权。

4. 支援关系

支援是一种指挥权，由上级指挥官在两个下属指挥官之间建立。当一支部队应当援助、保护、加强或保障另一支部队时，通常可在两支部队之间建立支援关系。建立支援关系是为了增强行动的统一性，强调和明确优先顺序，固强补弱，发挥整体作战效能。支援可以由作战司令部这一级及其以下各级指挥官行使。建立支援关系时，授权指令要用预期效果和行动范围来简要说明目的，包括：用于执行支援任务的部队和资源；支援行动的时间、地点、等级和持续时间；支援任务相对于支援部队其他任务的优先权；如果出现意外或紧急情况时，支援部队变更其支援任务的权限；受援部队指挥官指挥支援行动的权限。

支援关系分为相互支援、全般支援、直接支援和近距支援 4 种。相互支援是部队相互提供援助的一种行动。提供相互支援的原因，可能是任务所需、形势所迫或自身需要。全般支援是指对受援部队的所有部（分）队提供的支援行动。例如，第2航空队对第3机步师的全般支援，包括对师所有隶属装甲旅、“斯特赖克”旅、步兵旅的支援行动，而不是局限于某一个旅。直接支援是指一支部队支援另一支指定的部队，支援部队需要按受援部队的要求实施支援行动。近距支援是指支援部队针对靠近受援部队的目标所采取的行动。由于这些目标距离受援部队很近，因此要求支援行动与受援部队的火力、机动和其他行动进行密切协调。

美军强调，在各个层次建立支援关系，而不局限于战术部队。如在职能部队之间、军种部队之间都可能建立支援关系。同一部队还可能同时担负受援方和支援方，如联合部队特种部队指挥官在某项活动中需要联合部队空中部队的空中支援，同时它又要向联合部队地面部队的袭击行动提供支援。

通常情况下，受援部队指挥官有权就支援行动行使指挥，包括明确目的、打击目标、作战地点、支援时机、支援时间等。同样，支援部队指挥官有责任满足受援部队指挥官的需要，并根据优先顺序和受领的任务，在现有能力的范围内完成支援任务。正如联合出版物JP1号《美国武装部队纲要》（2007年5月14日颁布）中所定义的那样：“除非另有规定，否则受援指挥官有权对支援行动实施总体指导。总体指导包括目标的指定和排序、支援行动的时机选择和持续时间以及协调和提高效率必需的其他指令。”

5. 其他职权①

行政控制。行政控制是对下属或其他机构就行政和支援等事务的权威指导和权力行使。这些行政和支援事务包括：军种部队的编成，资源和装备控制，人事管理，部队后勤，单兵和分队的训练、战备、动员、复员、纪律，以及其他不属于下级或其他机构作战任务范围内的事务。行政控制与《美国法典》第十编中规定的行政和支援责任的含义相同。这是各军种部履行其法定的行政和支援责任所需要的一种权力。行政控制权可以委托给隶属于作战指挥官的军种部队指挥官并由其行使。该指挥官既可以是作战指挥官的军种司令部司令，也可以是低于该级别的军种部队指挥官。行政控制权要服从作战指挥官的指挥权。

协调权。协调权是指挥官之间的协商关系，不是行使指挥权所必需的一

① Joint Publication 3－0：Doctrine for Joint Operations，Page：2－11，10 September 2001.

种权力。协调权可以由作战司令部及其以下各级指挥官或指定的其他人行使。协调权是为协调特定的职能和行动而赋予指挥官或其他人的一种权力。这些职能或行动通常涉及两个或两个以上军种的部队、两支或两支以上的联合部队下属部队，或者同一军种的两支或两支以上部队。指挥官或指定的其他人有权要求有关部门进行协商，但是无权强制达成协议。要协调的共同任务将在授权指令中进行具体说明，并且不应影响其他情况下的正常编组关系。相较而言，协调权更适用于制订计划及类似的活动而不太适用于作战行动。不能将协调权随意与部队的任务联系在一起。应当根据有关司令部或部队的任务和能力赋予这种权力。

直接联络授权。直接联络授权是由任何级别的指挥官赋予其下属在规定的指挥权限之内或之外，就某一行动与某一司令部或机构进行直接协商或协调的权力。相较而言，直接联络授权更适用于制订计划而不太适用于作战行动，该权力始终含有要遵守指挥官规定的直接联络授权范围的要求。直接联络授权是一种协调关系，不是行使指挥权所必需的一种权力。

通过上面的介绍可以看出，美军战区司令需要通过下属联合司令部、联合特遣部队、军种部队或职能部队指挥官行使指挥权。美军联合指挥并没有排斥或否定军种指挥的重要性。无论是战区联指、下属联合司令部还是联合特遣部队，都需要通过军种指挥官行使指挥权。

第三节　陆、空军指挥体制

联合作战指挥机构负责战役总体筹划与组织，大量的、具体的控制协调活动将在军种间进行。因此，研究和剖析美国军种指挥体制就显得十分必要。

一、陆军指挥体制

联合作战指挥机构从总体上统筹各军兵种联合作战，是陆空联合作战的“母体”；陆、空军指挥机构具体筹划组织陆空联合行动，是陆空联合作战的“主体”。美军联合作战并没有否定军兵种指挥的重要性。美军强调通过优化军种指挥体制、加强军种指挥关联来强化军种联合指挥。

在作战中，陆军各级指挥机构都担负着陆空协调的职责，都需要根据战场情况提出空中支援申请、拟制火力支援计划、下达武器投射命令。空军支援陆军作战时，陆军部队指挥官下达攻击目标的命令，拥有最终的命令权。通常情况下，陆军部队是通过自身的指挥体系来逐级递交空中支援申请的，陆军的指挥体系决定着空中支援的流程。空军派往陆军的相关协调机构不是独立的存在，而是融入陆军指挥机构，纳入陆军部队的指挥编组。陆军指挥机构各职能中心在陆空协调中扮演着不同的职能作用。所以，要想清晰地了解陆军与空军指挥活动的关联，我们就需要深入剖析美国陆军指挥机构的编成与编组。

（一）指挥体系

在美国陆军指挥体系中，包括战区陆军司令部、集团军、军、师、旅、营、连等单位。这些单位平时就存在，但在战时运行过程中，这些单位并非构成严格意义上的上下级关系，有些机构会精简、合并，以减少指挥层次。

21 世纪初，美军推动模块化部队建设转型过程中，开始考虑精简指挥层级。转型的焦点集中在把过去的师、军和集团军三级编制改为两级的模块化编制。具体来讲，在战术层面，把师和军的战术职能综合起来，保留一个战术指挥所；在战役层面，则把军和集团军的职能综合起来，保留一个战役指挥所。这样“原先集团军—军—师—旅”四级指挥将变成“战役指挥所—战术指挥所—旅”三级指挥。陆军战役司令部，由集团军司令部、军司令部构成；战术司令部由军、师两级司令部构成。其中，军级战术司令部为中级战术司令部，主要用于较大规模战术行动的指挥与控制；师级战术司令部主要用于一般规模战术行动的指挥与控制。完成转型后的各级司令部在指挥职能方面发生了较大的变化。

在转型中，美军一方面强调精简指挥层次，建立扁平化的指挥体系；另一方面，强调战场指挥控制的复杂性和指挥控制跨度增大的难度，又试图保留师、军等指挥层级。转型后，我们发现美国陆军指挥体制中，依然保留战区陆军司令部、集团军、军、师、旅等指挥层级。表面上看，转型似乎没有完成，但实际并非如此。

战区陆军司令部、集团军（除第 8 集团军）、军、师等单位都是严格意义上的指挥机构，平时指挥机构健全，战时可根据需要指挥不同的模块化部队。战时，这些机构可以充当多项职能任务，既可充当联合特遣部队司令部、联合部队地面部队司令部，指挥控制各军兵种或多国部队的地面作战行动；还可充当战区陆军司令部，负责任务区域内所有陆军部队的作战行动、行政控制和后勤支援；又可充当陆军战役指挥所，指挥控制战区陆军部队的战役作战行动；当充当陆军战术指挥所时，则主要指挥控制陆军部队的战术作战行动。具体来讲，军指挥机构，可充当陆军中级战术指挥所、联合部队司令部、联合部队地面部队司令部。师指挥机构，可充当陆军战术指挥所，在小规模冲突中可充当联合部队地面部队司令部或联合特遣部队司令部；当军充当战役指挥所时，师可接替军充当中级战术指挥所。

战时，这些机构并非都设立，而是根据需要进行灵活建构。其中，战区陆军司令部与集团军，在很多情况下就是同一机构，例如，第 3 集团军兼任中央总部陆军司令部，第 5 集团军兼任北方总部陆军司令部，第 6 集团军兼任南方总部陆军司令部，第 7 集团军兼任欧洲总部陆军司令部。海湾战争与伊拉克战争与中央司令部陆军司令部就是由第 3 集团军兼任的。

美国陆军战时指挥体系如图 2 –7 所示。

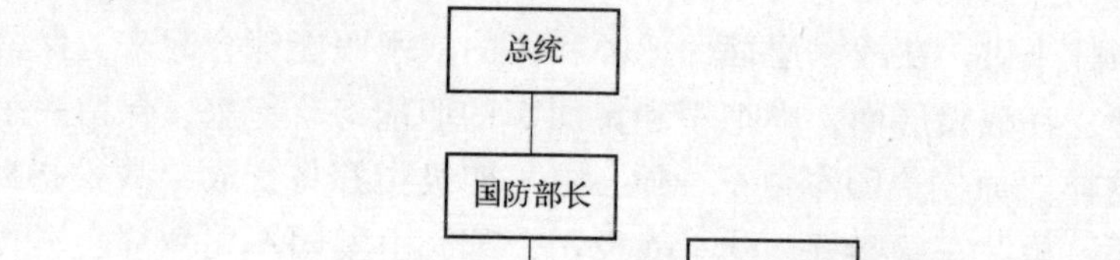

图 2 –7　美国陆军战时指挥体系示例

1. 战区陆军司令部

战区陆军司令部由集团军兼任或单独设立，通常不跨战区部署。战区陆军司令部履行相应的作战控制、行政控制和后勤支援职责。

一是作为战区陆军司令部使用。对所辖任务区内的所有陆军部队实施作战控制、行政控制和后勤支援。

二是作为战区联合部队地面部队司令部使用。根据战区司令的授权，对战区内各军兵种、多国部队的地面作战行动进行统一控制和协调，其中对本军种所属部队进行作战控制，对其他军种部队、多国部队的地面行动进行战术控制。此时，会得到其他军种、多国部队参谋人员的加强。

三是作为联合部队司令部使用，负责指挥控制各军兵种的联合作战行动，此时会得到其他军种参谋人员的加强。

2. 军

军司令部履行相应的战役、战术控制和行政控制职责。

一是充当陆军中级战术司令部，指挥控制所属部队的作战行动。例如，在海湾战争中，第 7 军、第 18 空降军司令部主要履行中级战术司令部的职责，对上听令于第 3 集团军，即中央陆军司令部的指挥，对下指挥所属师旅部队，具体指挥对象详见下文。

二是充当联合部队司令部（联合特遣部队司令部或联合部队下属部队司令部），对各军兵种作战行动实施指挥。此时，它会得到其他军种参谋人员的加强。

三是充当联合部队地面部队司令部，对本军种部队实施作战控制，对其他军兵种、多国部队地面作战行动进行战术控制。此时，它会得到其他军种、多国部队参谋人员的加强。

3. 师

师级指挥机构主要履行三个方面的职能。

一是充当师级战术司令部，指挥控制所属旅的作战行动和保障行动。

二是充当中级战术司令部使用。当军司令部履行联合部队地面部队司令部、联合特遣部队司令部职能时，师可作为中级战术司令部使用。

三是在小规模作战中，充当联合特遣部队司令部或联合部队地面部队司令部使用。此时，它会得到其他军种参谋人员的加强。

4. 旅

旅是基本作战单位，主要负责指挥控制所属各营的作战行动。一般情况下，旅的直接上级指挥机构是师或军。

从海湾战争和伊拉克战争中，我们可以更好地理解美军战区陆军、集团军、军、师、旅的指挥体系。

在海湾战争中，中央总部陆军司令部由第 3 集团军兼任，下辖第 7 军、第 18 空降军等部队。第 7 军所辖兵力包括：第 1 装甲师、第 3 装甲师、第 1 机步师、英军第 1 装甲师、第 1 骑兵师（欠）、第 2 装甲骑兵团、第 11 战斗航空旅、第 42 炮兵旅、第 75 炮兵旅、第 142 炮兵旅、第 210 炮兵旅等。第 18 空降军所辖兵力包括：第 82 空降师（欠）、第 101 空中突击师、第 24 机械化步兵师、第 3 装甲骑兵团、第 12 航空旅、第 18 航空旅、第 18 空降军炮兵、法国第 6 轻型装甲师（战术控制）。

在伊拉克战争中，中央总部陆军司令部同样由第 3 集团军兼任，司令为麦克拉什陆军中将。麦克拉什陆军中将负责指挥控制地面部队西路和东路的进攻行动。其中，西路进攻部队由第 5 军军长华莱士中将负责指挥，西路进攻兵力包括：第 18 空降军的第 3 机械化步兵师、第 101 空中突击师和第 82 空降师及第 5 军所属的第 11 航空特遣队等联军地面部队。东路进攻部队由第 1 陆战远征部队司令康威中将负责指挥，东路进攻兵力包括：第 1 陆战师、第 2 陆战远征旅和英军第 1 装甲师第 7 装甲旅、第 16 空中攻击旅和陆战队第 3 突击旅等。

（二）机构编成

美国陆军各级指挥机构都承担着陆空联合作战相关的职责，但所承担的任务有所不同。其中，基本指挥所是计划和协调空中行动的中心，包括计划和申请空中支援。战术指挥所主要将精力集中于当前的作战行动，是部队紧急近距空中支援申请和更改预定任务的批准机构。通常情况下，指挥官或作战参谋通过战术指挥所下达批准武器投射的命令。

陆军基本指挥所各职能中心在陆空联合作战中发挥着不同的职能作用。情报中心负责获取态势信息，融合多维战场情报，分发目标清单，提出空中侦察申请；作战中心负责审批目标清单，调控作战行动，制订作战计划，将侦察监视、空地突击、火力打击、支援保障等各种行动有效融合；火力中心负责制订火力支援计划，其中包括空中支援计划，将近距空中支援计划、空中遮断计划、舰炮火力支援计划、友邻炮兵支援计划有效融入总体火力打击之中。

各集成中心也担负着不同的职责，当前作战中心负责监控、指挥陆空当天的作战行动；未来作战中心负责第二天的作战行动；计划中心通常负责计划 48 小时之外的作战行动。另外，空军相关机构还直接纳入了陆军的指挥编组，如空军派遣的情报侦察监视组被纳入情报中心，战术空军控制组被纳入火力中心、空域管理等部门。

战区陆军、军、师、旅指挥所设置略有不同。战区陆军通常设立基本指挥所、战役指挥所、先遣进入指挥所；军、师、旅等单位通常设立基本指挥所、战术指挥所和机动指挥组，必要时派出先遣指挥所。美军基本指挥所、战术指挥所（战役指挥所）和机动指挥组有固定的编制，通过编制表的形式明确各类指挥所的人员组成。先遣指挥所并无固定编制，战时主要由战术指挥所（战役指挥所）派出，必要时吸收基本指挥所的人员和装备。

指挥官通过基本指挥所、机动指挥所和战术指挥所（战役指挥所）实施指挥。为防止指挥中断，指挥官通常指定下属部队指挥所担任预备指挥所，如军指定某个师的指挥所为军的预备指挥所，师指挥官指定某个旅的指挥所担任预备指挥所，还可指定担任预备队的部队的指挥所为预备指挥所。基本指挥所全面履行指挥控制功能，制订作战计划，指挥当前作战行动；设置战术指挥所，为训练、战备和作战增强了灵活性；设置机动指挥所，可使指挥官通过陆路或者搭乘空中机动平台到达任务区域的任何位置实施指挥，且能及时与司令部的其他部门保持联系，并能阅读通用态势图。

美军重视上下层、左右邻的协调工作，各级部队在指挥机构编组上也大体类似。下面主要以师指挥所为例，对美军指挥机构编成与编组进行介绍。

1. 基本指挥所

基本指挥所，是各级司令部的主要指挥场所，装备有全套的指挥信息系统，具备完善的指挥控制功能，能够全方位保障指挥官计划、准备、实施和评估作战行动，是指挥官首要的指挥与控制场所。其基本职能是控制作战行动，评估整体作战进程，筹划未来作战行动，制订作战计划，整编融合战场情况。在战术指挥所未启用前，基本指挥所控制战术行动。基本指挥所在规模和人员配备上要大于战术指挥所，但机动性却要逊于战术指挥所。

美军战役陆军、军、师基本指挥所编组示例分别如图 2－8、图 2－9、图

2－10 所示。需要说明的是，图中的示例来源于《美国陆军临时野战手册》（*Headquarters*，*Department of the Army*：*FMI* 3－0.1 *The Modular Force*）（模块化部队）。这些示例并非美国陆军战时编组的标准模式，但从中可以了解美国陆军模块化转型过程中的基本编组形式，了解美国陆军战时指挥编组、陆空联合行动的军种组织机构，以及空军协调联络机构融入陆军指挥机构的主要席位。

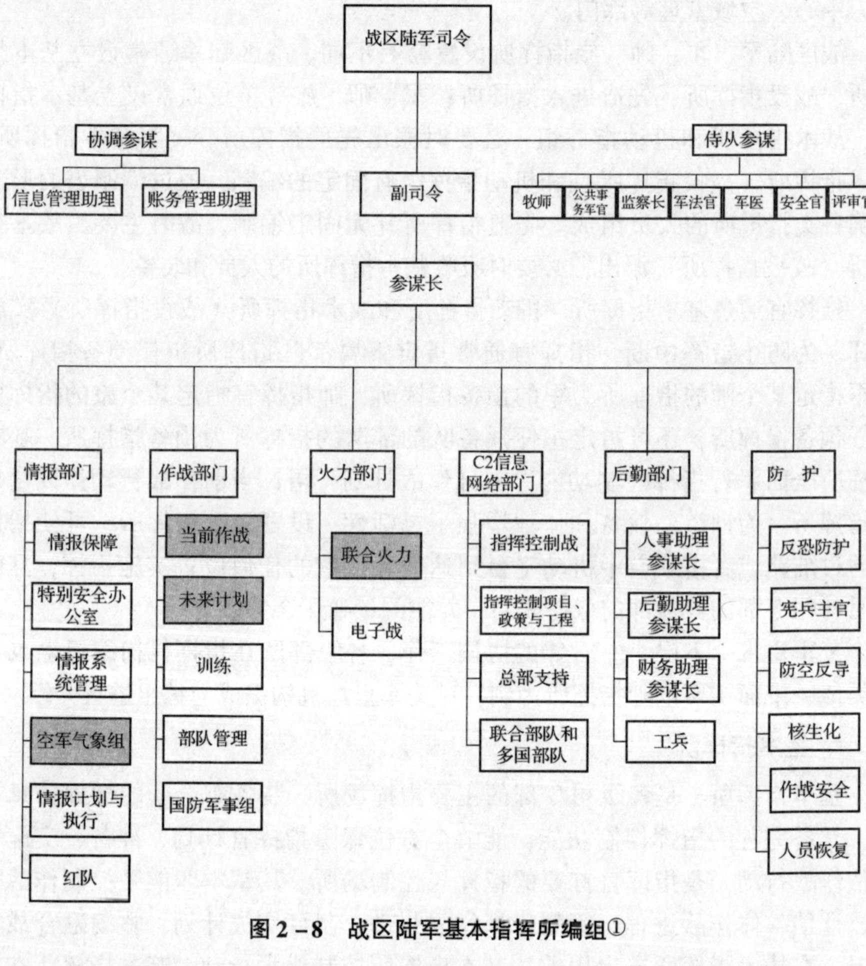

图 2－8　战区陆军基本指挥所编组①

① Headquarters，Department of the Army：FMI 3－0.1 The Modular Force，page：3－5，2008.

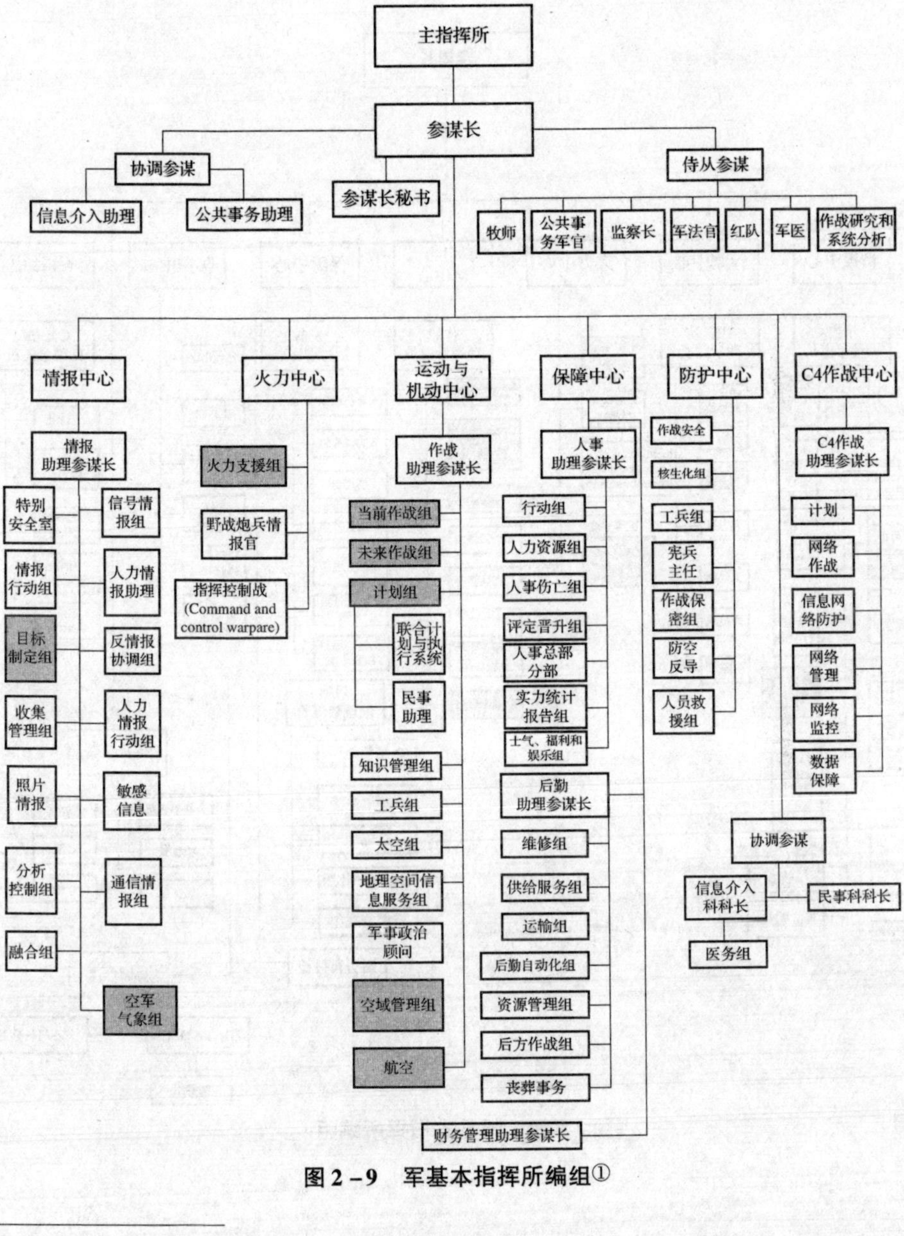

图 2-9　军基本指挥所编组①

① Headquarters, Department of the Army: FMI 3-0.1 The Modular Force, page: 4-7, 2008.

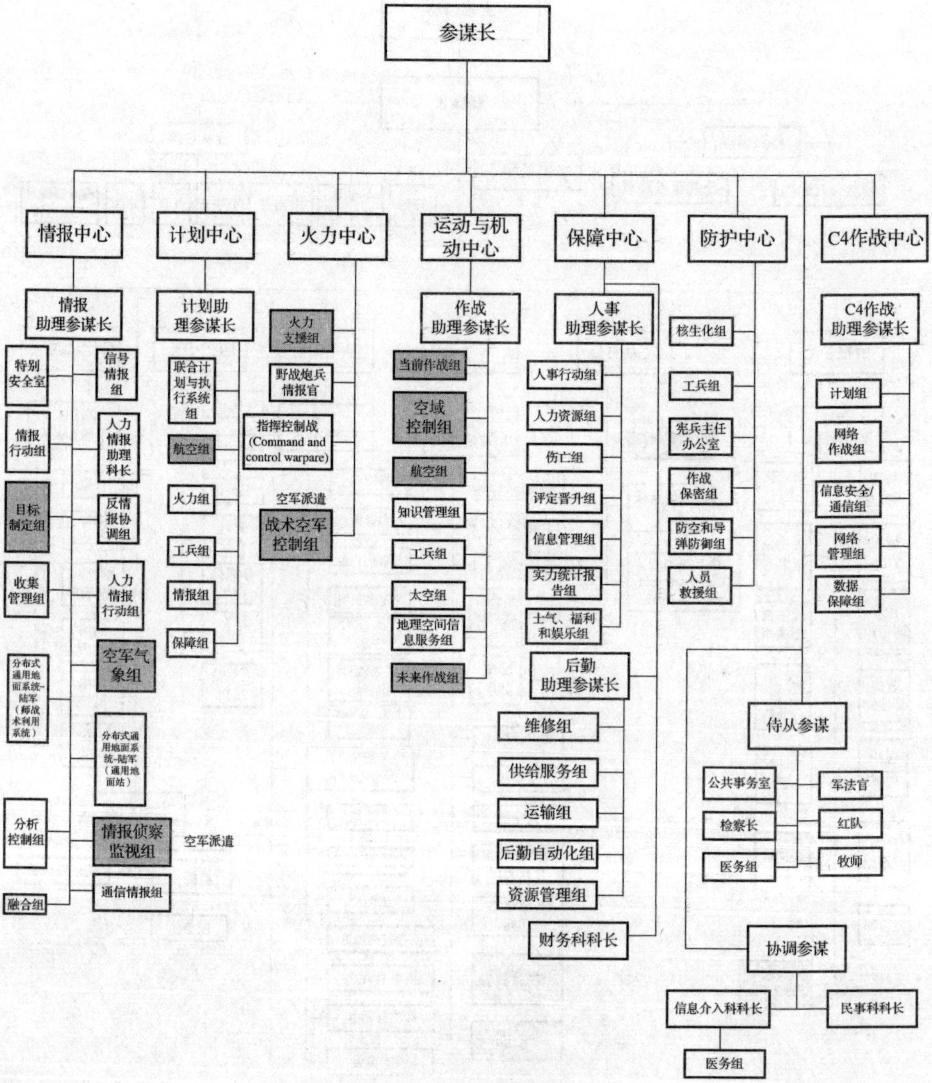

图 2－10　师基本指挥所编组①

① Headquarters, Department of the Army: FMI 3－0.1 The Modular Force, page: 5－7, 2008.

基本指挥所由情报、计划、保障、防护等职能要素，以及在职能要素基础上组建的当前作战中心、未来作战中心和计划中心组成，由参谋长负责。

指挥官决定基本指挥所的配置位置。以师为例进行说明。师基本指挥所一般位于战斗队形纵深距先头旅（营）较远的地点（其中旅基本指挥所距己方部队前沿线10千米以上），应该靠近空军的固定翼飞机基地，并拥有直升机起降场。基本指挥所可以和一个师属旅配置在一起，通常是师属战斗航空旅或机动加强旅。师基本指挥所通常采用分开配置的方式，并配置于隐蔽的地点，附近有良好的通往前方的运动道路。在居民地较多的进攻地带内，常常利用城镇、村落、工矿区开设基本指挥所。在部署的初始阶段，师基本指挥所通常位于师驻地，部分人员和装备用来加强给战术指挥所（用于组建预先进入指挥所）。一旦建立了预先进入指挥所，师长就可在联合作战地域部署基本指挥所。

2. 战术指挥所

战术指挥所，是军、师、旅指挥官实施作战指挥的辅助指挥所，基本编成由6个职能要素组成。战术指挥所通常用于指挥具体的局部性作战行动和复杂的保障性作战行动，必要时也可指挥决定性作战行动。当基本指挥所转移或无法行使职能时，战术指挥所代替基本指挥所指挥部队作战行动。战术指挥所由作战部门负责运作，由一名副职指挥官负责指挥，通常配置在作战地域内较靠前的位置。战术指挥所主要包括以下职能。

①控制具体决定性作战行动或具体塑造行动；②控制更大规模作战行动内的特定任务，比如，越壕作业、越线换班、原地换班或空中突击作战等任务；③在基本指挥所转移或中断指挥时，在有限时间内全面控制部队的作战行动；④制订短期的作战计划；⑤为确定目标和制订未来作战计划提供信息；⑥为发布命令或实施演练提供一个前进位置；⑦运用其控制的战斗编成内的下级部队组建特遣部队司令部。

战术指挥所要与下属部队、上级司令部、其他指挥所以及负有支援任务的联合部队保持不间断的联系。战术指挥所能代替基本指挥所指挥作战行动，但这只能持续有限的时间。如果需要战术指挥所长时间连续指挥作战，就需要从基本指挥所得到相应的加强。当指挥官不使用战术指挥所时，其所属的参谋人员可以加强给基本指挥所。

美国战区陆军、军、师战术指挥所编组示例分别如图 2－11、图 2－12、图 2－13 所示。

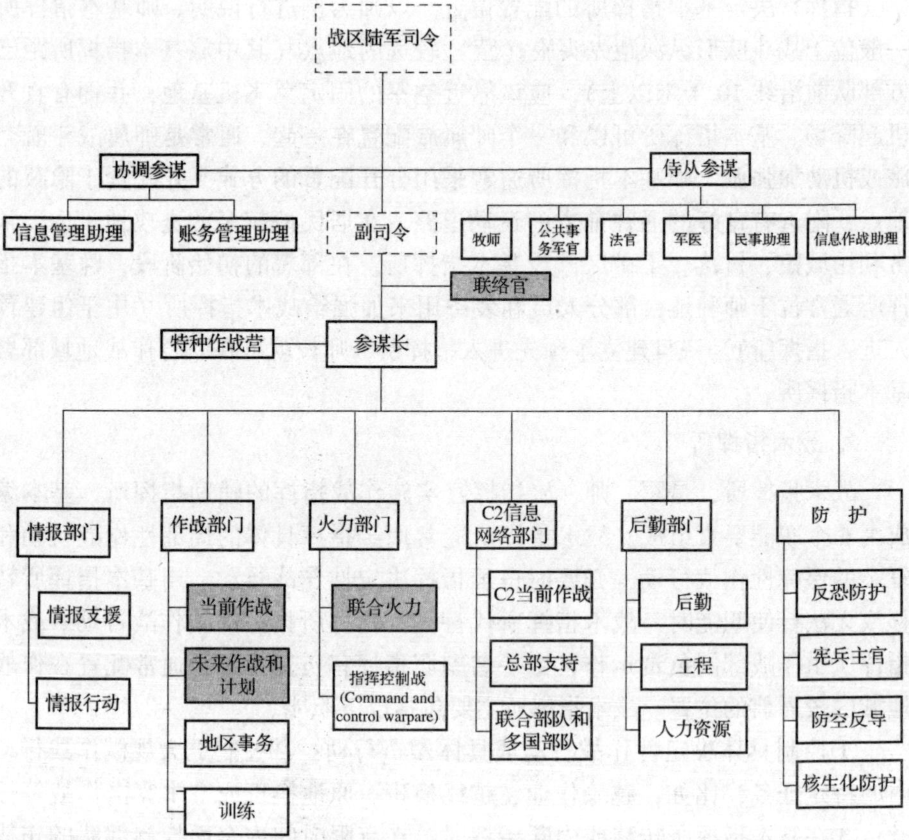

图 2－11 战区陆军战术指挥所编组①

3. 机动指挥组

机动指挥组是军长、师长、旅长随伴指挥所。该指挥所规模小，机动速度快，通信能力强，可保障军、师、旅指挥官在作战地域的任何位置进行指挥和不间断获取作战信息，以及评估战场态势。

① Headquarters, Department of the Army: FMI 3－0.1 The Modular Force, page: 3－6, 2008.

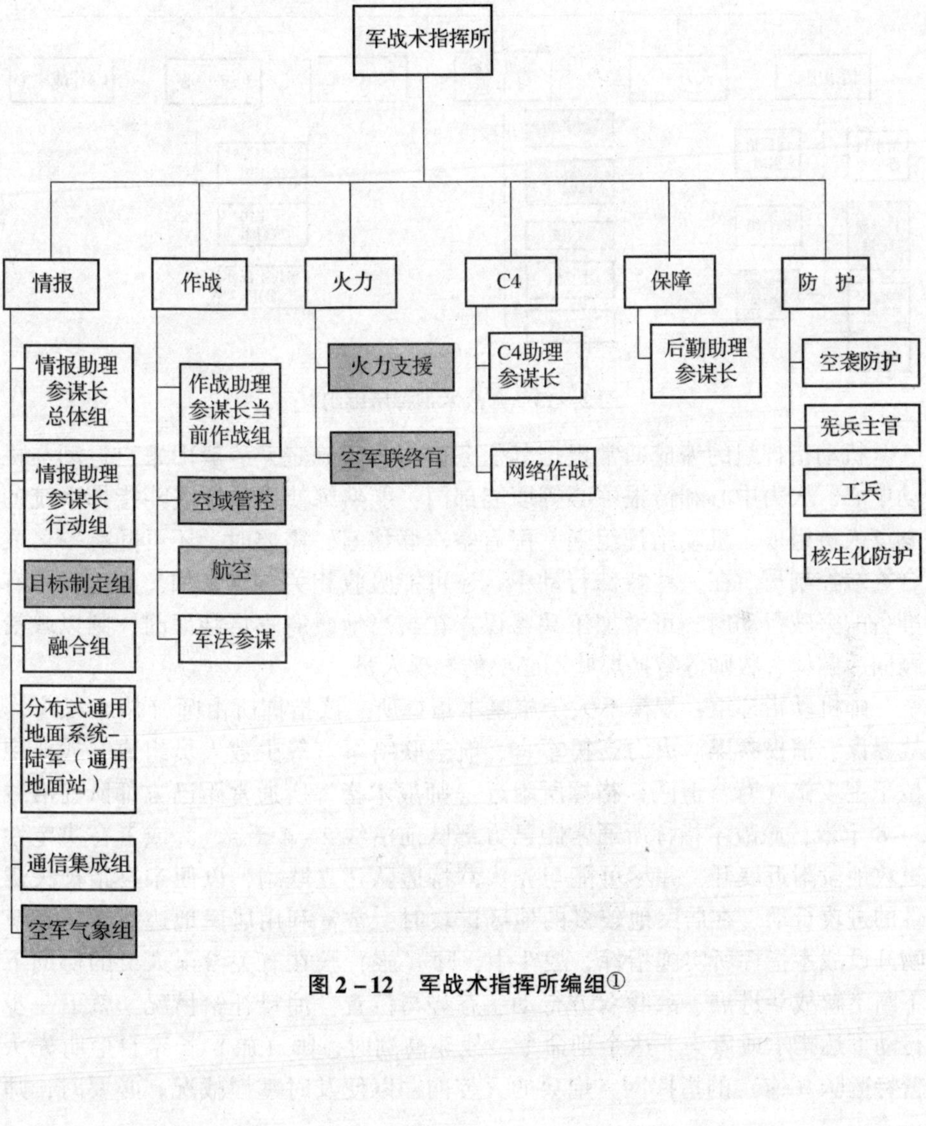

图2–12　军战术指挥所编组①

① Headquarters, Department of the Army: FMI 3–0.1 The Modular Force, page: 4–17, 2008.

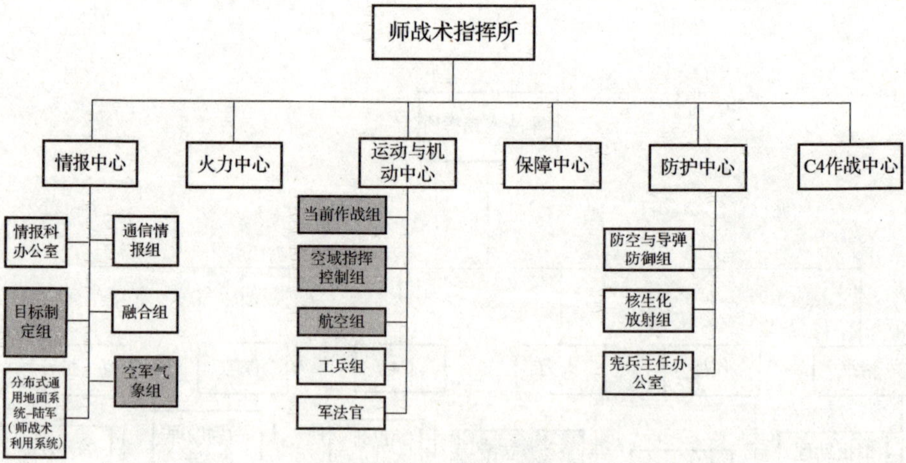

图 2 – 13　师战术指挥所编组①

机动指挥组的编成通常根据其任务由指挥官确定，一般由来自运动与机动中心、火力中心和情报中心等职能部门，能熟练使用陆军战斗指挥系统的参谋人员组成。机动指挥组通常配有空军联络官，需要时，还可配有一名联合终端控制员。在一些特殊行动中，还可能吸收相关参谋参加，如进行预有准备的突破行动时，可增加工兵参谋。在与当地政府官员会面时，则以政治顾问、翻译、牧师等替换那些不必要的参谋人员。

师机动指挥组，规模不大于旅基本指挥所。该指挥所由师（旅）长率作战参谋、情报参谋、火力支援军官、航空联络军官等少数人员组成，战斗中位于主攻旅（营特遣队）指挥所附近（师战术指挥所通常距己方部队前沿线 5～8 千米，旅战术指挥所通常距己方部队前沿线 2～4 千米），或者在决定性进攻地段附近展开，并尽可能与先头营特遣队建立联络，以便亲自指挥关键性的进攻行动。在居民地较多的地区进攻时，常常利用居民地边缘性的建筑物开设战术指挥所实施指挥。战斗中，师（旅）长在有关参谋人员的协助下不断了解战斗进展、敌我双方行动、态势与位置、油料补给情况，就下一步行动下达指示或口头下达个别命令。战斗高潮时，师（旅）长亲自监听先头营特遣队（连）的指挥网、炮兵的火控网，以便及时掌握战况。必要时，师

① Headquarters, Department of the Army: FMI 3 – 0.1 The Modular Force, page: 5 – 17, 2008.

长还搭乘指挥观察直升机到前方主要战斗地区了解情况，进行指挥。

关于师、旅、营三级指挥所之间的距离，美陆军曾提出下述理论参考数据：旅、营基本指挥所之间的距离为7千米；旅基本指挥所至战术指挥所的距离为6千米；师战术指挥所和基本指挥所至旅基本指挥所的距离分别为2～4千米和12～20千米；师基本指挥所距己方部队前沿线20～30千米。

4. 先遣指挥所

先遣指挥所在美国陆军编制中没有进行单独设置，但指挥官也可以建立一个先遣指挥所，以协助其在作战行动的部署阶段控制部队行动。通常由副指挥官、指挥官助理、参谋长或执行官或作战军官领导先遣指挥所。先遣指挥所是司令部的先头分队，用于司令部完全部署到位和展开工作前控制部队行动。先遣指挥所通常由来自战术指挥所的人员和设备进行编设，根据情况还可增加来自基本指挥所的情报分析、计划制订人员或其他参谋军官。先遣指挥所履行基本指挥所和战术指挥所的职能，直至这些指挥所部署到位并展开工作。

美军通常在军以上单位才视情设立后方指挥所。军的后方指挥所由副军长领导，负责对战斗中的行政和后勤支援实施指挥与控制，亦可作为后方地域的防护中心。必要时，师也可设置后方指挥所，由负责支援的助理师长领导。后方指挥所内的基本成员包括人事、后勤、民事、军法参谋人员、人事行政参谋主任、监察长、宪兵主任、负责反情报和审讯战俘的军事情报分队，以及来自战术空军控制组的空域控制代表等。旅支援营指挥所在旅控制和协调行政与后勤保障方面发挥着特殊的作用。旅后方指挥所通常与旅支援营指挥所配置在一起，不再单独设置。

（三）机构编组

陆军指挥所编组与战区保持相对一致，其指挥所编组主要有三种方式：职能要素编组方式；集成中心编组方式；临时小组编组方式，包括各类委员会、工作组、计划组。

职能要素编组是按照作战职能对参谋人员和装备进行的编组，集成要素编组是按照计划制订周期对人员和装备进行的编组。职能要素（图2－15中用纵向椭圆表示）一般包括情报、作战、火力、防护和保障等要素。集成中心分为当前作战、未来作战和计划3个中心。除陆军旅级部队未编设未来作战中心外，各级指挥所均需要按规范要求统一编组指挥所职能要素和集成中心。

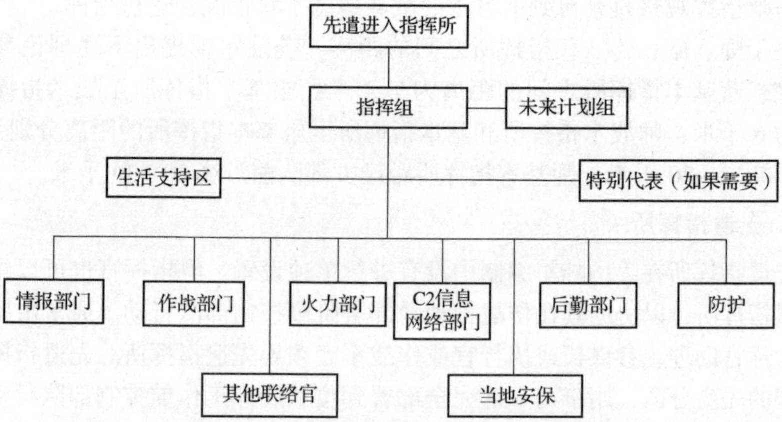

图 2-14　战区陆军先遣进入指挥所编组①

除职能要素、集成中心外，美军还根据需要，临时设置各类委员会、工作组及计划组。临时编设的各类委员会、工作组、计划组，为指挥所编组运行提供了灵活性。比较典型的委员会有作战评估委员会、计划同步委员会、保障委员会、目标确定委员会等。比较典型的工作组有评估工作组、民事行动工作组、赛博电磁行动工作组、信息收集工作组、信息作战工作组、资料管理工作组、防护工作组、保障工作组、目标确定工作组等。

1. 职能要素

职能要素平战一体、常态化设置。

集成中心和各类委员会、工作组、计划组临时设置，其人员均来自职能要素。

作战中心。主要由作战部门组成，由负责作战的助理参谋长领导，其主要职能是：协调部队的作战行动，向基本指挥所提供部队的当前态势信息，并就部队的使用提出建议，指导落实指挥官调整后的决心，以修正当前作战行动。作战中心是组建当前作战中心和未来作战中心的基础。具体由作战部门的当前作战组、未来作战组、空域指挥控制组、航空组、民事组、工兵组、空间组、地理空间信息服务组和政治－军事顾问等部门组成。

① Headquarters, Department of the Army: FMI 3-0.1 The Modular Force, page: 3-7, 2008.

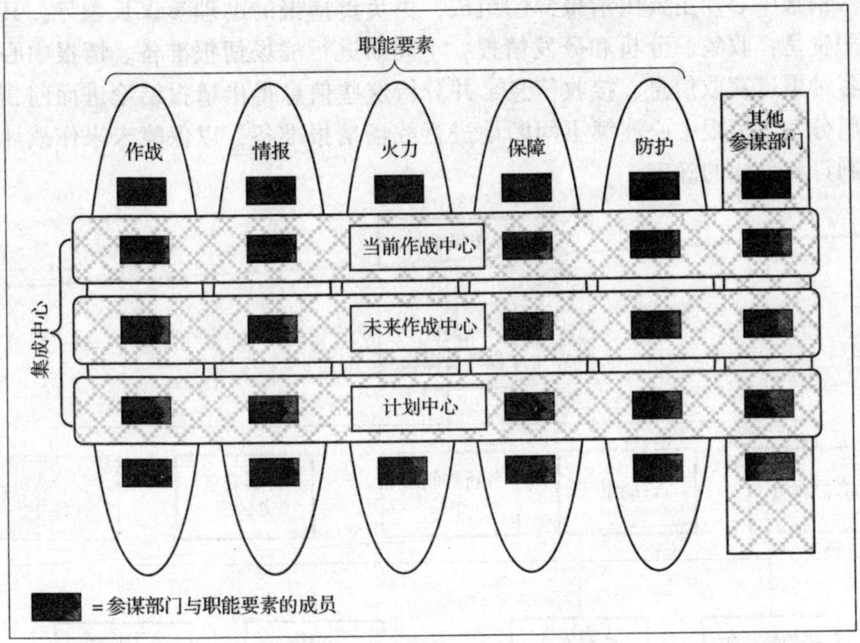

图 2－15　职能要素与集成中心示意

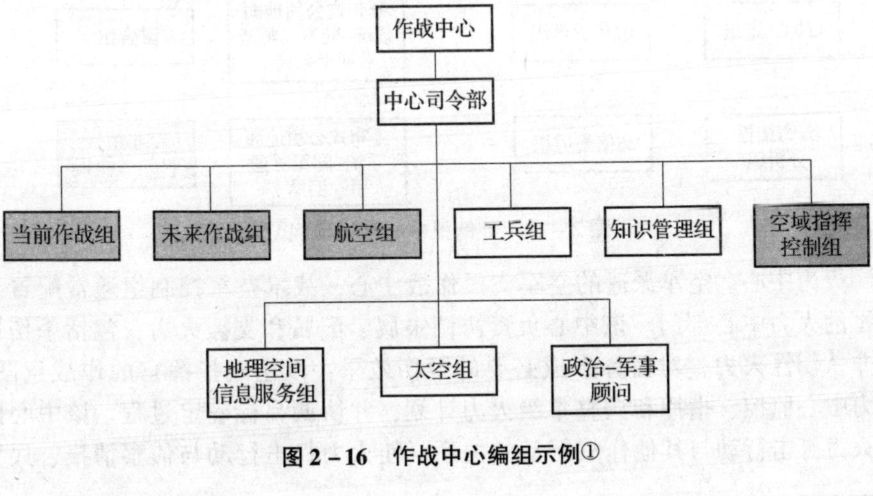

图 2－16　作战中心编组示例①

① Headquarters, Department of the Army: FMI 3－0. 1 The Modular Force, page: 5－12, 2008.

情报中心。主要由情报部门组成，由负责情报的助理参谋长领导，其主要职责是：收集、分析和分发情报，不间断进行战场情报准备。情报中心通过各种渠道获取信息、接收信息，并分析这些信息得出情报结论进而向相关部门分发。情报中心连续不间断地进行战场情报准备，以保障未来作战计划的制订和目标的确定。

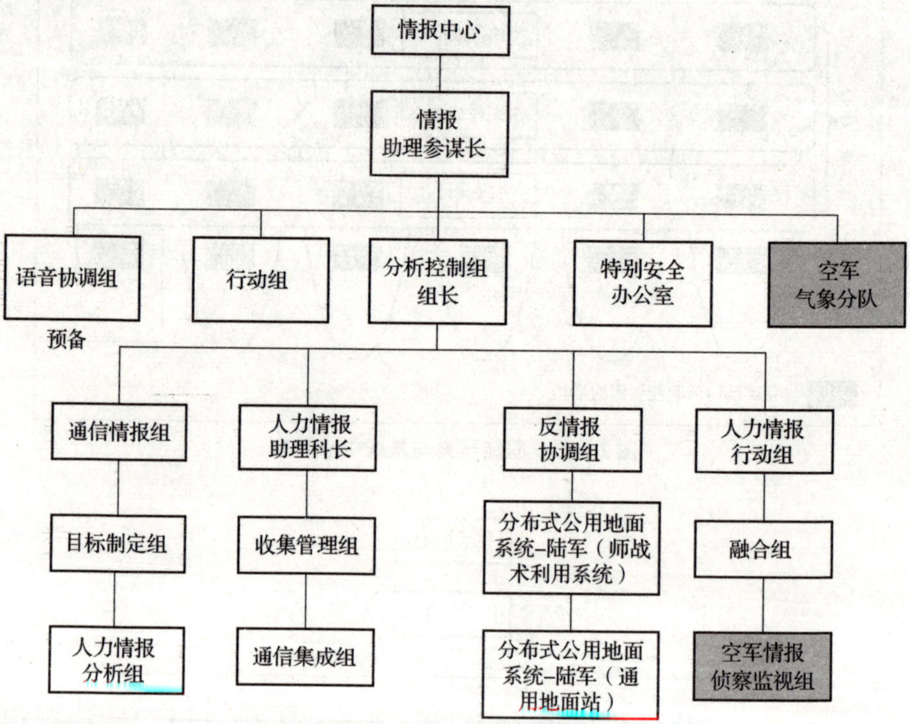

图 2－17　师情报中心编组示例①

火力中心。空军派遣的空军支援作战中心、战术空军控制组通常配置于陆军的火力中心部门。该中心负责协调隶属、配属和支援火力，包括杀伤性和非杀伤性火力，对目标形成必要的毁伤效果，以达成指挥官的作战意图。火力中心监控、指挥和调整本级火力计划，并协调目标确定过程。该中心协调火力打击行动与其他作战行动的关系，使火力打击行动与侦察情报、兵力

① Headquarters, Department of the Army: FMI 3－0.1 The Modular Force, page: 5－13, 2008.

突击等行动有效融合。火力中心围绕目标打击的四个阶段（决定、探测、打击、评估），周密筹划火力打击行动。在目标打击过程中，该中心协调各个职能要素部门，以确保目标选择与火力打击的协调。这些部门包括指挥控制军官、空军联络官和空域指挥控制部门。该中心协助作战部门将火力行动与总体作战计划同步起来。该中心可以完成任务分析、制订作战方案、制订火力计划、制定火力打击评估报告和相关附件等任务。该中心与目标确定组的成员分析敌人的作战方案，同时确定高价值目标。火力中心不负责拟制作战计划或者作战命令，而是向三个集成中心提供信息，将火力计划纳入计划部门、作战部门制订的作战计划之中。

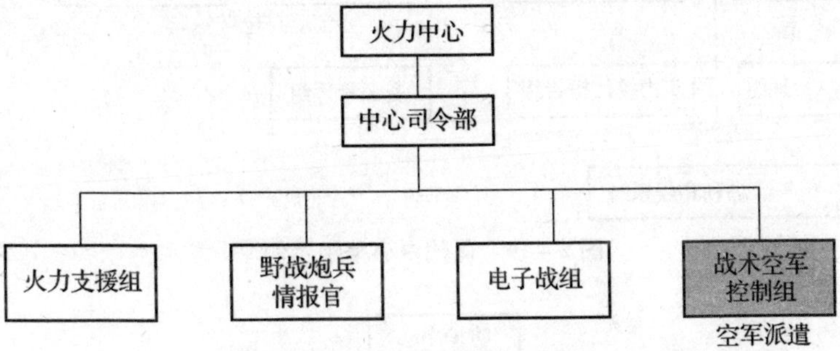

图 2－18　师火力中心编组示例①

保障中心。由人事、后勤和财务部门组成，由负责后勤的助理参谋长领导，其主要职能是向各集成中心提供保障人员，整合部队的日常后勤行动。保障中心向集成中心提供保障人员，负责整合本级部队及其受援部队的日常后勤行动。该中心为司令部提供后勤管理和可视化物流输送。医务部门的大部分人员、设施与该中心配置在一起。

防护中心。由宪兵主任办公室防空与导弹防御组、作战保密组、人员救援组、核生化防护组、工兵等组成，其主要职责是制订部队的重点防护设施清单和安全警戒计划，协同其他部门和分队完成防护任务，并承担信息防护职能。

---

① Headquarters, Department of the Army：FMI 3－0.1 The Modular Force，page：5－14，2008.

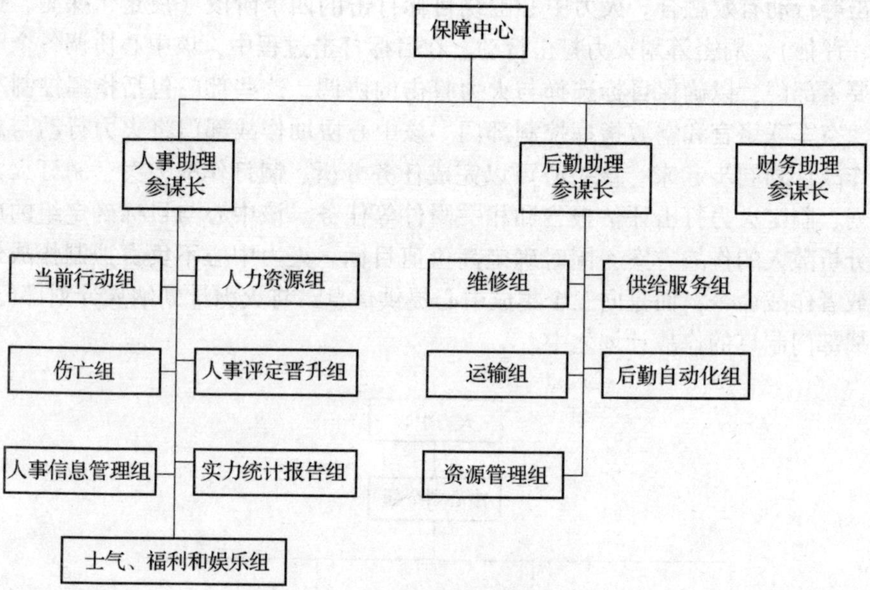

图 2－19　保障中心编组示例①

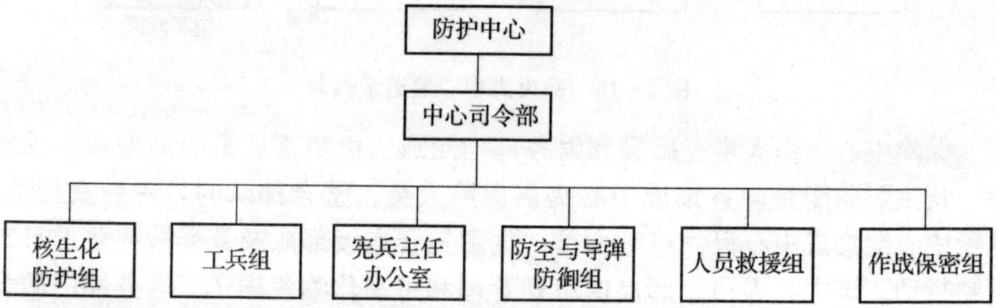

图 2－20　防护中心编组示例②

C4 作战中心。以主要由 C4 作战部门组成，由负责 C4 作战的助理参谋长领导，其主要职能是履行指挥控制职能，管理信息及通信系统，进行网络战，向司令部提出有关 C4 作战的建议，确保各指挥所之间的通信畅通。

---

① Headquarters, Department of the Army: FMI 3－0.1 The Modular Force, page: 5－14, 2008.

② Headquarters, Department of the Army: FMI 3－0.1 The Modular Force, page: 5－16, 2008.

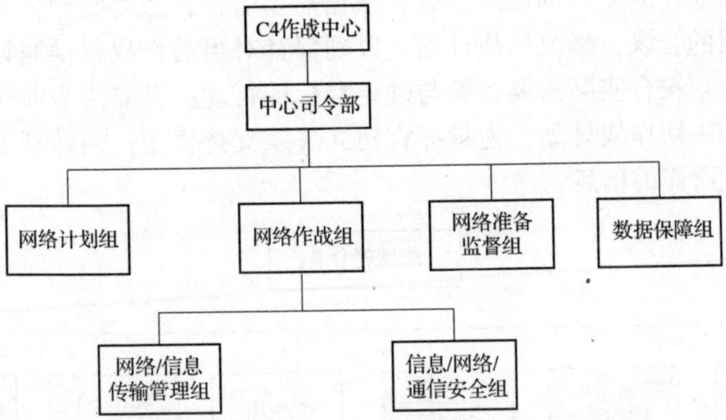

图 2－21　C4 作战中心①

2. 集成中心

集成中心。包括当前作战中心、未来作战中心和计划中心。受参谋资源的限制，旅级部队不编未来作战中心。集成中心的参谋人员，来自各个作战职能中心。

当前作战中心。作为基本指挥所的核心，其主要职能包括控制战术作战行动，监控当前作战形势，向基本指挥所提供最新战况。主要由作战部门的当前作战组组成，由负责作战的助理参谋长领导。在这里，参谋长可以掌控当前作战情况，并指挥基本指挥所的运行。

未来作战中心。负责拟制作战中期的补充命令，监控当前作战情况，结合当前作战命令拟制应急作战预案。由负责作战的助理参谋长领导。即便是战场态势再严峻，未来作战中心仍可从其他中心、分队和参谋部门得到加强。必要时，未来作战中心可以协助当前作战中心拟制短期补充命令。其职能包括：检查从基本指挥所发出的所有信息和命令，确保其准确和完整；直至当前阶段结束或在指挥官规定的某一时间节点，对当前作战行动做出短期或中期规划；根据短期或中期计划，先拟制补充命令，继而拟制作战命令；根据需要，修改计划以保障当前作战行动的顺利实施；管理基本指挥所在为当前作战行动制订近期和中期计划过程中涉及的全部文电和命令；监控与部队行动有关的所有请求事宜的处理；全天 24 小时不间断地进行作战筹划；充当计

① Headquarters, Department of the Army: FMI 3－0.1 The Modular Force, page: 5－15, 2008.

划中心和当前作战中心的联系纽带；根据需要监控作战筹划组的工作；主持有关工作组的会议，修改作战计划，以确保针对当前作战行动制订的短期和中期作战计划符合实际需要；参与确定目标的行动；针对为当前作战行动制订的短期和中期作战计划，为指挥官建立决策支持模型；向计划中心传递筹划未来作战所需的信息。

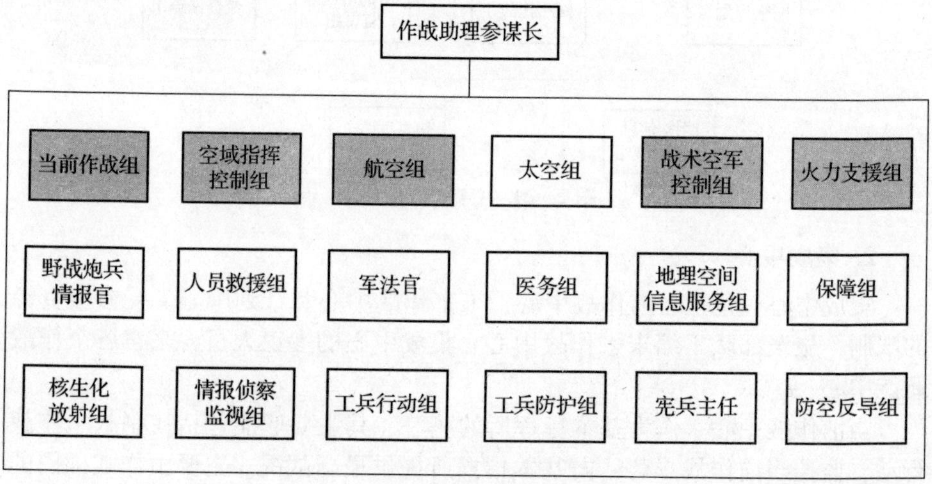

图 2－22　师当前作战中心编组示例①

计划中心。主要负责制订中长期计划，具体职责包括：制订计划、命令、应急预案和后续事宜，监控通用作战态势图，了解当前作战情况。指挥官还可能指示计划中心制订当前作战阶段或者近期内的作战计划。主要由计划部门组成，通常还包括航空、电子战、工兵、火力、军事欺骗、军事情报、保障等职能领域的计划人员，由负责计划的助理参谋长领导。计划组通常包括 1 名接受过高级军事学院培训的计划人员、1 名战略规划军官、1 名能熟练使用联合作战计划制订与实施系统的参谋军官和 2 名士官。当需要计划中心以外的专家参与制订作战计划时，基本指挥所的专家、协调参谋、侍从参谋可以为计划中心提供支援。当本级作为联合特遣部队或联合部队下属地面部队时，计划中心可以从联合部队和多国部队得到计划参谋的加强。

① Headquarters, Department of the Army: FMI 3－0. 1 The Modular Force, page: 5－9, 2008.

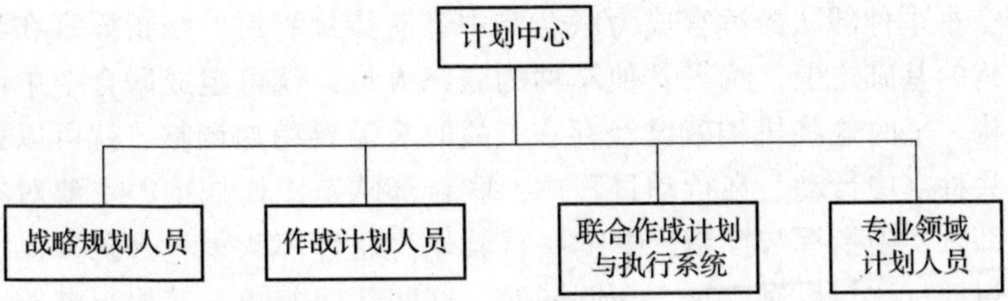

图 2－23　计划中心①

二、空军指挥体制

美国空军指挥机构是协助空军部队指挥官计划、指导和实施空中作战的机构。美军强调诸军兵种空中行动的统一筹划和指挥，作战中美军通常指定联合部队空中部队指挥官负责联合空中行动。当任命战区空军部队指挥官担任战区联合部队空中部队指挥官时，就可能以战区空军司令部为基础，组建战区联合空中作战中心。

（一）指挥体系

战区总部、战区联合空中作战中心（空军航空航天作战中心）、航空队、飞行联队、飞行大队、飞行中队构成了美国空军指挥体系。战时，飞行联队、飞行大队、飞行中队主要采用航空航天远征部队的任务编组形式。战区联合空中作战中心可能由战区空军司令部兼任，而战区空军司令部又可由航空队兼任。如海湾战争中，联合空中作战中心由中央空军司令部兼任，而中央空军司令部司令又由第 9 航空队司令兼任。

战区联合空中作战中心，既可能由战区空军司令部（战区空军司令部可由航空队兼任）担任，也可能由其他军种司令部担任。美军认为，当战区空军指挥官被指定为联合空中部队指挥官时，联合空中作战中心以战区空军司令部为基础进行组建；当由海军指挥官出任联合空中部队指挥官时，联合空中作战中心以某一海军航母战斗群的参谋机构或以海军编号舰队（如第 7 舰队）的参谋机构（编号舰队旗舰）为基础进行组建；当由陆战队指挥官出任联合空中部队指挥官时，联合空中作战中心以陆战队陆空特遣队或陆战队远

① Headquarters，Department of the Army：FMI 3－0.1 The Modular Force，page：5－10，2008.

征部队的战术空中作战指挥中心为基础进行组建。

当空军军种部队指挥官成为联合空中部队指挥官后，该指挥官在其原有参谋机构的基础之上，编入其他军种的联络人员，就可组成联合空中部队的参谋机构。平时这些机构就已经存在，战时只需要稍加调整，就可以指挥协调诸军兵种空中行动。在行动过程中，联合部队空中作战中心主要对本军种的空中部队实施指挥与控制，继续履行其作为联合部队军种部队参谋机构的职能，包括行政与后勤支援。与此同时，这些部门兼顾对其他军种的空中力量实施指挥与控制，制订相应的计划并协调各种支援活动。可以认为，联合部队空中部队指挥机构是空军指挥机构的加强版。

联合部队空中部队指挥官通常在联合空中作战中心实施作战指挥活动。联合部队空中部队指挥官的参谋机构配备了各个领域（如情报、信息作战、太空作战、通信、计划、后勤等）的专家，以及其他军种部队的代表，他们在支援、计划、实施、评估方面提供专业的技能，对任务分配、空中作战行动提出意见和建议。军种部队的代表并不是简单的联络机构，而是被纳入整个参谋机构之中，参与具体的筹划活动。

（二）机构编组①

美军联合空中作战中心的内部编组随着战争实践和军事转型不断发展变化。

海湾战争中，联合空中作战中心（中央空军司令部）下设战术航空控制中心和空运控制中心。其中，战术航空控制中心下辖作战行动、作战计划等部门。作战行动部门在敌情综合分析部门的协助下，负责指挥控制当日的作战行动，进行空域管理和防空行动的协调。作战计划部门在作战情报部门协助下计划未来的作战行动。空运控制中心设在战术航空控制中心附近，并向联合部队空军部队指挥官报告工作。空运控制中心负责控制全战区内的空运活动，满足战术航空控制中心提出的要求。联队作战中心根据情况可按战术航空控制中心的指示和命令行事，也可按空运控制中心的指示和命令行事。海湾战争联合空中作战中心编组如图 2－24 所示。

① 美军参联会. JP 3－30：美军联合空中作战指挥与控制条令［M］. 空军装备研究院通信所，译. 北京：军事科学出版社，2008：75－82.

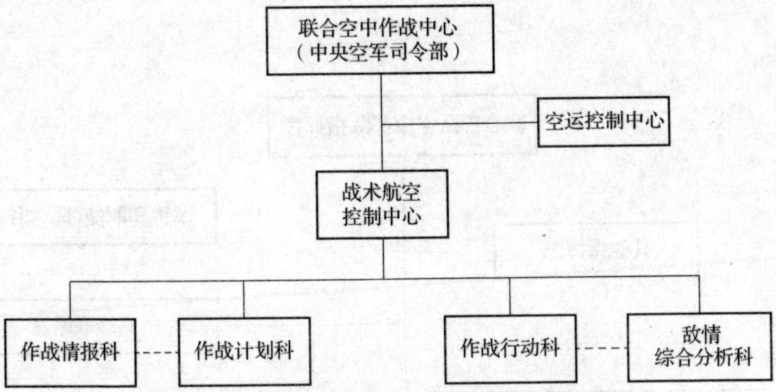

图 2－24　海湾战争联合空中作战中心编组

海湾战争后，美空军取消了战术航空控制中心的设置。1994 年 11 月 14 日美军参联会颁布的《联合空中作战指挥与控制条令》规定，联合空中作战中心通常设置人事、情报、作战、通信、后勤、军法以及作战计划、作战行动等部门，如图 2－25 所示。其中，最为核心的是作战计划和作战行动部门。作战计划又下设战略、空中任务指令与计划等部门。作战行动下设当前作战、气象保障、作战保障、联合搜索与救援等部门。

21 世纪初，美空军将战略、空中机动等部门单独设立，进一步突出了空中作战的任务特点与要求。2003 年 6 月 5 日美军参联会颁布的《联合空中作战指挥与控制条令》规定，联合部队空中作战中心通常设置战略、作战计划、作战行动、空中机动、情报、人事、通信等部门，如图 2－26 所示。战略部门主要负责制订未来联合空中作战的计划和对过去的作战行动进行评估；作战计划部门主要负责近期计划的制订和拟制每日空中任务指令；作战行动部门主要负责每日空中任务命令的执行，该机构密切关注当前联合空中作战行动，根据预定时间或打击目标调整使命任务；空中机动部门负责把战区间和战区内的空运、空中加油等行动纳入空中作战计划中，与美国运输司令部进行协调；情报部门负责情报、监视和侦察资源的合理使用。

应该说，1994 年版《联合空中作战指挥与控制条令》体现了 20 世纪 90 年代初海湾战争中机械化战争顶峰时期联合空中作战的历史经验；2003 年版的《联合空中作战指挥与控制条令》，则体现了跨世纪前后美国空军在现代化转型过程中对联合空中作战指挥与控制的新认识和新经验。对比分析，有利于我们更好地认识美军联合空中作战中心的新变化。

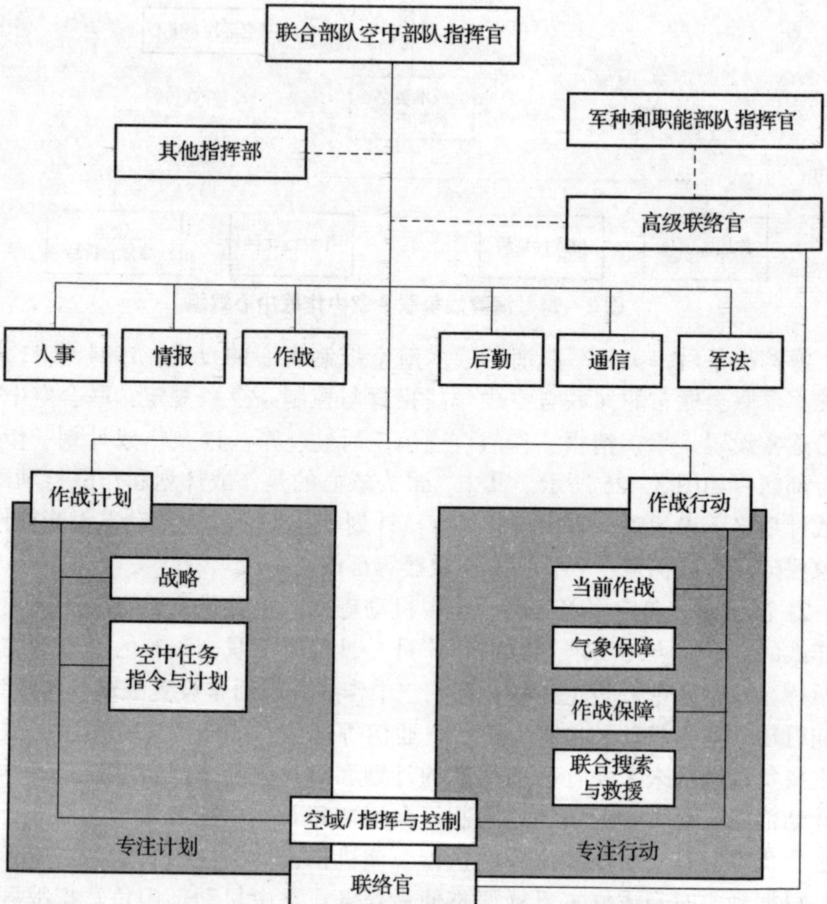

注：当战区司令赋予任务时，才设立联合搜救与救援中心。

图 2-25　联合空中作战中心编组①（1994）

① Joint publication 3 - 56. 1. Command and Control for Joint Air Operations，page：2 - 6，14 Nov 1994.

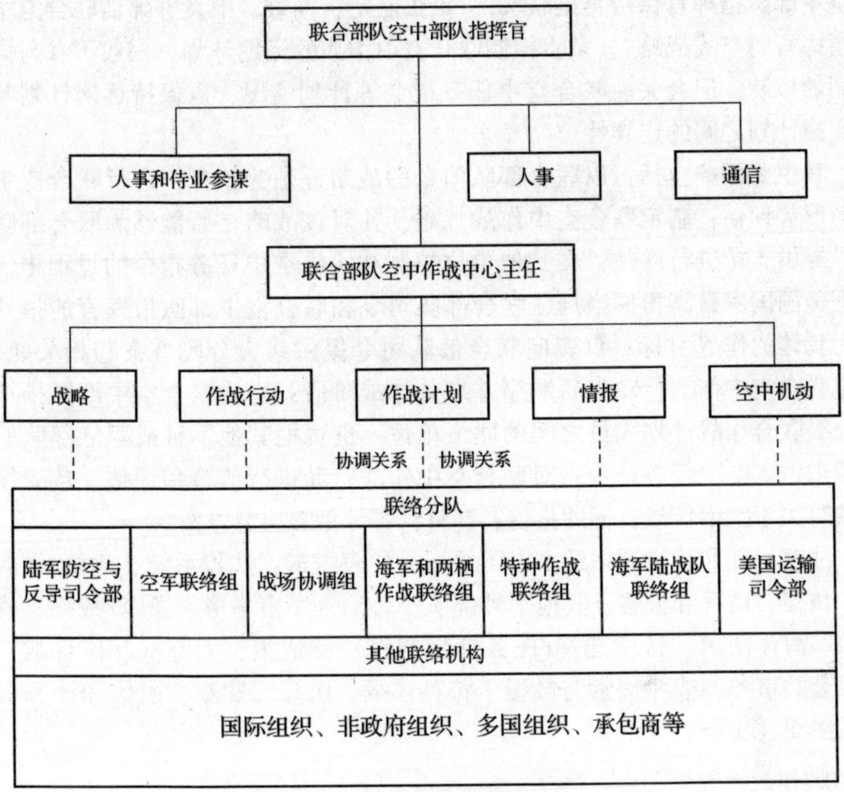

图 2-26 联合空中作战中心编组（2003）①

联合空中部队指挥官会任命一位联合空中作战中心主任，该主任一般由作战部门领导担任。中心主任具体负责联合空中作战行动，其工作重点是根据联合空中部队指挥官的指示，制订作战计划、协调空中行动、区分空中资源、分配作战任务、监督作战实施、评估空中作战行动。

1. 战略部门

战略部门由来自作战、情报、通信和后勤等部门的代表组成，通常编有战略计划和战役评估组。战略部门对联合空中作战中心主任负责，同时与联

① 美军参联会．JP 3-30：美军联合空中作战指挥与控制条令［M］．空军装备研究院通信所，译．北京：军事科学出版社，2008：14.

合空中部队指挥官保持直接联系，“负责制定、推敲、下发并评估联合空中部队指挥官的空战战略”。负责拟制联合空中作战的远期计划，一般不参与详细计划的拟制，但会关注联合空中任务指令等计划情况，以保持远期计划与具体实施计划之间的连续性。

其主要任务包括：以联合部队司令的战略评估为依据，进行联合空中部队的形势评估；制定联合空中作战战略，并对该战略是否能够为联合部队的战役提供支持进行评估；在其他单位拟制和实施空中任务指令的过程中，负责把美国国家最高指挥当局、联合部队司令和联合空中部队指挥官的指导转化为具体的作战目标；负责向联合部队司令提供兵力分配方案和相关建议；确定联合空中作战行动先后顺序并划分作战阶段；作为联合空中部队指挥官与上级联合作战计划人员之间的联络单位；负责把其他军种或职能部队的作战需求纳入空中任务指令；对联合空中作战行动进行监督和评估，从战役角度撰写关于空中作战目标的报告；制订预备计划和应急方案。

战略计划和战役评估组由以下领域的代表组成：武器系统、建模/作战研究、情报、监视和侦察、其他军种部队、政治－军事事务、条令/战略、战区气象和海洋图解、目标选择/任务计划制订、反情报、太空战、信息战、后勤、公共事务、战斗搜索与救援、特种作战、医疗、欺骗、通信和计算机系统、法律、安全。

2. 作战计划部门

作战计划部门负责联合空中作战中心近期作战计划制订工作。以从战略处收到的经过联合部队空中部队指挥官批准的指导方针为基础，制订空中资源使用的详细计划。这些计划为所属部队和配属部队提供近期作战指导、架次分配、兵力分配和任务分派指示，包括空中打击主计划、联合部队空中部队打击目标提名清单、联合一体化优先目标清单、空域管制计划、区域防空计划、空中任务命令、空域管制命令和特别指令。作战计划部门将空中任务命令发往作战行动部门执行。通常，作战计划部门除负责执行当前的空中任务命令外，还负责另外两个空中任务命令周期的工作。一般情况下，作战计划部门按任务划分为 4 个面向职能的核心小组，分别为联合指导、兵力分配和目标选择小组，空中打击主计划小组，空中任务指令/空域管制命令制定小组，指挥与控制计划制订小组。

①联合指导、兵力分配和目标选择小组。按照联合部队空中部队指挥官对各项任务排列的优先等级顺序（战略处提供），联合指导、兵力分配和目标选择小组制定联合部队空中部队指挥官的每日计划制订指导、空中部队打击目标提名清单和空中兵力分配建议。该小组负责制定联合一体化优先目标清单。如果联合部队指挥官授权联合部队空中部队指挥官对联合目标选择实施协调，联合指导、兵力分配和目标选择小组将收到所有提名的目标，并在联合一体化优先目标清单草案中对这些目标进行优先排序。所有目标都要得到审查，以确保把它们列入联合一体化优先目标清单前符合武装冲突法和交战规则的要求。

②空中打击主计划小组。该小组负责拟制每日空中攻击总计划，以实现联合部队空中部队指挥官的战役企图。每日空中攻击总计划用于协调和整合空中任务指令。根据联合部队空中部队指挥官的指导、空中兵力分配建议和优先目标清单，该小组拟制空中攻击总计划。该小组通常有两个不同职能的专业分组：战斗机/轰炸机分组和支援计划分组。战斗机/轰炸机分组，负责计划、协调制空作战、空中遮断、战略攻击和近距空中支援等行动，分组中通常包括相关航空部队和武器系统的代表。支援计划分组，负责计划、协调和分配专门的战斗支援任务，包括电子战、特种作战、战斗搜索与救援等任务。

战斗机/轰炸机计划制订小分队。该小分队负责计划和协调防空、战略进攻与近距空中支援资源的作战使用，并为这些资源分配任务。该小分队由各种飞机和武器系统的代表组成。

计划制订支援小分队。该小分队负责计划和协调专业性的战斗支援任务，这些任务包括：电子战、战斗搜索与救援、特种作战等。

③空中任务指令/空域管制命令制定小组。该小组负责空中任务指令、空域管制命令、特别指示等作战文书的技术处理和分发。该小组有助于每日空中任务指令、空域管制命令等作战文书的及时完成，并以最快的方式分发出去。该小组通常再细分成两个分组：空中任务指令分组和空域管制命令分组。

④指挥与控制计划制订小组。该小组为联合部队空中部队指挥官制订详细的指挥与控制实施计划和数据链体系结构。主要工作包括：空域管制、战区防空作战计划制订、数据链接口计划制订等。生成的指挥与控制文档包括：空域管制计划、防空作战计划、每日空域管制命令、特别指令和战术数据链

协调文电等。

3. 作战行动部门

作战行动部门负责监督和实施当前的空中任务指令，由来自作战部门的参谋、区域防空指挥官和空域控制部门的代表等人员组成。空中任务指令一经发布（通常在实施之前12小时发布），作战行动部门即承担执行空中任务指令的职责。主要任务包括：通过战区空中控制系统实施当天的空中任务指令，并连续监督实施情况；对作战效果进行评估；根据战场形势变化情况对空中任务指令进行调整；对紧急和临时空中支援申请进行协调；把有关空中任务的变化通知到其他单位。

当前作战行动组。该组由在交战规则和部队运用方面富有经验（如军事法律、战斗机、侦察监视、空中战斗管理、战斗支援、加油机、轰炸机和空运等方面）的骨干参谋组成。该组可进一步分为负责进攻和防御的两个分组。负责进攻和防御的指挥官要有广博的军兵种基础知识，了解武器装备的能力和局限性。防御行动组还承担特定的防空和空域管制责任，以确保飞行活动与任务需求协调一致，并与东道国机构和其他军种部队相协调。

气象支援。气象信息是计划联合空中作战的重要条件。气象支援组提供各种需求的天气预报；提供以目标地域天气、空中加油航迹和重返基地为重点的重要气象情况；向战区战斗管理核心系统（TBMCS）（如果需要的话）输入气象数据。

作战支援。作战支援行动包括空运、空中加油、侦察和医疗后送等；计划人员跟踪支援保障资源的流向和任务完成的状况；为满足时间敏感性需求，小组成员需要具备快速协调的能力。

4. 情报部门

情报部门负责提供一体化情报、监视与侦察服务，以支援联合空中作战中心、联合部队和下属部队的作战行动。情报部门整合各个单位的侦察与监视能力，形成一体化情报侦察与监视能力。作战中对敌方行动、部队执行任务情况进行不间断监视和评估，并提供有关敌方和目标的最新图像。

核心小组。情报部门有5个核心小组：分析、对比和融合小组；目标选择和战损评估小组；情报、监视和侦察管理小组；情报加工、利用和分发小组；敏感类信息管理小组。核心小组提供支援整个联合空中作战中心、联合部队和下级部队的情报产品和服务。

综合小组。该小组为具体方案和计划制订、行动执行和作战评估提供直接的情报、监视和侦察支援，确保情报、监视和侦察系统能够满足业务部门的信息需求。该小组接受情报部门的总体指导，并服务于联合空中作战中心的各个部门。

5. 空中机动部门

空中机动部门计划、协调和实施空中机动任务，负责将战区间和战区内的空运、空中加油、伤病运送等行动统一纳入空中任务指令中，并提供与美国运输司令部进行联系的联络官，确保空中机动行动整体协调。空运处通常由5个核心小组组成：空运控制小组、空中加油控制小组、空中机动控制小组、空中医疗后送控制小组和空中机动小组。

6. 联络机构

通常情况下，每个军种部队都会向联合空中作战中心派遣联络代表，包括战场协调组、陆军空中和导弹防御司令部联络组、海军和两栖作战联络组、特种作战联络组等。联络组内的成员具有制订计划和任务分配方面的专业技术能力，能够协调处理本军种各种申请和需求，在协调本军种作战行动与联合空中作战行动方面发挥积极作用。联络机构提出本军种部队在计划和实施联合空中作战方面的观点与考虑，必要时还可代表本军种指挥官行使权力。联络机构在联合空中作战行动中具有举足轻重的作用。军种部队通过它们的联络人员可随时与联合部队空中部队指挥官及其参谋机构，以及其他军种部队取得联系。

空军联络组由联合部队空军部队或航空队参谋人员组成，他们是空军战术、飞机与武器系统性能方面的专家，负责提出有关空军部队运用方面的建议，在联合空中部队与空军部队之间进行协调。

海军联络组由海军负责空中作战的参谋人员代表组成，负责处理海军海上作战、两栖作战期间的空中支援申请等事务，就海军与联合空中作战中心之间的情报交换，进行信息反馈。

陆战队联络官通常由陆战队陆空特遣队或陆战远征部队下属航空兵部队的战术空中作战指挥中心派出，负责加强联合空中作战中心与陆战队之间的协调，对陆战队作战地域内的飞机与导弹运用进行控制。

战场协调组通常由陆军集团军派出，由主管计划、作战、情报、防空、空域管理和空运的人员组成，负责交流情况，处理陆军的空中支援申请，加强陆军与联合空中作战中心之间的协调。

特种作战联络组由特种作战部队派出，主要就特种作战部队的空中和地面（水面）行动与联合空中作战中心进行协调，把特种作战部队的空中作战行动纳入联合空中任务指令。

除军兵种联络组外，联络结构可能还包括非政府组织、多国组织、国际组织等联络代表，这些联络机构和代表在沟通协调行动方面发挥着重要作用。

需要说明的是，联合空中作战中心的组织机构不是一成不变的。战时根据联合空中部队司令的需求和实际作战任务，这些部门可能会发生一些变化。但有一点是相同的，即所有联合空中作战中心都编有作战计划部门和作战行动部门。

第四节　战区空地系统①

战区空地系统，是负责指挥、控制和协调空地作战行动，实现空地一体化行动的机构和人员。其实质就是负责空地联合行动的协同组织。美军战区空地系统包括空军控制系统、海军战术空中控制系统、陆军控制系统、海军陆战队空中指挥与控制系统、特种作战空地系统等，如表 2 - 1 所示。

表 2 - 1　战区空地系统组成

机构	部队				
	空军	陆军	海军	海军陆战队	特种作战部队
战区空地系统	空军控制系统	陆军空地系统	海军战术空中控制系统	海军陆战队空中指挥与控制系统	特种作战空地系统

① 美军联合出版物第 3 - 09.3 号．近距空中支援［M］．北京：军事谊文出版社，2013：32 - 45.

续表

机构	部队				
	空军	陆军	海军	海军陆战队	特种作战部队
空中控制中心	空军航空航天作战中心	空域指挥与控制组	战术空中控制中心/战术空中引导中心	战术空中指挥中心/战术空中引导中心	联合特种作战空中部队
	—	—	—	战术空中协调员	—
	控制与报告中心	—	舰队空中作战协调员	战术空中作战中心	特种作战指挥控制分队
与联合空中作战中心的联络机构	联络分队	战场协调组	海军与两栖联络分队	陆战队联络分队	特种作战联络分队
空中支援控制机构	空中支援作战中心	—	空中支援协调科	直接空中支援中心	联合特种作战空中部队
	战术空中协调员	—	机载战术空中协调员	战术空中协调员	—
火力支援协调分队	—	火力小组	支援兵种协调中心	直接空中支援中心	联合火力分队
战术空中支援控制机构	战术空军控制组	—	—	—	—
末端攻击分队	前进空中控制员	—	前方空中控制员	前方空中控制员	—
	联合末端攻击控制员	—	—	前方空中控制员/联合终端攻击控制员	联合终端攻击控制员

在联合作战中，美军强调空中资源的统一指挥与控制，通常指定某一军种部队的指挥官担任联合部队空中部队指挥官，统一控制协调各军兵种的航空资源。联合空中作战中心、各军种空地系统之间的联络关系如图 2－27 所示。

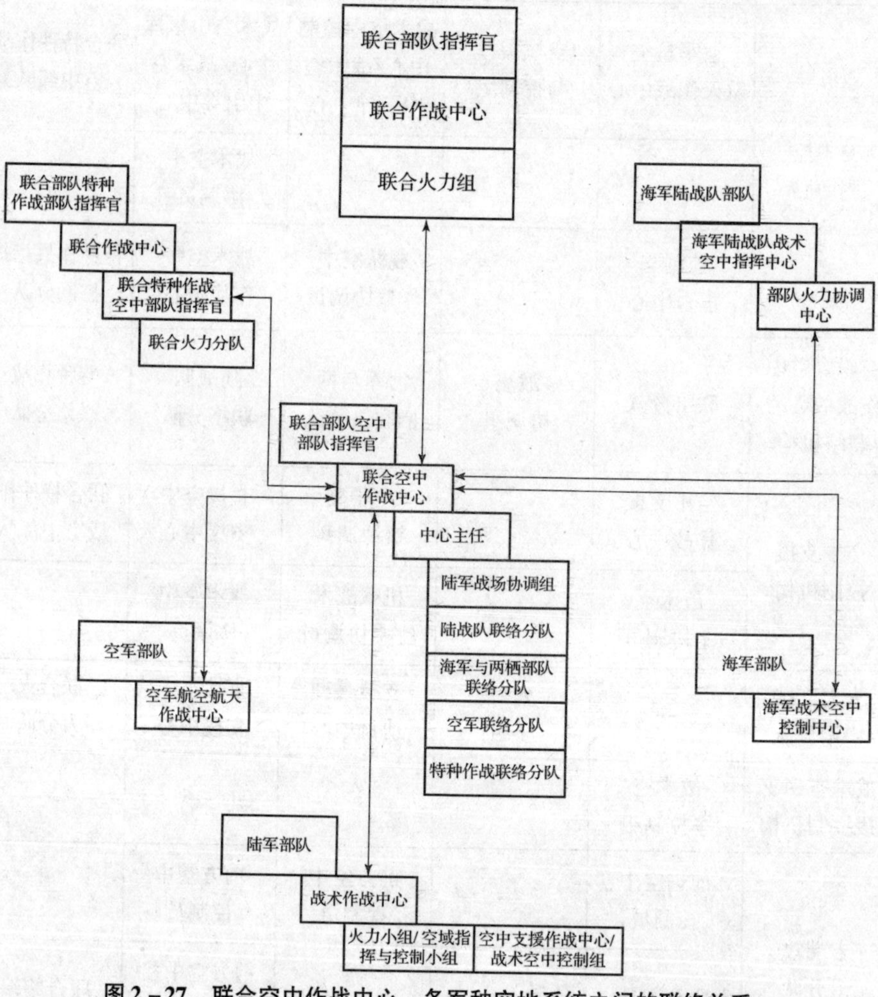

图 2－27　联合空中作战中心、各军种空地系统之间的联络关系

空地系统是负责实施陆空联合作战的主体机构，负责具体的、大量的指挥活动。健全的空地系统是陆空联合作战行动的纽带和桥梁，发挥着重要的职能作用。不同于俄军的单向协调机制，美军建立了陆空双向协调机制。

美军陆空协同机构分为两类：一是陆军派往空军的机构，包括战场协调组和其他联络小组；二是由空军派往陆军的机构，包括空中部队协调分队（可称为空军协调组）、空中支援作战中心和战术空军控制组。不仅如此，美军还有健全的空中控制系统，包括联合监视与目标攻击雷达、机载前方控制员、机载空中协调员，正是因为有了这些机构和人员，美国陆军与空军才能够实现快速精确协同。

下面将重点对陆军和空军空地系统进行介绍。

一、陆军空地系统

陆军空地系统主要包括两部分：一是陆军各级各类指挥控制机构；二是陆军派往空军的协调机构或人员。

陆军指挥控制机构在陆空联合作战中发挥着重要的职能作用。申请空中支援、拟制支援计划、保障支援行动、下达攻击命令、评估打击效果都离不开陆军相关机构和人员。美国陆军各级指挥员和参谋机构均担负着陆空作战协调的职责。如，基本指挥所负责申请和计划空中支援，战术指挥所负责监控实施空中支援行动，提交紧急航空支援申请，更改预定攻击任务，下达最终攻击指令。相关的部门承担着具体的协调活动，如火力中心负责计划、协调、整合各军兵种火力力量对目标实施联合打击，其中包括与配置在一起的战术空军控制组协调空中支援的相关事项，将空中支援行动纳入本级总体火力打击行动之中。不仅如此，火力部门还要与空域指挥与控制部门协调空域的使用。各级指挥员均负责提交空中支援申请、拟制空中支援计划，但通常指定火力支援协调员（大多由炮兵指挥员担任）来具体负责相关事项。

陆军派往空军的协调机构或人员，包括战场协调组、陆军防空和反导司令部联络组、地面联络官、防空联络官、空域管理联络员等。

（一）战场协调组

战场协调组（Battlefield Coordination Detachment，简称 BCD）。战场协调组是陆军军以上司令部派往空中作战中心的协调机构，其主要职责是代表陆军与联合空中作战中心进行协调，负责沟通联络、解释申请需求、消减矛盾冲突、加强信息交流、促进陆空联合等工作，又称战场协调分遣队。战场协调组首次运用于海湾战争，在协调陆空行动方面发挥了重要作用，因成为美军战后一条重要的成功经验而得以保留。由于战场协调组是美军陆空双向协调机制中的关键一环，在协调陆空作战行动中具有十分重要的地位和作用，下面就对战场协调组进行重点介绍。

1. 战场协调组简介

2002 年版美军联合出版物 1－02《美军军语及相关术语辞典》指出："战场协调分遣队，是由陆军组成司令部或陆军部队指挥官向空中作战中心（AOC）和（或）由联合部队指挥官指定的组成部队派出的陆军联络单位，其任务是就空中作战事宜进行计划、协调并减少空中作战的冲突。该分遣队处理陆军的空中支援申请，为空中作战中心监控并说明地面作战形势，为动态情报与作战数据的交流提供必要的接口。"

战场协调组包括 7 项职能：火力支援、情报、作战、计划、防空、空域管理和空运。战场协调组负责监视和分析地面作战情况，交换情报和作战数据，处理陆军部队指挥官的战斗空中支援需求，协调空域控制措施、火力支援协调措施和战术空运方面的需求。

在海湾战争中，美军首次将"空地一体战"理论所提出的战场协调组运用到了实战之中。战场协调组在协调陆空作战行动方面发挥了重要作用。美军认为，美国陆军在军以上司令部设立一个负责协调联合作战行动的专职机构——战场协调组，比起通过空军指挥体系进行协调，由地面部队指挥官通过战场协调组协调的效果更好。

2. 战场协调组的形成①

20 世纪 80 年代，美陆军和空军提出了建立战场协调组的设想。在对敌军梯队式部署进行研究之后，美军认为有必要对敌增援和后续部队进行遮断，以制止其支援近战部队作战。美军的目的是，在己方部队前线附近，遮断敌军后续部队，控制其出现的次数。当时，美军用于遂行遮断任务的主要武器系统为，空军具有核弹药和常规弹药投射能力的作战飞机，以及陆军的"潘兴""长矛"导弹和特种作战武器。美军军事理论研究人员和指挥官们认为，

① 纳德·奥克斯福德. 美军联合火力协调机构：战场协调组［J］. 董鸿宾，译. 美陆军. 野战炮兵. 1995（2）.

必须对陆军和空军进行有效的、不间断的协调，以确保对敌后续部队发挥空中和地面的作战威力。

有关战场协调组的理论是在陆军参谋长和空军参谋长于 1984 年 5 月达成的 31 条联合倡议备忘录协议的基础上发展起来的。第 21 条倡议规定，建立一套协调战场空中遮断与战区、战区陆军、多个军和应急军作战的灵活程序，并对这些程序进行野战检验。它还赋予这两个军种以下任务：使这些程序实现自动化并通过近实时的数据通信网连为一体。美国陆军的解决办法是设立一个与空军战术航空控制中心在一起工作的机构，这个机构就是战场协调组。

1984 年，陆军与空军联合颁布了陆军训练与条令司令部第 525 – 45 号手册《联合攻击第二梯队》，为战场协调组和战术航空控制中心的工作规定了程序。手册指出："地面部队指挥官要与空中部队指挥官就以下事宜进行协商：地面部队指挥官提出的机动作战计划，对地面部队指挥官所属部队进行战术空中支援的优先顺序，地面部队指挥官期望对敌作战部队达成的效果，地面部队为满足空中部队指挥官所提出的地面支援要求所具备的能力，地对地导弹的行动计划，布雷作业的实施和火力支援协调线的位置。为制订计划，空中部队指挥官和地面部队指挥官要就空中力量的分配建议进行协商，并就战场空中遮断可使用的兵力进行探讨。空中部队指挥官应对地面部队指挥官提出战场空中资源能力方面的建议，并就空中布雷作业、战场空运和支援战场战术行动的战略空中手段进行讨论。"

代表地面部队指挥官和空中部队指挥官的机构分别为战场协调组和联合空中作战中心。上述机构的任务是交换详细的作战与情报信息，以便对敌第二梯队实施联合打击。

3. 战场协调组首次运用于海湾战争①

海湾战争中，战场协调组首次进入实战状态，并在协调空中战役与陆军地面作战方面发挥了重要作用。在实施"沙漠盾牌"和"沙漠风暴"行动之前，美国陆、空军在联合演习中对战场协调组进行了广泛的检验，其中在空军的"蓝旗"系列演习中得到的检验结果尤为突出。在巴拿马进行的"正义事业"行动中，战场协调组向巴拿马派出了一支分遣队。就在伊拉克入侵科

---

① 廉 · G. 韦奇. 联合作战中的军以上司令部战场协调组［J］. 徐义忠，译. 美陆军. 野战炮兵，1992（6）.

威特之前不久，战场协调组参加了中央司令部的“内部展望-90”演习。事实证明，这次演习对此后不久发生的海湾战争是一次重要的预演。

战场协调组于1990年8月7日进入战备状态，于1990年8月14日从南卡罗来纳州的肖空军基地部署到沙特阿拉伯的利雅得。战场协调组设在联合部队空军部队司令部内的战术空军控制中心。它的任务是通过协调空中支援和交换作战与情报数据，使空中战役与陆军的地面作战同步进行。根据修正后的编制装备表，战场协调组编有与战术航空控制中心相对应的7个小组、28名成员。战场协调组的每个小组为4人，各小组分别与战术航空控制中心和空运控制中心的各科一起工作。由于要制订计划和即时进行协调，战场协调组中的防空炮兵/空域管理小组需要参与当日和未来作战行动的计划和协调工作。在多个军参战的情况下，每个军都要向战场协调组派出一个联络军官小组。在沙特阿拉伯，沙特皇家地面部队和美国海军陆战队均派出了联络军官。地面联络军官作为陆军的代表通常下派到空军联队这一级。

部署在沙特阿拉伯以后，战场协调组每天都参与制订空中作战行动计划，此外还与空军的特别计划组（“黑洞”）一起制订进攻性空中战役计划。在“沙漠盾牌”和“沙漠风暴”行动期间，战场协调组的主要职责如下。

向联合部队空军部队指挥官和战术航空控制中心的参谋机构提供“地面情况”。战场协调组通常是在参谋机构的情况汇报会上完成这项工作的，但也同战术航空控制中心的所有人员进行广泛的、面对面的协调。

转达和说明陆军部队司令部的空中支援申请，跟踪当前的空军任务分配命令的执行情况，其中不仅包括对战场空中遮断和预定的近距空中支援目标的“硬杀伤”，而且包括相关的电子战、战术空中侦察和心理战任务的执行情况。

在中央陆军部队司令部和中央空军部队司令部之间交换作战情况和情报数据，尤其是有关目标的重要数据和作战信息。

调节各方对空域的要求，其中包括空军联络军官小组为陆军的固定翼飞机安排飞行活动表，使陆军的防空作战与空中战役密切结合起来。另一项重要职责是帮助制定防空作战中的交战规则，协调中央陆军部队司令部作战中的空运支援。

向中央陆军部队司令部反馈空中战役进展情况，判定作战毁伤效果。战场协调组在中央陆军部队司令部的对口机构是履行火力支援机构职能的纵深作战组。

4. 战场协调组的编成及其职能作用①

战场协调组有固定的编制，战时主要作为战区陆军司令部下属机构使用。这些机构平时就存在，平时就进行专项训练。美军多个集团军都编有战场协调组，如第1战场协调组隶属于第6集团军，第4战场协调组隶属于第3集团军，第19战场协调组隶属于第7集团军。由于各战区担负的任务不同，所以战场协调组的编制并不是固定不变的，战时还可能得到加强。

作战中，战场协调组配置于空军航空航天作战中心（联合空中作战中心），该组是陆军空地系统中层次最高的战场协调机构。战场协调组通常下设作战组、情报组、综合组、计划组、防空/空域指挥与管制组、空运组等职能部门，负责空中和地面作战的计划、协调和实施工作。通常由1名上校领导，作战组由1名中校领导，其他各组由1名少校领导。

作战组。该组负责监控空中任务命令的执行情况，根据战场最新情况，协调目标选择和空中打击行动。该组通常与中心的作战行动部门设在一起，以便随时掌握地面作战的最新情况，并向陆军部队提供与空中遮断任务和目标有关的最新情况。此外，该组还负责监控空中支援行动实施情况，以保证空中部队不会擅自取消或改变支援陆军作战的空中飞机架次。

情报组。该组负责与陆军部队情报部门协调，以获取陆军的情报报告和搜集需求。该组向中心情报部门提供有关敌地面部队战斗序列的情况，并协助进行目标研究。

综合组。该组负责分析陆军提供的情报和己方当前情况，为执行空中任务命令筛选和确定目标。该组与中心情报部门设在一起。

计划组。该组设在中心作战计划部门，在制定空中任务命令时，负责协调陆军提出的战术空中支援需求，并向空军提供陆军部队机动作战计划和战术空中支援优先顺序计划。

防空/空域指挥与管制组。该组负责协调防空作战和空域管控事项。需要与控制和报告中心、陆军空域指挥与管制中心与防空司令部、联合空中作战中心计划部门等单位就陆军防空和空域管制事宜进行充分协调。

① 廉·G. 韦奇. 联合作战中的军以上司令部战场协调组［J］. 徐义忠，译. 美陆军. 野战炮兵，1992（6）.

空运组。该组负责与中心机动部门或空运控制中心协调陆军部队空运事宜。如果设立空运控制中心，空运组可能不与联合空中作战中心或战场协调组在一起开设，因为它必须随空运控制中心行动。

在纵深作战中，战场协调组的火力支援人员，必须报告陆军部队指挥官的位置及其关心的问题，以便将陆军部队指挥官的需求纳入空中部队指挥官的遮断计划。他们负责向联合空中作战中心说明陆军部队火力支援系统的能力和局限性，以及陆军部队指挥官运用火力支援手段的计划。他们还要协助将陆军部队提出的目标纳入空中任务命令，还要将有关空中部队指挥官在陆军部队作战地区选择遮断目标的信息转达给陆军部队计划参谋人员。

为支援当前的作战行动，战场协调组成员要就陆军部队行动与空中行动可能发生的冲突，向联合空中作战中心提出建议。同样，他们也要就当前的空中作战行动对陆军部队行动的影响，向陆军部队参谋人员提出建议。如在支援空中作战任务的行动中，他们可协助陆军参谋人员选择和协调使用陆军武器，以遮断纵深临时目标，或对敌防空系统进行联合压制。当情况的变化影响到空中部队指挥官的空中遮断支援能力时，他们也要向陆军部队提出建议。此外，战场协调组还要根据陆军部队指挥官的攻击指示，协调空中遮断飞机架次，以支援地面作战。

战场协调组火力支援人员要协助使用空域管制措施和火力支援协调措施，因为二者均影响到火力支援行动。他们必须与防空/空域指挥与管制组协调，澄清射击系统与目标之间的空域。他们还要支援防空/空域指挥与管制组，协调炮兵武器对空域的使用，并确保空域管制措施不会影响到火力支援行动。此外，他们也要使航空控制中心随时掌握火力支援协调措施的变化，如为便于射击而规定的火力支援协调线、限射区、禁射区。

由于战场协调组的位置可能会远离陆军指挥所，它通常不直接介入陆军部队的决策程序。也就是说，战场协调组可从远距离提供信息，但不直接参加任务分析、行动方案研究、作战模拟、作战评估和陆军部队目标选择、作战命令拟制或指挥官的决心会。对战场协调组来说，所有形成指挥官机动作战计划和火力支援方案的讨论内容，只能从陆军部队指挥官和参谋人员及军联络官处得到。战场协调组为履行其职能，必须与陆军部队保持连续有效的信息沟通。因此，美军强调建立标准化的指挥控制系统，实现陆空相关指挥控制系统的互联互通互操作。

（二）陆军防空和反导司令部联络组

陆军防空和反导司令部联络组是陆军部队派往联合空中作战中心的高级联络机构，是所有陆基防空和反导部队与联合空中作战中心联络沟通的平台，负责协调防空反导、空域管制等事项。战场协调组中的防空小组要与陆军防空和反导司令部联络组进行协调。

陆军防空和反导司令部联络组的职责通常包括以下四个方面。

一是辅助联合部队空中部队指挥官/区域防空指挥官制订区域防空计划。

二是把陆基防空和反导作战统一纳入战区防御作战中。

三是向联合部队空中部队指挥官/区域防空指挥官提出关于交战规则、空域管制方法、武器控制方式、火力控制命令和防空预警的建议。

四是向联合部队空中部队指挥官/区域防空指挥官提出关于陆基防空和反导防御作战的建议。

（三）地面联络官

地面联络官是陆军派往空军联队作战中心的联络人员，负责向空军介绍陆军专业知识和地面作战情况，在飞行员完成任务返航后与空军人员一起询问任务执行情况，负责接收并向战场协调组报告作战和情报数据。

（四）防空联络官

防空联络官是陆军派往控制与报告中心、机载预警与控制系统等处的联络人员，负责将近程防空、中高空防空行动与联合空中作战行动相结合，保护己方部队和防止误伤，协助空军部队对敌目标形成快速打击。美军认为，军、师级单位均应向空军派出防空联络官，这一点非常重要。

（五）空域管理联络员

空域管理联络员是陆军派往控制与报告中心空域管理联络科等处的联络人员，负责在空中作战过程中实时处理可能出现的陆军空域管理事项。

二、空军空地系统

空军空地系统，是实施指挥、控制和协调空地作战行动的机构和人员，包括联合部队空中部队指挥官、联合空中作战中心、空军航空航天作战中心、联队作战中心、机载预警与控制系统、联合监视与目标攻击雷达系统、空中支援作战中心、战术空军控制组等。

如何认识这些机构的职责作用，并厘清这些机构的指挥关系，实际上，我们可以从作战飞机起飞前和起飞后的组织指挥来进行剖析。

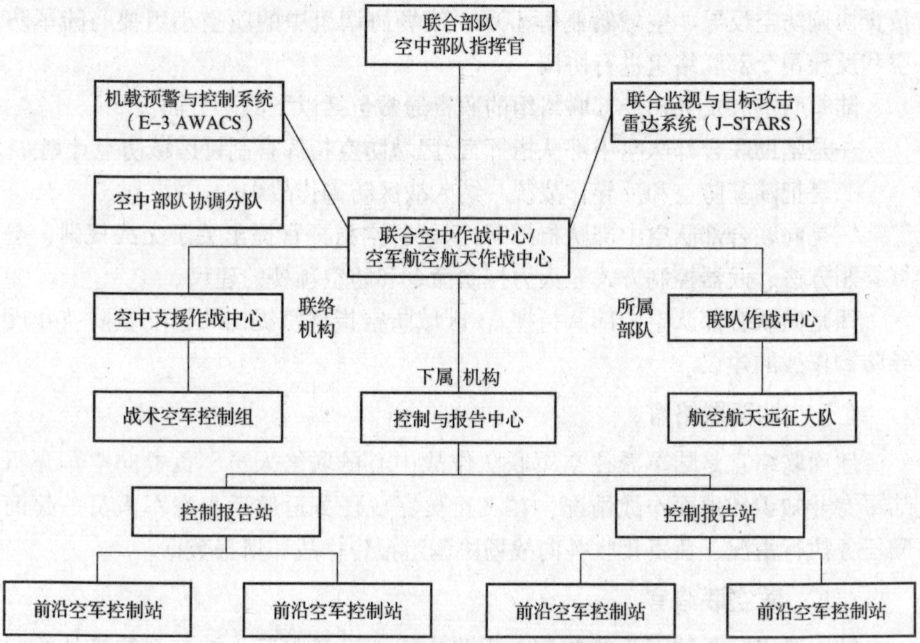

图2-28 美国空军空地系统结构

起飞前，空中支援作战力量主要是由地面指挥机构来组织指挥的；起飞后，空中支援作战力量则主要是由地面和空中指挥机构共同来指挥引导的。从区域角度看，联合空中作战中心、空军航空航天作战中心、联队作战中心、空中支援作战中心、战术空军控制组构成了地面指挥体系；空中预警与控制系统、联合监视与目标攻击雷达系统、机载空中协调员构成了空中指挥控制体系；战术空军控制组、联合终端攻击控制员、前方空中控制员构成了支援作战飞机的末端控制引导。当然，上述划分是为了理解的方便，是相对的，不是绝对的。比如，机载前方空中控制员既可以看作负责空中指挥引导的人员，也可以看作负责终端攻击控制的人员。

（一）联合部队空中部队指挥官

联合部队指挥官从总体上决定着各军兵种力量的使用，但联合部队指挥官通常会任命一名联合部队空中部队指挥官来具体负责航空部队的使用，以充分发挥联合空中作战的各种能力。

实际上，联合部队空中作战部队属于职能部队，联合部队空中部队指挥官实际上属于职能部队指挥官，而职能部队指挥官一般是由军种部队指挥员担任的。简言之，联合部队空中部队指挥官可以由空军部队指挥官、海军部队指挥官、海军陆战队指挥官等军种部队指挥官担任。具体由哪一个军种部队指挥官担任，是根据作战样式和作战背景而定的。联合部队指挥官通常把联合部队空中部队指挥官的职责赋予拥有空中资源优势，能够有效地制订计划、进行任务分配和控制联合空中作战的军种部队指挥官。

在以陆地为主战场的联合作战中，由于陆上拥有较完备的后勤保障系统，交通运输和基础设施状况较好，空军提供的空中部队较多，联合空中部队司令多由空军军官担任，其指挥机构设在陆上。例如，在海湾战争中，中央总部的联合空中部队司令由美第 9 航空队司令霍纳中将出任，因为美国空军向中央总部提供的空中部队数量最多并具备相应的指挥与控制能力；当海上部队提供占压倒优势的空中力量，或者在陆上没有足够的空中作战指挥与控制设施时，或者在陆地上没有安全之地，地面部队被迫撤离时，通常把联合空中作战的指挥机构设在海上，联合空中部队司令多由海军军官出任；在两栖作战中，还可能由陆战队军官担任联合空中部队司令①。

联合空中作战中心对本军种空中力量实施作战控制，对区域内其他军种部队的空中力量实施战术控制。例如，如果由空军人员出任联合空中部队司令，他将对联合部队中的空军作战部队实施作战控制，但对由海军、海军陆战队和陆军提供给联合部队的空中力量或空中架次只能行使战术控制权。

联合部队空中部队指挥官按照联合部队指挥官的作战意图和作战方案，实施联合空中作战行动。当陆军或海军陆战队需要近距空中支援时，联合部队空中部队指挥官根据联合部队指挥官的空中兵力分配决心直接给这些航空装备/航空部队分配任务。为了取得最大的作战效能，避免重复用兵，联合部队空中部队指挥官从时间、空间和目的三个方面对所属、配属和支援航空部队的作战行动进行协调和综合集成。

联合部队空中部队指挥官的职责由联合部队指挥官赋予。联合部队空中

① 李文．美军联合空中作战研究［M］．北京：国防大学出版社，2003：49－51．

部队指挥官的职责包括：根据联合部队指挥官的作战方案和航空兵力分配决心，制订联合空中作战计划、控制协调联合空中作战行动，负责联合空中作战兵力的架次分配和任务分配等。具体职责如下。

①制订联合空中作战计划，按照联合部队指挥官的作战意图和作战方案，实施联合空中作战行动。

②在与其他军种部队指挥官协商以后，向联合部队指挥官提出有关联合空中作战兵力分配的建议。即在特定的时间内，对各种空中作战行动所投入作战兵力的百分比和/或优先顺序提出建议。

③根据联合部队指挥官空中兵力分配决心，对现有航空装备/航空部队进行架次分派和任务分配。

④在联合空中作战实施期间进行监督、指导和必要的调整。

⑤与其他军种或职能部队指挥官协调，确保联合空中行动与其他作战行动相协调，达成联合部队指挥官的作战意图。

⑥评估联合空中作战结果。向联合部队指挥官呈送作战评估报告，以支持战区战役级作战评估行动。

⑦行使空域管制指挥官的职责，除非已经指定了独立的空域管制指挥官。

⑧行使区域防空指挥官的职责，除非已经指定了独立的区域防空指挥官。

⑨完成防空、战略性空中进攻、空中遮断、战区内和战区间的空中机动、近距空中支援，以及机载情报、监视和侦察等使命任务。

⑩执行联合部队指挥官的任命，担任被支援/支援部队的指挥官①。

当联合部队指挥官指定一名联合部队空中部队指挥官时，该指挥官通常也承担区域防空指挥官和空域管制指挥官的职责。因为区域防空和空域管制是联合空中作战中不可缺少的组成部分。联合部队空中部队指挥官将负责计划、协调和拟制空域管制程序，同时还负责运行空域管制系统。在情况需要时，联合部队指挥官也可能会指定一名独立的区域防空指挥官和空域管制指挥官。

（二）空军航空航天作战中心

空军航空航天作战中心是空军部队指挥官的参谋机构，负责提供空军作战指挥与控制，并与其他军种部队进行协调。该机构按照联合部队指挥官的

---

① 美军参联会. JP 3－30：美军联合空中作战指挥与控制条令［M］. 空军装备研究院通信所，译. 北京：军事科学出版社，2008：8－10.

指示制订空中作战计划，通过空中任务指令分配资源，给部队下达任务。当空军部队指挥官兼任联合部队空中部队指挥官时，其他军种部队的联络人员将扩充空军航空航天作战中心，组成联合空中作战中心。此时，空军航空航天作战中心和联合空中作战中心实际上是同一个机构，空军航空航天作战中心即转化为联合空中作战中心，空军空中支援申请网即成为联合空中支援申请网。

当以其他军种指挥机构为基础组建联合空中作战中心时，空军部队指挥官将向联合空中作战中心派出空军联络组。空军联络组由精干力量组成，代表空军部队与联合空中作战中心协调空军各单位的作战行动。

（三）联队作战中心

联队作战中心是空军联队的作战中心，负责指挥控制联队所属部队，确保联队按照空中任务指令的指示出动飞行架次，完成空中作战任务。联队作战中心可以根据现有武器情况和预期效果提出调整武器载荷量的建议。空军联队与空军基地直接挂钩，通常来讲，1 个基地只驻扎 1 个空军联队，1 个完整的空军联队辖 4 个大队：作战大队、维修大队、地勤大队和医务大队。作战大队是空军联队的核心，一个飞行联队所有的飞机都集中在作战大队。

（四）机载预警与控制系统①

机载预警与控制系统是世界上具有高度机动性和极强生存能力的雷达探测平台和空中监视与指挥系统，具有全天候远程预警和控制能力，能够在各种地形上空监视有人驾驶飞机和无人驾驶飞机。机载预警与控制系统关注的重点是空战。美国空军的机载预警与控制系统主要是 E－3 系列预警机。在冲突爆发后，E－3 系列预警机可能是最先到达作战地区的美军指挥与控制力量之一，为美军实施联合空中作战建立最初的指挥与控制系统，并实施早期预警、战场管理以及武器控制等。它还可以对地面雷达系统无法探测到的低空目标进行探测。因此，该系统是美军在空中作战中运用的主要指挥控制力量之一。

E－3 系列预警机被认为是联合空中作战中心和地面雷达系统在空中的延伸，因此它具有对战场实施监视和对空中作战行动实施指挥与控制两种职能。

---

① 李文. 美军联合空中作战研究［M］. 北京：国防大学出版社，2003：119－121.

当其在9000米的高空做值勤巡航时，能以不同雷达工作方式全方位地对0～3万米高的空域实施监视，其中对中、高空目标的探测距离为500～650千米；对低空目标的探测距离为300～400千米；在270千米距离上可发现巡航导弹，可分辨出时速2千米的水面慢速移动目标和海面上空飞行的飞机。该机雷达能够同时探测和跟踪600个目标，机上的敌我识别询问机能在其天线扫描一次的时间内询问200个已装有应答机的空中、海上和陆上目标，数据处理系统能同时处理300～400个一般性目标的数据，并可提供30分钟的预警时间。该中心可根据目标的威胁程度，确定攻击顺序，同时指挥引导己方空中作战力量完成截击、空中格斗、对地或对海攻击、空运、空中加油和空中救援等多种空中作战任务。此外，它还可以向空中指挥官提供完整的陆、海、空军作战态势。

E－3系列预警机通常编有一个与联合空中部队指挥官保持直接联系的机载参谋机构或机载指挥组，联合空中部队指挥官授权该参谋机构或指挥组对作战中的空中部队实施再指导。在海湾战争中，该机载指挥组由6名军官组成，由1名上校担任组长，其他成员包括1名负责战斗机作战的副组长、1名战斗机作战问题的专家、1名情报军官、1名负责空中加油行动的军官以及1名电子战军官。

综合起来，机载预警与控制系统的任务包括：探测、监视、识别敌方目标；威胁预警；分配目标，确定攻击顺序；指挥引导飞机实施制空行动；指挥引导飞机实施空运、加油等活动；收集和分发各种信息；就空对地、空对海等支援行动，与管制与报知中心、空中支援作战中心等机构相协调等。

（五）联合监视与目标攻击雷达系统

联合监视与目标攻击雷达系统，习惯称之为“联合星”飞机，它是美军提出“空地一体战”理论后，美国空军和陆军联合研制和共同使用的指挥与控制系统，可实时地指挥空中和地面火力对所选择的敌地面目标实施攻击。

作战中，该飞机具有强大的通信能力和低空探测能力，E－8A沿战场前沿己方一侧上空飞行，对敌部队的作战行动进行监视，对敌地面或低空的目标实施探测，把相关目标（包括桥梁、道路、各种车辆、低空飞行的直升机等）的位置参数通过保密通信渠道传递给陆军和空军部队，并能引导陆军的火炮、战术导弹和攻击直升机以及空中部队的作战飞机对敌实施攻击。所以，美军的陆空一体化是有条件的，基于一定的装备和手段。

与 E－3 系列预警机不同，E－8 系列飞机的天线不是装在飞机背部，而是装在机身前腹部的天线罩内，主要目的是便于监视地面和低空目标。因此，该雷达对地探测的标准覆盖区为 150×180 平方千米，最大可达 512×512 平方千米，能对 4×4 或 8×8 平方千米局部范围内的桥梁、公路、坦克、火炮、步战车、汽车和低空直升机等目标进行精确定位。可以发现和识别慢速运动的地面目标，它的彩色显示器可显示公路、铁路、河流及其他地貌特征图像，并可以分辨出桥梁、机场和房屋等固定目标。在伊拉克战争中，“联合星”飞机的多普勒雷达可在数百平方千米的范围内准确确定伊拉克主要地面武器和部队机动情况。

联合监视与目标攻击雷达系统具有三项基本功能：作为空中机动雷达站，它可对广大地区实施长时间监视，并把雷达获得的原始数据传输给许多用户；作为机载战术侦察和分析中心，它可为机上操作人员提供详细的目标战术图像及其他大量信息；作为指挥与控制平台，它可实时地指挥空中和地面火力对所选择的敌地面目标实施攻击。

联合监视与目标攻击雷达系统（J－STARS）由机载部分、地面部分及武器接口装置组成。其中，机载部分包括装在 E－8 系列飞机上的多功能雷达、高速数字信号及数据处理设备、通信设备、显示器及操作控制分系统等。地面部分主要由陆军的地面站构成，地面站的通信设备、计算机及显示器等都装在车厢内，可接收、处理及分发 E－8 系列飞机传来的图像和目标信息，并将这些信息提供给军及师级指挥官。

在联合空中作战中，联合监视与目标攻击雷达系统担负的主要任务是，实施监视、目标探测和目标跟踪，以便掌握敌地面部队部署等方面的情况。联合监视与目标攻击雷达系统为地面和空中指挥官提供态势发展、目标确定、攻击计划制订和有限的攻击后评估信息。联合监视与目标攻击雷达系统支持近距空中支援的方式是，向空中支援作战中心、火力小组、战术作战中心提供目标确定信息。接到申请时，联合监视与目标攻击雷达系统直接向近距空中支援飞机、机载前方空中控制员、战术空中控制组或联合终端攻击控制员提供地面监视信息和目标确定信息。联合监视目标攻击雷达系统在没有空中支援作战中心/直接空中支援中心的情况下，可履行机载战术空中协调员职能。

（六）控制与报告中心

控制与报告中心直属于联合空中作战中心，是分散执行空域管控、防空作战和战斗管理的中心，负责向空军部队指挥官提供分散实施指挥与控制的能力。控制与报告中心可承担空战实施、监视、战斗识别、数据链路管理和战区防空等任务。控制与报告中心为往返于目标区域内的飞机提供安全通道和雷达监控。必要时，控制与报告中心能暂时履行联合空中作战中心的部分职责。

作战中，当收到空中支援作战中心发出的空中支援申请后，控制与报知中心可指挥引导其责任区域内的飞机实施空中支援任务，或把对飞机的控制转交给机载前方空中控制员。如果在控制区域内没有满足空中支援申请的飞机，控制与报知中心可将申请转交至机载预警与控制系统、联合空中作战中心。

控制与报知站是一支机动雷达部队，通常隶属控制与报告中心，能扩大控制与报告中心责任区域内的雷达覆盖范围和通信距离，执行预警、监视、武器控制和识别任务。必要时，它可履行控制与报告中心的部分职责，可以直接向联合空中指挥中心负责。

（七）空中部队协调分队

空中部队协调分队是协助联合部队地面部队司令部参谋机构制订空中部队支援与受援需求计划的高级空军分队。为了与联合部队地面部队指挥官、其他职能部队指挥官或其他军种部队指挥官（例如，陆军部队指挥官或海军部队指挥官）进行协调并建立联络，空中部队指挥官可组建空中部队协调分队。当配属给联合部队地面部队司令部时，空中部队协调分队与联合部队地面部队司令部参谋机构部署在一起。空中部队协调分队的职责包括：交流当前情报、作战数据、支援需求；协调整合空军部队对空域协调措施、联合火力支援协调措施和近距空中支援的需求。

一般情况下，联合部队地面部队指挥官的需要或要求决定了空中部队协调分队的构成，其典型的职能部门包括计划、作战、情报、空域管理和空运。空中部队协调分队不是空中支援作战中心或战术空军控制组，而是担任空军部队的高级联络组，并能履行许多空中支援的计划职能。伊拉克战争中，美军设立了空中部队协调分队，用于与地面或其他组成部队指挥官的协调与联络。从目前的发展趋势来看，空中部队协调分队将发挥更大的作用。

（八）空中支援作战中心

空中支援作战中心（Air Support Operations Center，简称 ASOC）。空中支援作战中心隶属空军航空航天作战中心，负责控制协调任务区域内的空中作战行动，一般配属于军及军以下地面部队。可以与实施独立作战的野战集团军或师部署在一起，通常配置于陆军基本指挥所。主要任务是指挥、控制、协调空中支援行动，包括近距空中支援、空中遮断、空运、情报、监视和侦察、压制敌防空系统、战斗搜索与救援等行动。中心主任通常由高级空军联络官担任，负责对下属战术空军控制组实施行政控制。该中心的主要装备有卫星通信设备、微波电台、普通电台、战区应急计划自动生成系统/战区战场管理核心系统。

空中支援作战中心处理经联合空中支援申请网收到的紧急近距空中支援申请，协调实施预定的和紧急的空中支援。一旦地面分队批准了紧急空中支援申请，空中支援作战中心即给待召唤飞机下达支援任务，经地面分队批准后，还可更改预定的空中支援计划。空中部队指挥官可以授予空中支援作战中心发起攻击或改变攻击目标的权限。如果空中支援作战中心没有被授权，则必须通过空军航空航天作战中心或联合空中作战中心才能启动或更改相关的空中支援任务。

（九）机载战术空中协调员

机载战术空中协调员是空中支援作战中心在空中的延伸，其作用就是扩展空中支援作战中心发送和接收信息的能力。机载战术空中协调员可以有效地协调空中支援行动。在没有联合监视与目标攻击雷达系统或前方空中控制员时，机载战术空中协调员还可提供战术空军控制组与作战飞机以及其他空中指挥控制机构之间的通信中继。在近距空中支援作战“交通繁忙”期间，机载战术空中协调员也可充当临时前方空中控制员，加快近距空中支援飞机与联合终端攻击控制员的交接速度。机载战术空中协调员的权限由控制与报告中心、空中支援作战中心决定。机载战术空中协调员的权限和责任小到简单的无线电中继，大到命令航空支援力量的投入或者转移。

（十）战术空军控制组

战术空军控制组（Tactical Air Control Party，简称 TACP）。战术空军控制

组是实施陆空联合作战的末端机构，具有举足轻重的地位作用，相关的培训不仅难度大，技术要求高，而且周期较长。下面对这一机构进行重点介绍。

1. 战术空军控制组的职能

战术空军控制组隶属空军，是空军派往陆军的联络分队，可配置于营、旅、师等陆军各级部队。军至旅之间各级战术空军控制组主要承担联络的任务，而营级的战术空军控制组和连级的联合终端攻击控制员则主要承担终端攻击控制的责任。战术空军控制组隶属于空军部队却时刻陪伴陆军参加行动，承担着战场近距空中支援的任务。不同于其他的空军部队，这支部队化整为零，融入美国在各地驻扎的陆军部队之中。

空中支援作战中心是战术空军控制组的上级机构，在作战中管理并控制战术空军控制组的运行。战术空军控制组的主要职责是：向地面部队指挥官介绍空中作战的能力与局限性；提供咨询建议，协助地面部队指挥官计划、申请航空支援，包括近距空中支援、空中遮断、空中侦察等；协调空域使用；加强空地协调，消除潜在火力冲突；为支援作战飞机提供末端攻击控制。

实际上，空中支援作战中心和战术空军控制组主要担负着两项职能：一是负责指挥、控制、引导支援作战飞机；二是与陆军部队进行作战协调。从严格意义上讲，这两个机构不负责制订计划、定下决心，不属于指挥决策机构。从支援作战飞机的角度来看，是一种指挥控制机构，主要负责指挥、控制和引导支援作战飞机；从陆军的角度来讲，这两个机构是一种横向协调组织，在陆军与空军部队之间起着纽带和桥梁作用，主要是代表空军与陆军部队沟通联络，辅助陆军部队合理提出空中支援申请，合理运用航空支援力量，确保陆空行动协调。

2. 战术空军控制组的组成

战术空军控制组包括空军联络官、联合终端攻击控制员，以及相关支援保障人员。空军联络官负责领导管理战术空军控制组。

空军联络官。航空联络官是战术空军控制组的高级成员，是空中作战能力与局限性方面的专家，是地面指挥官在空中作战方面的主要顾问。航空联络官根据地面指挥官的指示和意图，计划和实施近距空中支援。航空联络官通常是有航空技术等级的军官，营级空军联络官还可能由经过特殊训练、经验丰富的军士担任。

联合终端攻击控制员。联合终端攻击控制员是战术空军控制组的成员。负责从前方阵地引导支援作战飞机对地面部队实施近距空中支援。只有经过特殊训练且成绩合格者才能担此职责。空军的终端攻击控制员主要由终端飞行引导士兵担任。联合终端攻击控制员主要职责是：了解敌情和己方部队的位置；了解受援指挥官的目标优先顺序、预期效果和武器投放时间；了解指挥官的意图和适用的交战规则；核实临时出现的目标；向指挥官提出如何恰当运用空中资产的建议；提交紧急近距空中支援申请；经受援部队指挥官批准后控制近距空中支援；消除近距空中支援架次可能的火力冲突；提供初步战斗毁伤评估报告。

战术空军控制组个人通信装备分为两种：一种是卫星通信系统，可随时与空军联系；另一种是地面部队内部的通信系统，其特高频、超高频和高频的单兵电台能够与陆军的通信系统进行联网，可随时与地面部队交换信息。

3. 战术空军控制组的形成

美军最初的对空引导是由陆军培养的寻路者完成的。但引导的效果一直不理想，严重影响了空地协同作战和飞行员的飞行安全。由于陆军寻路者指挥引导不足，空军无法在对地攻击时有效确认打击目标，只能完全依靠无线电和导航标示，所以误伤事件在美军中不断出现。这一系列问题被空军的人士归咎于陆军寻路者素质和技术的不足，以及陆军仅仅依靠自己的寻路者，不依靠空军的相关专业人士，导致了一系列错误。

一场激烈的争执随后在华盛顿军方高层爆发，军种的配合协同问题以及相互的沟通确认问题被提上了议事日程。陆军虽然依然强调自己寻路者的作用，但是空军直接要求他们拥有这些寻路者的领导权和指挥权，这样就不会再发生误伤事件。空军认为陆军的寻路者编制和人员不但在器材上落后于空军导航标准，同时没有经过系统的导航训练，因此，必须由空军对自己的人员进行系统训练，并且接受相关的多种课程教育，包括伞降训练等。经过反复讨论，美国国防部通过议程，允许空军建立独立的引导指挥人事编制，组建相应的战术小队。此后，空军开始培训自己领导的寻路者部队。

1953 年 1 月 15 日，经过短期紧张培训的 6 人在美国空军组成了专业的寻路者小队，他们被派往陆军作战单位执行引导任务。1953 年 3 月 27 日，空军对原有的寻路者小队进行扩编，在原有基础上扩编为中队，并且正式改名为

“战斗控制小队”。根据国防部军方的最后决定，这支由空军建立的特种作战小队，要在行动中尽可能地配合陆军，并接受陆军的地面指挥。之后，战术空军控制组伴随空地一体战的发展而发展。目前，美军仍在持续加大对战术空军控制组的培养，企图在更低的层次、更多的战术部队派遣战术空军控制组。

4. 战术空军控制组与战斗控制组的区别

美国空军编有战术空军控制组和战斗控制组，二者都隶属空军，都具有指挥引导的职责，都可能服务于陆军部队，编组规模和行动方式也有很多雷同之处。

2002 年版美军联合出版物 1－02《美军军语及相关术语辞典》指出：战斗控制组（CCT），是一组按任务编组、训练有素、装备精良且具备跳伞和战斗俯冲资格的空军人员，其任务是在简陋或敌对条件下快速建立和控制空投、着陆和伞拖空投地带空中交通。他们负责测量和建立终端区空降场，并为飞机进行空运活动提供导航。他们还负责对潜在的目标机场或突击区提供指挥与控制、侦察、监视和测量评估。他们还可以进行有限的气象观测、清除障碍物或者使用爆破方法清除未爆弹药。

在海湾战争中，CCT 分成三部分：一部分负责管理当地的军用机场和临时机降地点；另一部分负责地面部队在部署和推进过程中与空军的联络和信息情报交换工作；还有一部分为特种分队的侦察和搜索营救行动提供战术通信支持。另外，CCT 还担负了一项绝密任务——前往伊拉克境内，破坏伊拉克的指挥和控制系统。阿富汗和伊拉克战争打响后，CCT 进入新的行动阶段，他们化整为零，入乡随俗，使用传统的畜力运输工具，CCT 成员通过卫星电话调控附近空域的飞机去搜寻“基地”恐怖组织，在先进的无人侦察机引导下侦察、了解地域情况，为执行地面搜索的特种部队提供信息，同时还使用镭射定位装置和电脑导航装置，引导飞行员打击有价值的地面目标。

从战斗控制组在海湾战争、伊拉克战争中发挥的作用来看，它与战术空军控制组（TACP）职能作用十分类似。实际上，二者没有隶属关系，职能作用也有所不同。战斗控制组的训练内容要多于一般的战术空军控制组。作战中，战斗控制组主要是在空军编成内行动，但是也会临时派驻其他军种，通常是特种部队。而战术空军控制组则主要是在陆军战术部队编成内行动，全程服务于陆军战术部队。战斗控制组的主要职责是建立空中交通，控制引导对地攻击是其次要职能，其任务包括设置航线起点、中途和终点导航设备、空中交通管制、指挥/控制通信、排障。而战术空军控制组的主要职能是与陆军部队协调，控制引导对地攻击。

（十一）前方空中控制员

前方空中控制员是战术空军控制组的空中成员，是经过专门训练的有资质的航空军官。主要任务是从空中对支援地面部队的飞机进行控制。前方空中控制员可以协调空中支援行动，消除潜在的空域冲突和火力冲突，为支援飞机提供终端攻击控制，对地面目标进行定位和标示。

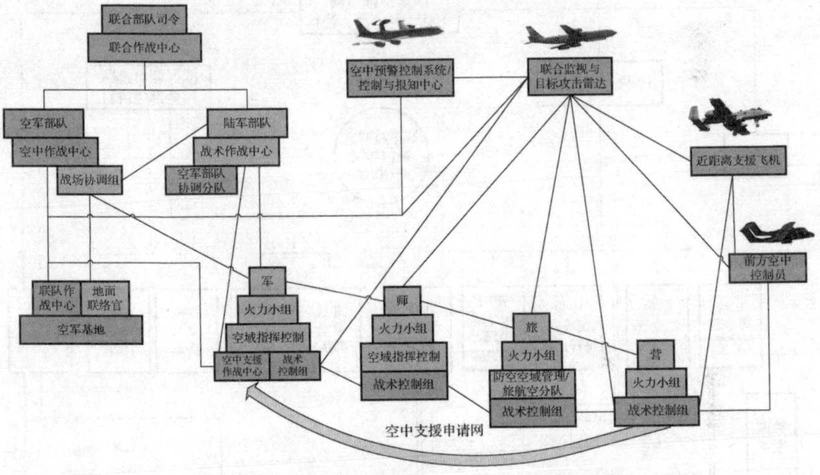

图 2－29　战区空中控制系统/陆军空地系统

在没有战术空军控制组或联合终端攻击控制员的情况下，前方空中控制员能够有效指挥控制支援作战飞机完成近距空中支援任务。机载前方空中作战控制员通常搭乘 OV－10“野马”轻型攻击侦察机，从空中观察、定位、标示目标，指挥引导飞机对目标实施打击，并从空中观察、评估初步打击效果。

第五节　战争中的指挥体系

美军联合指挥体系没有固定不变的模式，通常根据任务需要进行灵活变化。从海湾战争、阿富汗战争、伊拉克战争等战争实践中，能够更好地了解美军联合指挥体系和指挥机构的开设运行，从中能够更好地认识陆空联合作战的指挥架构问题。

一、海湾战争[①]

在海湾战争中，美军组建了美国中央司令部和沙特战区联合部队司令部两个平行的指挥机构。中央司令部牵头指挥西方国家部队，沙特战区联合部队司令部牵头指挥阿拉伯国家部队。在中央司令部与沙特战区联合部队司令部之间，建立了联军协调、通信与统一中心。“沙漠盾牌”“沙漠风暴”行动中联军指挥体系有所不同。“沙漠风暴”行动中联军指挥体系如图 2－30 所示。

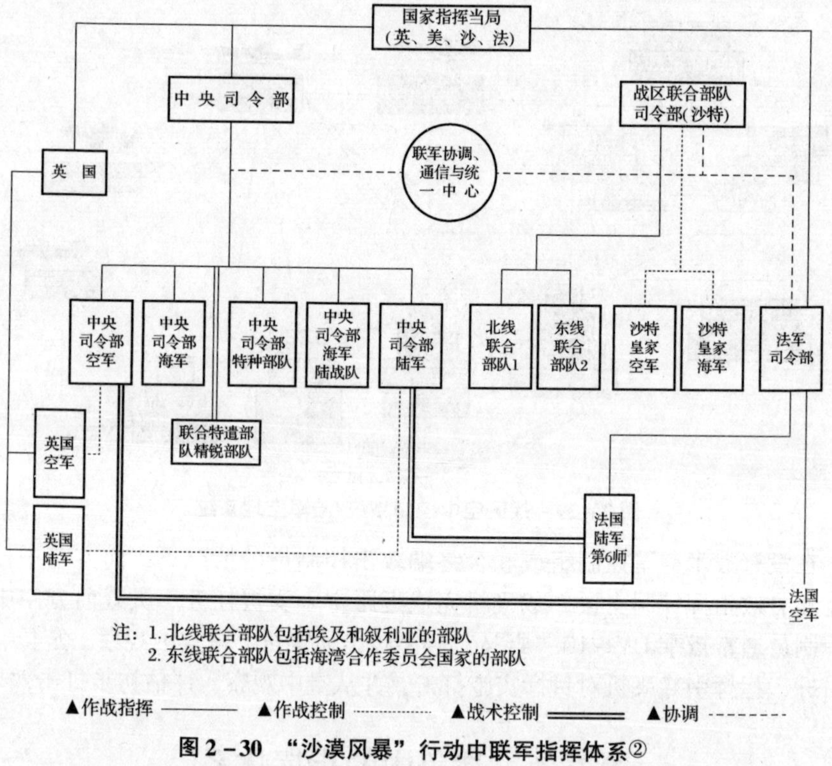

图 2－30 “沙漠风暴”行动中联军指挥体系[②]

① 樊高月．观察美军点与面［M］．北京：长征出版社，2012：102－107.

② 海湾战争：美国国防部致国会的最后报告附录：中［M］．军事科学院外国军事研究部、中国国防科技信息中心，译．北京：军事科学出版社，1992：274.

中央司令部。美国中央司令部下设陆军司令部、空军司令部、海军司令部、陆战队司令部和特种作战司令部。1990 年 8 月中旬，中央司令部司令在利雅得沙特国家防御作战中心建立起前方指挥部。在部队进入部署阶段后，中央司令部司令将其司令部从美国麦克迪尔空军基地转移到沙特利雅得。

中央司令部陆军司令由第 3 集团军司令担任。8 月 16 日，中央司令部陆军司令部基本指挥所在利雅得建立。当时，第 3 集团军同时发挥着三种职能：作为中央司令部陆军，它负责整个责任区内的陆军军事行动、后方军事行动和多个军种后勤支援；作为作战区陆军，它负责建立接待与维持部队所需要的后勤系统与基础设施，并负责控制“爱国者”反战术弹道导弹系统的发射；作为野战集团军，它对陆军部队进入进攻阵地的机动、在伊拉克的作战行动和在科威特的重建工作进行了指挥与控制。为了增强自身的指挥与控制能力，中央司令部陆军设立了 7 个联络组、1 个位于前沿阵地的机动指挥所和 1 个一体化作战与情报中心。联络小组配属给地面主力部队（如第 18 空降军、第 7 军、北线联合部队等），在协调联军的军事行动和向战区所有地面部队普及标准化程序方面发挥了重要作用，成为中央司令部司令与其他国家部队联系的一个环节，成为中央司令部陆军司令联系下级部队与友邻部队的一个网络。

中央司令部空军司令由第 9 航空队司令兼任。中央司令部空军司令还被指定为联合部队空中部队司令，其职责是对联军的所有空中部队进行协调，以确保集中力量实施空战。联合部队空中部队司令通过与其他军种司令协调，规划、协调和分配飞机出动架次与作战任务。联合部队空中部队司令作为地区防空司令，负责实现地区防空一体化。中央司令部空军司令还被任命为太空控制司令，负责保障战区在太空方面的需求。

中央司令部海军司令部司令由第 7 舰队司令兼任，负责指挥中央司令部海军部队和陆战队的海上部队。9 月 1 日，第 7 舰队旗舰“蓝岭”号两栖指挥舰抵达海湾，中央司令部海军司令部移至“蓝岭”号上。海军司令部配置在舰艇上，不便于同中央司令部协调工作，于是它便在利雅得设立了中央司令部海军参谋机构，以便在中央司令部始终有海军的代表。与此同时，海军司令部还在利雅得设置了舰队协调组，以便与联合部队空中部队司令部共同处理空中作战事宜。设在利雅得的海军参谋机构后来虽然得到大幅度扩充，但与陆军参谋部和空军参谋部相比，其规模相对较小，高级军官的级别也比陆军和空军的低。参谋部规模与高级军官级别的不平衡，再加上海军司令部远离中央司令部，使在中央司令部的海军代表在全面协调与规划工作中难以代表海军的利益。

中央司令部陆战队司令由第 1 陆战远征部队司令兼任，统管陆战队岸上部队的战术指挥。为了对所属部队实施行政指挥，中央司令部陆战队配备了一名分管后方的副司令，在中央司令部里充当陆战队的代表。中央司令部陆战队向中央司令部司令提供联络军官和参谋人员，进行战术协调。第 1 陆战远征部队司令认为没有必要单独设立战术与行政指挥部门，他自己可以继续统管这两方面的工作，中央司令部司令给予他这种自主权。为了与其他军种司令充分协调，中央司令部陆战队向中央司令部陆军司令部、联合部队空中部队司令部和联军友邻部队派出了联络军官，并保持了通信联络。尽管只有一名司令，但有两个参谋班子分别处理行政与战术事务。由于陆战队的海上部队归中央司令部海军司令部指挥，为了协调两栖部队与陆战队岸上部队的行动，中央司令部陆战队于 1991 年 1 月中旬设立了一个前方司令部，并将其与中央司令部海军司令部配置在一起，以确保地面作战计划与两栖作战计划得到最充分的协调。

中央司令部特种作战司令部负责指挥由各军种抽调来支援中央司令部的特种作战部队。8 月初，中央司令部特种作战司令部在利雅得开设司令部，开始在战区部署部队。8 月中旬，该司令部迁往法赫德国王国际机场。为了与部署在沙特北部边界的联军部队协同作战，又在向北 480 千米处的哈立德国王军事城设立了一个前方指挥中心。随着“沙漠盾牌”行动发展为“沙漠风暴”行动，特种作战司令部又在伊拉克与沙特边界附近的阿尔阿尔设立了一个前方战术与通信中心，以加强战斗搜索与救援工作。特种作战司令部对特种部队的作战行动实施作战控制，各军种部队负责各自特种作战部队的行政与后勤支援。在特种作战司令部内还有英国特种作战部队的一个协调分队。英国的特种作战部队仍由本国指挥机构指挥，其作战控制权没有移交给中央司令部司令。尽管如此，他们还是被纳入了中央司令部和中央司令部特种作战部队的计划与军事行动中。

二、阿富汗战争

阿富汗战争期间，美军指挥机构历次调整。

2001 年 10 月至 2002 年 5 月，美军指挥体系整体按照总统—国防部长—

参联会主席—中央司令部—职能部队司令部这一指挥链路进行构建。同时，为了应对阿富汗境内简易爆炸装置对美军基地和美军部队造成的日益严重的威胁，美军组建联合反简易爆炸装备指挥机构。

阿富汗境内的美军部队，主要由中央司令部直接指挥控制，作战初期并没有设立中间指挥层次。为便于作战地域的直接指挥协调，自 2002 年 5 月起，美军在阿富汗境内设立了联合特遣司令部等中间指挥机构，强化了阿富汗战场的作战指挥控制。中间指挥机构虽然在具体组成及名称上有所变化，但其基本职能保持一致。自 2008 年 10 月起，美军依托中央司令部专门组建了驻阿富汗司令部。

2001—2002 年，阿富汗战争美军指挥体系如图 2 – 31 所示。

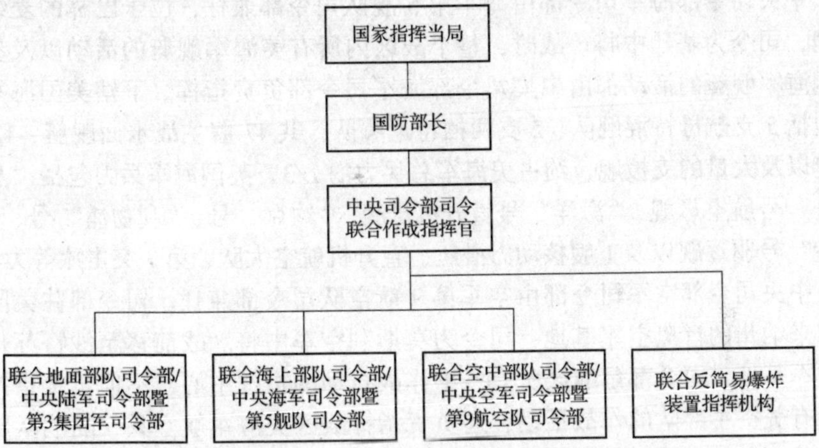

图 2 – 31　2001—2002 年阿富汗战争美军指挥体系

三、伊拉克战争①

中央总部负责对伊拉克的作战事务，统一指挥各部队的对伊作战行动。中央总部司令为汤米·弗兰克斯上将。2002 年 12 月，美军中央司令部正式迁往卡塔尔首都多哈西南郊约 20 千米处的赛利耶军事基地。中央总部下辖 5 个司令部：中央总部空军司令部、中央总部海军司令部、中央总部陆战队司令

① 胡海军，李春立．伊拉克战争研究［M］．北京：军事科学出版社，2003：25 – 29.

部、中央总部陆军司令部、中央总部特种作战司令部。

中央司令部陆军司令部由陆军第 3 集团军司令部兼任，司令部驻美国的佐治亚州麦克弗森堡，司令为麦克拉什陆军中将。战前移驻科威特的多哈基地。中央总部陆军司令部不仅负责指挥伊拉克战争所有陆军部队的作战行动，还负责指挥海军陆战队参战部队的作战行动。根据时任国防部长拉姆斯菲尔德签署的命令，中央总部陆军司令部在战区可指挥的部队包括：美国陆军第 1 装甲师、第 1 机械化步兵师、第 3 机械化步兵师、第 4 机械化步兵师、第 1 骑兵师、第 101 空中突击师、第 82 空降师、第 10 山地师和海军陆战队第 1 师、第 2 师等。英国陆军参战部队包括第 1 装甲师、第 7 装甲旅、第 16 空中突击旅等力量。

中央司令部海军司令部由海军第 5 舰队司令部兼任，位于巴林的麦纳麦基地，司令为基廷中将。战时，整个战区内所有美海军舰艇的活动以及参战盟国海军舰艇的活动都由中央司令部海军司令部负责指挥。下辖美国海军兵力包括 5 支航母特混舰队、2 支两栖特遣编队，共 47 艘主战水面舰艇、12 艘潜艇以及大量的支援舰，约占美海军总兵力的 1/3。英国海军兵力包括“皇家方舟”号航空母舰，“海洋”号直升机母舰，“约克”号、“利物浦”号、“爱丁堡”号驱逐舰以及 1 艘核动力潜艇、直升机航空大队、第 3 突击旅等力量。

中央司令部空军司令部由空军第 9 航空队司令部兼任。司令部驻美国南卡罗来纳州的肖奥空军基地，司令为莫斯利空军中将。战前移至沙特苏丹王子空军基地。司令部是战区所有空中作战行动的指挥中心，不但负责指挥战区所有美空军部队的作战活动，还负责指挥战区美海军航空兵、陆战队航空兵和陆军航空兵的一切作战活动。参战盟国部队的空中作战行动也由其指挥。下辖驻海湾地区的 10 支空军远征部队，包括驻沙特的第 363 远征联队，驻科威特的第 386 远征大队和第 332 远征大队，驻阿曼的第 355 远征大队、第 32 远征联队和第 405 远征联队，驻卡塔尔的第 379 远征联队，驻阿联酋的第 380 远征联队，驻迪戈加西亚的第 40 远征联队。驻土耳其因吉尔利克空军基地的第 39 远征联队建制上归欧洲总部空军司令部管辖，战时作战活动由中央总部空军司令部负责。

中央司令部海军陆战队司令部由太平洋陆战队司令部兼任，司令部驻加利福尼亚州的彭德尔顿兵营，司令为海尔斯顿中将。中央总部海军陆战队司令部前指设在巴林的麦纳麦基地。中央司令部海军陆战队司令部对战区的所有陆战队部队只负责行政领导，不负责作战指挥。战时，战区的所有陆战队地面作战部队的作战活动由中央司令部陆军司令部指挥，而所有陆战队的海上舰只的活动则由中央司令部海军司令部指挥。

中央司令部特种作战司令部驻美国佛罗里达州麦克迪尔空军基地。司令为凯兰德海军少将。战前移驻卡塔尔首都多哈西南郊赛利耶兵营，与中央总部前指同驻一地。该司令部统一指挥战区所有特种作战部队的作战行动，包括盟国特种作战部队的行动，还包括战区内的游击战、情报战、心理战和反恐作战等各种非正规作战任务。在战前美国就已经派出一定数量的特种作战人员深入伊拉克境内。

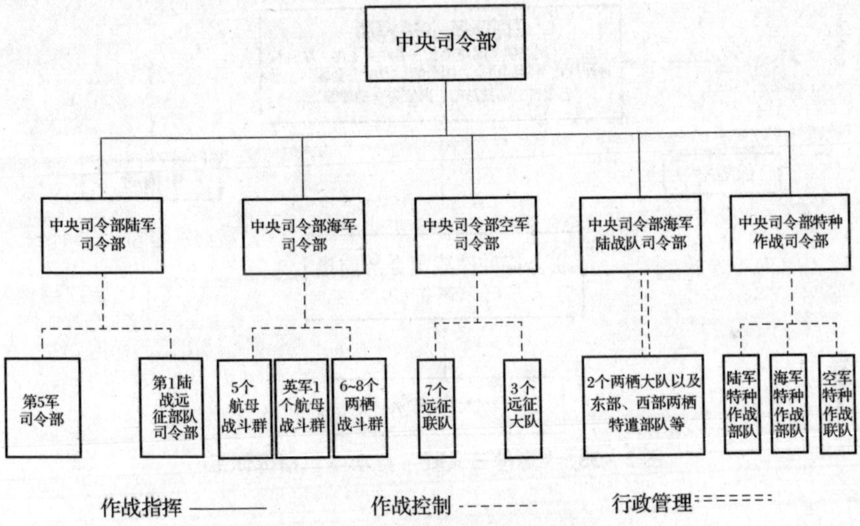

图 2－32　伊拉克战争美军指挥体系

四、"海神三叉戟"行动

2011 年 2 月，美情报机构侦获本·拉登藏身地址（位于巴基斯坦伊斯兰堡北约 100 千米阿伯塔巴德地区的一座院落内），5 月 1 日晚至 2 日凌晨，美军发动代号为"海神三叉戟"的特种作战行动，一举击毙"基地"组织头目本·拉登。

奥巴马授权美军特种作战司令部指挥官麦克雷文上将指挥这次行动。行动开始后，奥巴马等国家安全委员会成员在白宫实时监控战事进展；特种作战司令部司令麦克雷文在阿富汗贾拉拉巴德空军基地开设前方指挥所，对参战力量实施靠前指挥控制。在击毙本·拉登的过程中，麦克雷文越过地区司令部，直接指挥这次行动。

在击毙本·拉登行动中，美军在白宫开设"杰罗尼莫行动"的基本指挥所；中央情报局局长帕内塔率参谋班子，在中情局开设了一套机构，主要承担情报保障职能；麦克雷文在阿富汗开设前指。三者通过视频进行联系。联合特种作战司令官助理韦伯准将率参谋人员，在白宫情况室接收实时任务执行视频。保障室的视频来源于1架RQ－170无人机，该无人机在阿伯塔巴德上空1.5万英尺的高度拍摄现场画面。

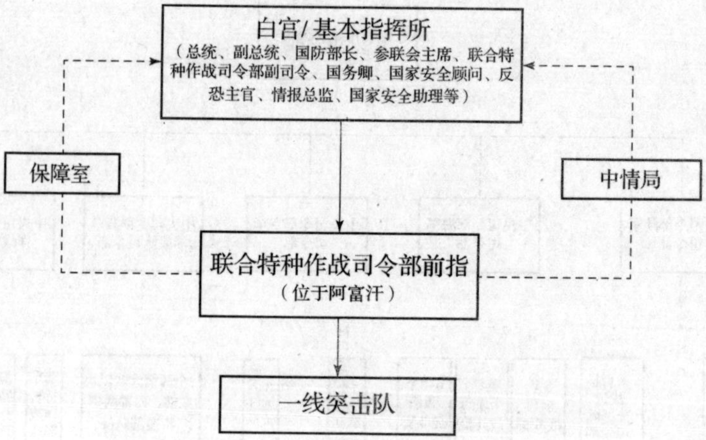

图2－33　"海神三叉戟"行动美军指挥体系

第六节　美军指挥体制主要特点

正确认识和把握美军指挥体系特点，有助于更深刻地了解美军指挥体系架构、编组模式和运作方式等情况。

一、注重"全域联合"，形成了分域联合、跨域联合、军地联合的联合指挥体系

战区、分域（美军称职能中心，如联合空中作战中心、联合地面作战中心，本书简称分域）、军种部队构成了美军战区联合作战指挥体系的基本架

构。在伊拉克战争中，美军就建立了中央总部，中央总部陆上、海上、空中作战中心和军种部队三级指挥体系。

美军注重联合作战的全方位、多层次、跨领域覆盖。联合作战指挥权集中于战区，但联合指挥活动不局限于战区，而是延伸到了军种任务部队。战区职能部队司令部统一控制和协调各军兵种作战行动，实现了域内联合；陆域、海域、空域互补增效、实时联动，实现了跨域联合；战略层次（参谋长联席会议及其联合参谋部）、战役层次（战区总部及其下属联合司令部）、战术层次（联合特遣部队司令部）一体化联合，实现了跨层次联合；军地之间、盟军之间建立了联合协作机制，实现了军地联合和多国联合。美军在各个层次、各个领域都实现了联合，但在联合的方式上有所不同。

战区联指注重“内聚式”联合。联合作战指挥机构统一设计、统一构建、统一编组，具有与生俱来的联合属性，是一个天然的统一指挥整体。各军种人员比例整体相当，司令员、副司令员和参谋长一般来自不同军种。战区与分域、军种部队实现了机构互融、系统互联、信息互通。通过体系化联合条令的规范、制度化联合法规的约束、精细化联合手册的指引、实战化联合训练的打造和优秀联合文化的熏陶，美军在战区层面实现了内聚式联合、一体化指挥。

分域中心注重“融入式”联合。并非所有战区都有固定的战区军种，其战区军种大多由集团军、航空队等单位兼任。在战区军种层面，美军通常会成立联合部队职能部队司令部，该司令部也具备一定的联合指挥能力。联合部队职能部队司令部通常依托某一军种指挥机构构建，同时吸纳其他军种和地方部门的代表，如联合空中作战中心包括战场协调组、海军与两栖部队联络分队、特种作战联络分队、陆战队联络分队等联络机构，以及政府组织、非政府组织、国际组织的代表。为加强联合部队职能部队司令部的指挥控制能力，各联络组通常会以嵌入的方式融入职能部队司令部各个部门。例如，在海湾战争中，战场协调组编有与空中指挥中心相对应的 7 个小组，即司令部组、作战组、计划组、情报组、防空组、空域管理组、空运组，每个小组 4 人，各小组分别与空中指挥中心的各个部门一起工作。通过临机融入的方式，职能部队司令部具备了较强的联合控制能力。

部队之间注重“协同式”联合。美军主要通过建立双向协调机制，来加强军种任务部队之间的联合。军种部队之间互派联络机构和人员，如陆军在向空军派出地面联络官、防空联络官、空域管理联络员的同时，空军也向陆军派出空中支援作战中心、战术空军控制组等机构。联络机构通常保持独立编组，主要担负沟通联络和控制协调的职责。如空军派遣的战术空军控制组通常配置于陆军师以下单位，其职责主要是加强陆空协调，就空中支援行动提出意见、建议等。通过互派联络机构，军种任务部队具备了一定的联合筹划与控制能力。

军地之间注重“协作式”联合。美军主要通过联合跨机构协调组、军民行动中心等机构协调军地行动。联合跨机构协调组由战区构建，主要负责战区层次的跨机构协调，包括与其他政府机构（如国防部、中央情报局或联邦调查局、财政部）进行协调；军民行动中心，主要负责军事组织与政府组织、民事组织的协调与合作。通过跨机构、跨部门的统筹协调，军地之间实现了协作式联合。

由以上特点可以看出，美军联合指挥活动并不局限于战区本级，而是延伸到了战术分队。各部队均具备申请、协调、配合、支援其他军兵种部队的作战筹划能力和指挥协调能力。这种能力为其实施“多域作战”“全域作战”奠定了指挥基础。

二、注重“分层控制”，形成了战区指挥、分域协调、部队控制的递阶指挥体系

美军强调集中指挥、统一指挥。作战指挥权只能集中于总统、国防部长和战区司令。战区总部是责任区内唯一最高指挥机构。通过统一指挥，美军有效弥合了军种缝隙，实现了各军兵种作战行动的有机融合。在强化战区总部统一指挥的同时，美军建立了较为复杂的树状指挥体系，并注重运用任务式指挥方式，实施分层控制。

美军联合作战指挥的重心在战区，战区总部负责统一指挥，是本责任区域内唯一最高“总指挥员”；联合作战协同的重心在分域，分域负责专项协调，是本领域范围内各军兵种作战行动的“总协调员”；作战控制的主体是部队，部队负责落实战术行动，是战术行动的“控制员”。该机制主要有以下三个特点。

一是统一指挥与分散指挥相结合。美军既注重指挥的统一性，又注重指挥的分散性。统一性主要体现在三个层面：战区层面，形成了对海、陆、空

部队的统一指挥；分域层面，形成了对陆域、海域、空域作战行动的统一协调；部队层面，形成了对隶属部队的统一控制。分散性主要体现在分领域指挥、分方向指挥、分专业指挥三个方面。分领域指挥，即将作战领域划分为陆域、海域、空域、太空域、网电域，分别由相应的职能中心或司令部实施指挥。分方向指挥，即区分不同方向、不同行动实施有重点的指挥，如成立下属联合司令部实施分方向指挥；成立联合特遣部队司令部实施专项行动指挥；派出机动指挥组实施机动指挥；派出战术指挥所实施先前指挥。分专业指挥，即强调军种专业指挥，各军兵种作战行动由本军种指挥员指挥。

对于统一指挥与分散指挥如何结合的问题，美军主要采取战役集权与战术分权相结合的方式。战区拥有作战指挥权，分域对隶属部队拥有作战控制权，对其他军种部队只能拥有战术控制权。作战指挥权、作战控制权、战术控制权的权力范围依次递减，作战指挥权只能集中于战区，而作战控制权、战术控制权可分散至各分域、各部队。分域中心具备联合功能，但没有决策权，是“加强版”的联合协调机构，对分域范围内的各军种作战行动实施统一控制和协调；是“弱化版”的联合指挥机构，负责提出与分域作战相关的意见、建议，辅助战区定下决心。战区负责定决心、下命令；分域负责提建议、报方案；部队负责控行动、提需求。凡是影响战略战役进程的重大问题均由战区统一指挥，部队需要积极配合分域，分域需要服从服务于战区。

二是分层指挥与一体指挥相结合。美军既注重指挥的层次性，又注重指挥的一体性。分层指挥、递阶控制是美军基本指挥方式。近年来，美军将陆军传统的战区陆军军种组成“司令部（集团军）—军—师—旅”四级指挥，调整为“战役指挥司令部—战术指挥司令部（包括军级和师级战术司令部）—旅级部队”三级指挥。可以看到，指挥纵向递阶层次在减少，但幅度有限，指挥依旧分层次进行。

分层指挥与一体指挥并不矛盾。美军战略、战役、战术指挥层次分明但互为一体，各负其责但实时交互。总统负责战略决策；参联会负责战略指导；战区负责战役指挥；分域负责统一协调；军种部队负责落实战术行动。战略指导、战役指挥、战术行动上下衔接、一脉相承，由总体到局部、由宏观到微观。从总体流程上看，指挥还是分层进行，但从各个指挥层级来看，各级都实现了指挥的一体化。战役指挥是参联会、战区、分域一体指挥的结果，战斗指挥是战区、分域、军种部队一体指挥的结果。

三是联合指挥与军种指挥相结合。美军既注重联合指挥，又注重军种指挥。美军强调任务式指挥，注重发挥军种指挥优长。军种并没有退出指挥链，仍是作战指挥不可或缺的重要环节。联合指挥以军种指挥为支撑，军种指挥以联合指挥为依据。联合指挥以联合筹划、联合控制、联合协同、联合保障为主要工作，突出指挥的“全域联合”，军种指挥以落实联合作战意图为核心，突出指挥的“专项联合”。联合指挥过程中会考虑军种能力和需求，听取军种意见，并明确军种任务、目标、实现路径、关键枢纽及相关标准要求等。军种指挥是联合指挥的“延伸”和“拓展”，联合指挥最终由军种指挥去落实、细化和完善。

由以上特点可以看出，美军并未刻意强调指挥体系的扁平化，指挥依旧分层次进行。不仅如此，实际上美军指挥体系较为庞大和复杂，也正是因为指挥体系的庞大复杂，才使得美军有冗余的机构和足够的指挥资源来应对复杂多变的作战任务，能够根据战时需要，灵活选择指挥机构、灵活构建指挥体系。

三、注重“整体运行”，形成了上下贯通、多级联动、网络互联的一体指挥体系

美军注重指挥体系的整体关联和一体化运行，通过统一指挥机构编成编组、规范联动指挥过程、建强网络支撑条件，美军上下级机构实现了一体运行，友邻军兵种指挥机构之间实现了交互联动。为畅通协调渠道、整合指挥职能、促进沟通联络，美军指挥机构编成编组采取相对统一的模式。

一是指挥机构统一设计、统一编组。为畅通协调渠道、整合指挥职能、促进沟通联络，美军指挥机构编成编组采取相对统一的模式。

在指挥编成上，采取相对一致的编成模式，通常设立基本指挥所、战术指挥所和机动指挥所。如战区陆军通常设立基本指挥所、应急指挥所；野战集团军通常设立基本指挥所、战役指挥所；军、师、旅等单位通常设立基本指挥所、战术指挥所和机动指挥所，必要时派出先遣指挥所（先遣指挥所并无固定编制，战时主要由战术指挥所派出，必要时吸收基本指挥所的人员和装备）。战役指挥所、战术指挥所职能角色趋同，属于同类指挥所，只是承担不同层次的指挥任务，简单来讲，战役指挥所相当于战役层次的“战术指挥所”。美军对基本指挥所、战术指挥所（战役指挥所）、机动指挥所的职责任务进行了明确规范。各部队基本指挥所、战术指挥所（战役指挥所）、机动指

挥所职能趋同。基本指挥所是实施指挥的主要场所；战术指挥所（战役指挥所）为实施先前指挥、靠前指挥、专项指挥、辅助指挥提供了灵活性；机动指挥所为主要指挥官实施机动指挥、靠前指挥提供了灵活性。

在指挥编组上，采取相对一致的编组模式，联合参谋部、战区总部通常设立人事、情报、作战、计划、后勤、C4 作战等部门；陆军战役、战术、旅等指挥机构也有相对应的情报、作战、后勤、C4 作战等部门。

参联会下属联合参谋部，下设 8 个职能部、1 个管理部和 3 个指挥中心。具体第二章第 1 节有介绍，这里不再赘述。

战区总部。通常设立人事、情报、作战、计划、后勤、通信等部门。人事、情报、作战、计划、后勤、通信部门与参联会联合参谋部以及军种参谋部相关部门设置相对一致。具体来讲，人力与人事部门负责人力、人事和行政管理，上与联合参谋部的人力人事部发生业务联系，下与军种参谋部的人事部门发生业务联系。情报部门负责本战区的情报搜集与信息作战行动，上与联合参谋部的情报部发生业务联系，下与军种参谋部的情报部门发生业务联系。作战部门负责本战区的作战训练、计划与实施，上与联合参谋部的作战部发生业务联系，下与军种参谋部的作战与计划部门发生业务联系。后勤部门负责本战区的作战后勤保障，上与联合参谋部的后勤部发生业务联系，下与军种参谋部的后勤部门发生业务联系。计划部门负责制定战区战略和各种政策、处理相关事务等，上与联合参谋部的战略计划与政策部、部队结构/资源与评估部发生业务联系，下与军种参谋部的民事、公共事务部门发生业务联系。通信部负责指挥、控制、通信与计算机系统管理与保障，上与联合参谋部发生业务联系，下与军种部队的通信部门发生业务联系。

陆军战役、战术、旅指挥机构。该机构通常都设立情报、作战、火力、防护、后勤等部门。情报、作战、后勤等部门分别与战区总部、其他军种指挥机构相关部门相对应。

由以上特点可以看出，美军在各指挥层级采取相对统一的编成编组方式，这样有利于指挥机构的统一设计，有利于信息的沟通与协调，为机构之间的联动运行创造了条件。

二是指挥体系网络互联、联动运行。战区、分域、军种部队基于网络化信息系统，同步共享态势数据，统一规划任务清单，共同设计作战行动，协商制定目标清单，并行拟制作战计划，实现了战略、战役、战术行动的一体化设计、一体化筹划、一体化协同和一体化保障。各层级都实现了一体化指挥，但各层级上下联动运行的组织方式有所区别。

战区层面，战区主导，分域联动，部队适时参与。战区组织指挥过程中，战区指挥官是核心，是主导。战区指挥官主导联合战役方向、联合战役进程和联合战役结果，战役方向、战役目标、战役重心、兵力分配、战法运用等重大问题均由战区指挥官最终确定。指挥过程中，战区同步考虑分域和任务部队作战能力和作战需求，同步设计分域战役行动和重点任务部队战术行动，协调解决分域、任务部队的主要困难；分域同步参与战区筹划，适时提出相关意见建议，并根据战役筹划进程同步研判本级情况、提出本级构想、拟制本级方案，为联合作战方案的细化完善提供兵力和行动支撑，为战役行动的可行性和有效性提供佐证分析。军种部队根据战区需要适时参与联动筹划，提出本级建议，上报本级方案。

分域层面，战区指导，分域主导，部队适时参与。分域层面，美军主要通过建立职能部队司令部来体现。职能司令部包括联合地面部队司令部、联合空中部队司令部、联合海上部队司令部等。职能司令部负责本领域各军兵种行动的统一控制和协调。类似于我军战区分域作战中心的职能。分域指挥运行过程中，分域指挥官是核心，是主导。分域负责制订分域作战计划，主导分域作战筹划，并统一协调各军兵种本领域范围内的作战问题，但没有决策权，目标清单、方案计划、兵力分配必须报战区指挥官批准。分域对本军种隶属部队行使作战控制权，对其他军兵种部队行使战术控制权。筹划过程中，要以联合筹划为依据，接受战区指导，落实战区要求，并关照其他军种部队需求。部队通过提交支援申请、制定联合一体化优先目标清单等方式适时参与分域组织筹划和控制活动。

部队层面，战区指导，部队主导，分域适时参与形式。在部队指挥机构运行过程中，部队指挥官是核心，是主导。部队指挥官主导筹划进程和筹划结果，有决策权，但必须接受战区的命令指示和作战指导，以及分域的统一控制和协调。分域同步参与部队指挥活动，部队提出的支援申请由分域统一衡量、统一排序，部队作战行动由分域统一控制、统一协调。

四、注重“专职打仗”，形成了平战一体、编制固定、全球部署的健全指挥体系

美军指挥机构平战一体、编制固定，战役指挥机构注重专向建设、专向部署，战术指挥机构注重面向全球、动态部署。从整体上看，美军在战略、战役、战术各个层次都建立了常态化指挥机构，形成了较为完善的作战指挥体系。

需要说明的是，美军指挥机构构建于平时，不是临时成立、临时派遣。战区总部、集团军、军、师、旅等指挥机构平时就常态化运行，是平战一体的，并且以编制表的法定形式明确了人员的构成，形成了相对固定的编成编组模式。

美军战役指挥机构大多为纯粹的指挥机构，平时不辖部队，战时根据作战需要由军种部队提供作战部队。战役指挥机构任务明确，主要针对辖区任务进行专向建设、专向部署，通常不进行轮换或跨区域部署。这样有利于保持战役指挥的专业性和稳定性。战区总部的任务相对明确，有相对固定的作战区域、作战对象和任务使命，通常不会跨战区进行指挥。陆军集团军通常作为战区总部陆军司令部使用，也有固定的作战区域、作战对象和任务使命，通常也不会跨战区进行指挥。例如，第 3 集团军驻佐治亚州麦克弗森堡，战时主要面向中东地区进行部署。另外，空军航空队、海军舰队，也有相对固定的作战区域、作战对象和任务使命，通常也不进行跨战区部署。

不同于战役指挥机构，战术指挥机构面向全球、动态部署。陆军师、旅，空军飞行联队、大队等单位作战任务并不固定，其指挥机构面向全球，进行动态部署。如伊拉克战争中，美军第 3 机步师是地面突击的主力，但其实际职能任务并不局限于中东地区，而是面向全球进行动态部署。陆军军、师等战术指挥机构是纯粹的指挥机构，战时所辖兵力也并不固定，这样为面向全球，进行作战力量的灵活编组与配置创造了条件。

通过以上分析，可以看出，美军指挥机构构建于平时，且常态化运行，有固定的编制。战役指挥机构任务相对固定，战术指挥机构任务多变。

五、注重“任务牵引”，形成了层级简明、一专多能、弹性可调的灵活指挥体系

美军指挥体系并没有固定不变的模式。从历次局部战争来看，每一次作战，美军指挥体系都不相同。美军注重根据任务、敌情和战场环境等具体情况，构建层级简明的弹性指挥体系。

一是指挥职能清晰、层级简明。美军指挥依旧分层进行，但在构建指挥体系时，注重指挥机构职能的合并和指挥层级的适当简化。美军将陆军传统的战区陆军军种组成“司令部—军—师—旅”四级指挥，调整为“战役指挥司令部—战术指挥司令部—旅级部队”三级指挥。陆军战役指挥司令部，由原战区陆军司令部和集团军司令部整合而成，第3、5、6、7集团军分别为美军中央总部、北方总部、南方总部、欧洲总部所属的战区陆军，平时无直辖作战部队，但指挥机构齐全，根据作战需要可随时调用陆军作战部队。战术司令部由军、师两级司令部构成。其中，军司令部为中级战术司令部，主要用于较大规模战术行动的指挥与控制；师司令部主要用于一般规模战术行动的指挥与控制。通过对集团军、军、师级指挥机构指挥职能的界定，美军清晰勾画出“战役指挥—战术指挥—旅”三级陆军指挥链路。

二是机构一专多能、职能复合。美军指挥机构任务并非固定不变，而是根据作战任务性质、作战任务规模大小进行动态调整。既可能担负本职能范围内的指挥任务，也可能担负更大职能范围内的指挥任务；既可能指挥隶属部队，也可能指挥配属和支援部队。指挥机构职能的多样化，为指挥体系的动态调整、灵活部署提供了有力支撑。以集团军为例，一般情况下，集团军履行战区陆军司令部职能，对隶属、配属陆军部队行使作战控制权；当需要建立职能司令部时，可拓展成为战区地面作战司令部；当作战规模较小时，可能以集团军指挥机构为基础成立联合特遣部队司令部，对所属力量行使作战指挥权或作战控制权。

三是体系灵活构建、弹性可调。美军联合作战指挥体系依据任务需要进行动态调整。战区司令通常通过下属军种司令部、联合司令部、职能司令部、联合特遣部队司令部等机构行使指挥权。下属联合司令部、职能司令部、联合特遣部队司令部通常根据作战需要临时构建，并非平时就存在，也并非战时均要构建。

作战任务规模较大时，美军可组建“白宫—战区总部—战区职能部队司令部—军—师—旅—营”七级指挥体系。如伊拉克战争，中央司令部下设中央司令部陆军司令部、中央司令部空军司令部、中央司令部海军司令部、中央司令部海军陆战队司令部、中央司令部特种作战司令部等5个军种司令部，中央司令部陆军司令部又下设陆军第5军司令部，第5军司令部负责指挥第3机步师、101空中突击师、82空降师、第11航空特遣队等力量，第3机步师又负责指挥第1、第2、第3重型旅等力量，重型旅负责指挥所属作战营、侦察营、炮兵营、支援营等力量。

作战任务规模较小时，美军可组建“白宫—战区—作战分队”三级指挥体系。例如，在击毙本·拉登行动中，建立了“白宫—联合特种作战司令部前指——线突击分队”三级指挥体系。在白宫开设“杰罗尼莫行动”的基本指挥所，在阿富汗贾拉拉巴德空军基地开设前方指挥所。国防部长、参联会主席、中情局局长在白宫辅助总统实施指挥。帕内塔率参谋班子，在中情局也开设了一套机构，主要承担情报支援职能。联合特种作战司令部副司令韦伯率参谋班子，将毗邻白宫特情室的一间办公室布置为保障室。

在某一方向独立作战时，组建下属联合司令部或联合特遣部队司令部。如伊拉克战争中，为开辟北线战场，美军中央总部以陆军第10特种作战大队为基础，组建了北方联合特种作战特遣部队，代号“海盗特遣部队”，司令部在该大队队部基础上组建，所辖力量包括陆军第10特种作战大队第2营、第3营，第3特种作战大队第3营，第14步兵团第2营，心理战和民事分队，第173空降旅及海军陆战队第26远征分队部分力量，总兵力5200余人。

通过上述战例可以看出，美军指挥体系并非有固定的模式，其战区以下指挥体系的构建较为灵活，这主要来源于其指挥机构本身职能任务的多样性，以及作战任务本身的需要。这实际上反映了指挥作战的一般规律，并非美军特色性做法。世界主要军事强国均强调依据作战任务需要和战场实际情况，灵活构建指挥体系。

六、注重“养用分离”，形成了文官统治、相互制衡、互为依托的分权指挥体系

美军实行军令、军政双轨制，“养兵”与“用兵”相区分。

一是军种养兵，战区用兵，参联会管总。美国高层领导管理体制即军政

系统，主要职能是“养兵”，由总统和国防部长通过军种部统管军队建设。包括制定国防政策、国防预算、兵力规划，负责部队的行政管理、战备训练、武器装备采购等。军政系统以文职人员为主，这些人员在一个岗位上一待就是10年、20年，有利于其专业水平的提高。国防部机构庞大，以文职人员为主。截至2007年9月底，国防部共有各类人员10万余人。其中，文职人员97000人，占总人数的近94%。

军令系统负责用兵。美军联合作战指挥体制即军令系统，主要职能是“用兵”，由总统和国防部长通过参联会对各联合司令部及作战部队实施作战指挥。军令系统以军职人员为主，军官平均每两三年就转换一个岗位，有利于增加阅历，积累经验，增强应对战场复杂情况的能力。

“养兵”系统通常行政事务多，庞杂琐碎，讲究的是分工细，权力分散。“用兵”系统通常机构单一，业务单纯，讲究的是权力高度集中。美军实行军政、军令系统分开的体制，正是考虑到两者的不同特点和不同要求，避免两个系统混在一起，相互牵制。

美军军政军令分开不是绝对的，而是相对的。这种相对性主要表现在：第一，从美军的整个组织体系来看，在总统—国防部长—军种部及国防部业务局/参联会及联合司令部—军种组成部队几个层级中，军政军令分开只发生在中间层，即国防部长以下、军种组成部队以上。军政系统从军种部、国防部业务局走，军令系统从参联会、联合司令部走，而在其之上的总统和国防部长，以及在其之下的军种组成部队，军政与军令从来就是合一的。

参联会负责战略管总。参联会是从组织上维系“养兵”系统和“用兵”系统的重要纽带。参联会的这个作用与它在美军领导指挥体制中居于十分独特的地位有关：它在作战指挥链上，却不构成一个单独的环节，没有作战指挥权；它不在行政管理链上，却对军队建设和行政管理具有重要的指导作用，可有效介入预算和采办等资源分配领域。联合司令部对各军种部队作战能力的需求，军种部对本军种部队培养训练的方向和目标，都通过参联会有机地结合起来。

二是文官统治，军事与非军事机构相互制衡。总统、国防部长、国家安全委员会、参谋长联席会议、军种部、联合司令部等机构和人员构成了美国国防指挥体制。从整体上看，这些机构相互制衡，没有出现权力绝对集中的单位。

总统是美国最高统帅，兼任武装部队总司令。国防部长，拥有作战指挥权，但不是现役军人。国防部长本人是文职，而且按有关规定，军人退出现役不满10年者不得被任命为国防部长。虽然是文职，但国防部长具有作战指挥权。其任务是向总统提供与国家安全有关的内政、外交和军事政策的综合建议，以便使军事部门和政府其他部、局在国家安全事务上进行更有效的合作。

国家安全委员会是最高决策机构，但不负责组织作战。

参谋长联席会议是总统和国防部长的最高军事咨询机构，没有作战指挥权，只有决策建议权。参谋长联席会议主席只是总统、国防部长的军事顾问，真正有权向联合司令部下达命令的只有总统和国防部长。但在实际指挥体系运行中，总统、国防部长通过参谋长联席会议向联合司令部下达命令。

各军种在美军指挥体系中，贯彻了文官治军原则，陆、海、空三军军种部长均为文官，军种部里二号人物陆军参谋长、海军作战部长、海军陆战队司令、空军参谋长才是军人。也就是说，军人当不了军种最高层的主官。

从以上内容可以看出，美军指挥体系中，没有出现“一家独大”的机构，美军也没有统率三军的“总参谋部”，各机构权力相对分散。总统、国防部长虽然有作战指挥权，但并不是现役军人；联合司令部有作战指挥权，但需接受参联会的指导与监督；参联会由现役最高军事人员组成，但没有作战指挥权，是沟通战略与战役的重要桥梁，拥有决策建议权；各军种部长统领军种日常建设，没有作战指挥权，军种参谋长战时进入参联会，同样没有作战指挥权。

第三章 美军陆空联合作战组织流程

美军十分注重作战的技术、战术和程序。强调作战计划的实施，是一个反复调整、不断修正的过程，不是线性的程序化推进。

美军陆空联合作战主要在战区、军种/职能部队、部队三个层级进行组织，三个层级担负着不同的指挥、控制和协调职责。战区联指负责制订联合作战计划，审批联合一体化优先目标清单，定下空中兵力分配的决心，建立支援与被支援关系，下达作战命令，明确相关指示和限制条件，决定着陆空联合作战的“目标与方向”；军种/职能部队指挥机构负责制订联合空中作战计划、联合地面作战计划、空中管制计划、协调空中支援申请、提交联合一体优先目标清单草案，决定着陆空联合作战的“组织与实施”；部队指挥机构负责提出空中支援申请，拟制火力支援计划和相关保障计划，决定着陆空联合行动的“战术效果”。因此，美军陆空联合作战实际上有三条指挥线，一是联合作战指挥线；二是军种指挥线；三是部队指挥线。

美军强调各军兵种一体化行动，通常并不存在单独的陆空联合作战指挥流程，陆空联合作战的组织与实施实际上是融入上述三条指挥线之中。这三条指挥线存在时间上的先后顺序，但具体实施过程中既可能是依次进行的，也可能是并行开展、交叉进行的，相互之间互为依托、不可分割。剖析美军陆空联合作战的组织流程，就是要深入分析各个层级的指挥活动，找出三条指挥线中关于陆空组织筹划的关联点，厘清关联点相互之间的关系。下文主要以空军支援行动为主，对陆空联合作战组织流程进行梳理。需要说明的是，下述流程是为理解的方便，并非单独存在，下述七个步骤（见本章第一节至第七节）实际上是融入美军通用指挥流程之中的，都要遵循启动筹划任务分析、拟制方案、分析方案、比较方案、审批方案、制订计划或命令的一般指挥流程。

第一节　接受任务，分析空中支援需求

需求牵引行动。获取空中支援，首先需要确定空中支援的需求。陆军部队并不是什么时间、什么地点都需要空中支援；空军部队也不是任何时候、在任何地域都有能力实施空中支援。因此，必须根据战场形势和部队任务，权衡利弊，综合分析，兼顾需求与可能、代价与风险，科学合理地确定空中支援的时机、地点和架次。

一、确定空中支援需求的机构

一般来讲，空中支援需求是由受援部队根据上级意图、作战任务、作战能力、作战条件等情况提出来的。联合部队指挥官也可能根据任务性质直接确定航空力量近距支援地面部队行动的需求。所以，空中支援需求的提出并不一定是受援部队主动而为，也可能是根据任务性质，在联合行动的大背景下，由上级机构全盘统筹、主动设计的结果。但无论怎样，支援需求的最终提出都需要经过受援部队的计划和权衡。具体人员包括：指挥官、情报军官、作战参谋、火力支援协调员、空域管控人员、空军联络官、气象官。位于受援部队的空中支援作战中心、战术空军控制组等空军协调联络人员为地面部队提供专业化的意见建议，协助地面部队指挥官合理确定空中支援需求。

二、提出空中支援需求的时机

通常来讲，受援部队在拟制作战计划的过程中，会综合考虑任务性质、建制火力、支援火力、空中指挥控制资源、可能得到的空中支援力量、气象、地形等多种因素，并在听取空军联络官、联合终端控制员等人员建议的基础上，合理确定空中支援的需求。确定空中支援的需求是在拟制本级作战计划的过程中完成的，这样可以将空中支援行动纳入本级火力打击行动、机动计划之中，确保计划拟制工作从一开始就是军种联合、有机融合的。

美军筹划流程一般分启动筹划、任务分析、拟制方案、分析方案/兵棋推演、比较方案、审批方案、制订计划或命令等七个主要阶段。空中支援需求的提出，是在上述流程步骤中完成的。通常来讲，在任务分析阶段，计划人员根据指挥员的意图和相关指标，在分析任务、打击目标和敌情、我情、战场环境情况的基础上，会形成并提交初步空中支援申请。在拟制方案、分析方案的过程中，还会不断修正、更新或重新提出空中支援申请。因此，提出空中支援申请的时机并非固定不变的，既可能在任务分析阶段，也可能在后续拟制方案的过程中。提出空中支援申请是一个持续性的工作，并非一步到位，随着筹划进程的深入，申请单位可能会更新调整申请信息。但无论如何，申请单位需要按照空中任务的分配周期和相关时限要求，按时提交申请。没有按空军明确的时间节点按时提交的申请，将进入下一轮分配周期或者进入紧急申请流程。

三、确定空中支援需求的方法

确定空中支援需求，开始于接受任务和分析任务。接受上级下达的作战命令后，本级就开始分析任务、搜集情报，进而做出判断、确定需求。计划拟制人员首先要理解上级作战企图和本级作战任务，包括指挥官的作战构想、火力构想，特别是要关注命令中关于空中作战的内容，包括空中兵力分配决定、空中任务指令、空域控制命令、支援申请时限、观察计划、通信计划、特别指示等。计划人员必须充分了解空中支援的特点，熟悉空中支援的相关要求，及其在地面作战中的地位与作用，在充分考虑敌情、地形、天候等因素的基础上，就要草拟并提交初步的空中支援请求。在获得更多的细节后，还可以对初步提交的请求做进一步的完善。

第二节　拟制方案，提出空中支援申请

在接到指挥官指示后，参谋人员即开始拟制、评估和优选作战方案。在拟制方案的过程中，计划人员围绕指挥官的作战意图，以及对空中支援力量运用的初步设想，在进一步了解敌情、我情和战场环境情况的基础上，综合分析空中支援的效能与风险、有利与不利条件，制订空中力量运用的多种方案并绘制每一个行动方案的示意图。每一方案都要说明空中力量运用的最佳时机，空中支援的优先顺序，空中力量作战区域和打击目标，空域管制和火力协调措施，空中支援力量的指挥、控制与引导等事项。

拟制方案的同时，计划人员还要对方案进行分析和模拟推演。通过推演，

检验每一方案的优缺点，并对方案中存在的问题进行修改。在检验作战方案的同时，计划人员还要检验每一方案中空中支援力量运用的效果，确定每一方案中空中支援的优缺点，对其进行初步的战术风险评估。在评估优选方案后，计划人员确定最终空中支援申请，对已经提交或准备提交的支援申请做进一步的修改完善。

需要指出的是，美军并不是在拟制方案并形成命令后，才向联合空中作战中心提交航空支援申请，而是在筹划过程中，一旦确定了近距空中支援申请需求，计划拟制人员就会根据联合空中作战中心的时限要求（正式下达空中任务的24小时之前）提交近距空中支援申请。所以，美军是在任务分析、拟制方案过程中确定空中支援需求，并根据新的战场情况、方案推演结果和空军部队的反馈信息，不断地调整空中支援申请和相关实施计划。确定空中支援需求与拟制作战方案同步推进，又相互影响、相互融合。

确定支援需求后，陆军各级部队就要在规定的空中任务分配周期内提出空中支援申请。提出空中支援申请主要有两种情况：一是预有计划的空中支援；二是紧急情况下的空中支援。预有计划和紧急申请只是相对于空中任务分配周期而言，在联合空中任务分配周期内提出的申请，并且得到批准的请求才是预有计划的请求。错过了联合空中任务分配周期，但需要立即实施的，一般认为是紧急情况下的空中支援。无论是一般情况下还是紧急情况下，美军空中支援的组织实施实际上都强调预有计划、提前准备。预有计划的支援，飞机起飞前或空中待战时，打击目标、打击区域、打击时机等事项相对明确具体。紧急情况下的支援，飞机临时受领支援任务，筹划准备时间相对较短，对于打击目标、打击区域、打击时机等事项可能并不掌握，需要根据紧急情况，临时确定上述事项。

一、一般情况的申请程序

在空中任务分配周期时限范围内，陆军各级部队都要与位于本级的空军协调机构或人员共同协商确定本级的空中支援申请，而后将支援申请通过本级火力网上传至上一级单位，由上一级单位进行进一步审查和整合。具体流程是：营指挥官同位于本级的战术空军控制组共同协商确定空中支援的申请，并将申请以报告的形式上报至旅战术作战中心，旅战术作战中心同位于本级的战术空军控制组协商后，对申请进行评估，对合理的支援进行排序，对无法满足或不合理的申请做出说明。火力部门具体负责汇总下属部队的支援申请，并拟制总的支援申请。随后，将支援申请按陆军指挥渠道逐级上报、逐级汇总，最终请求由战场协调分遣队近距离转交至联合空中作战中心。支援申请一般通过高级野战炮兵战术数据系统进行数字传输，也可直接输入战区战斗管理核心系统。在提交支援申请的过程中，美军强调以下四点。

优先级别。美军要求每一份申请计划都设定目标的优先级别，将目标请求按照重要性从高到低进行排列。这样便于上级指挥官对下属各部队的支援申请进行优先排序。如果支援申请在各级指挥链上都保持较高的优先级别，那么这个支援申请最终很有可能会正式列入空中任务指令中。

细节数量。美军要求支援申请尽可能地详细具体。若有可能，请求单位应该明确目标、位置、对目标打击时间，以及其他一些跟任务有关的数据（如弹药、火力支援协调措施）。这些信息可以提供更为有效的协同，而且有了这些数据，飞机更有可能携带适合的武器打击指定目标。

及时性。美军强调，支援申请计划必须适应联合空中作战中心的作战节奏，在联合空中任务分配周期的计划拟制阶段结束前提交。也就是说，预先的计划申请需要在规定的时限范围内完成，要注重时效性，不能超过截止时间。如何确保申请计划的合理性和时效性，美军认为在空中任务指令截止时间之前并不一定总能得到高质量的细节信息，为此，预先计划的请求可以是一种预期请求，提出请求的指挥官提供一个时间范围、可能的目标类型以及可能需要空中支援的地点，然后随着战役战斗进程再协调具体的时间和地点。随着情况的发展，更新的请求可以提交给联合空中作战中心、空中支援作战中心等单位。

提交。每个单位的计划拟制人员综合其近距空中支援请求，然后与其他空中支援请求一起，交给其上一级司令部。上一级司令部的指挥官和参谋人员综合所有请求，给予批准或者拒绝。被拒绝的请求会被发回提出请求的单位，同时附上拒绝的原因。批准的请求会重新审视其优先程度，并根据地面指挥官的希望，给予新的优先级别。经批准和区分了优先顺序的请求会转送到联合空中作战中心，以进入空中任务指令计划周期。

二、紧急情况的申请程序

紧急情况下，美陆军地面部队主要通过三种方法获取空中支援。

第一种方法，陆军地面部队指挥官与战术空军控制组直接联络，由后者指挥控制空中待战飞机实施紧急支援。该方式的前提是，战术空军控制组提前得到授权，能够有权指挥待战飞机。

第二种方法，陆军部队指挥官将申请递交至空中支援作战中心，后者调整预定的近距空中支援任务，分配必要的空中支援力量应对出现的紧急情况。

第三种方法，陆军部队指挥官将申请递交至空中支援作战中心，当没有可利用的空中资源时，空中支援作战中心将申请递交至联合空中作战中心或空中预警机，由后者在更大范围调派飞机实施支援。

在这种情况下，陆军与空军部队将打破常规的协调程序，启用紧急情况下的申请程序。紧急申请程序如下。

陆军部队将支援申请转达给配置于本级的战术空军控制组，后者通过空军火力申请网直接上报至空军支援作战中心，中间越过的陆军指挥官、空军联络官对部队的申请报告进行监听，可以默认或取消该支援申请，若中间级别司令部不发表任何意见，则代表他们同意该请求。在与配置在一起的陆军司令部协调后，空中支援作战中心指挥、控制空中待战飞机实施紧急航空火力支援。当控制范围内的空中作战力量不够用时，空军支援作战中心将支援申请汇报至联合空中作战中心、联队作战中心等机构，或者递交至空中预警机、控制与报知中心，由后者在更大的范围内调遣作战飞机实施紧急航空火力支援。为加快响应速度，空军支援作战中心可能将处置紧急情况的权限下放至战术空军控制组。紧急近距空中支援典型流程如图 3 – 1 所示。

特殊情况下，如信息系统遭敌破坏，陆军上下级机构无法取得联系，或空军支援作战中心与下属的战术空军控制组无法联络，陆军与空军部队将利用可能的申请渠道上报支援申请。此时，陆军部队可能通过空军火力申请网和陆军指挥渠道交叉提出支援申请。

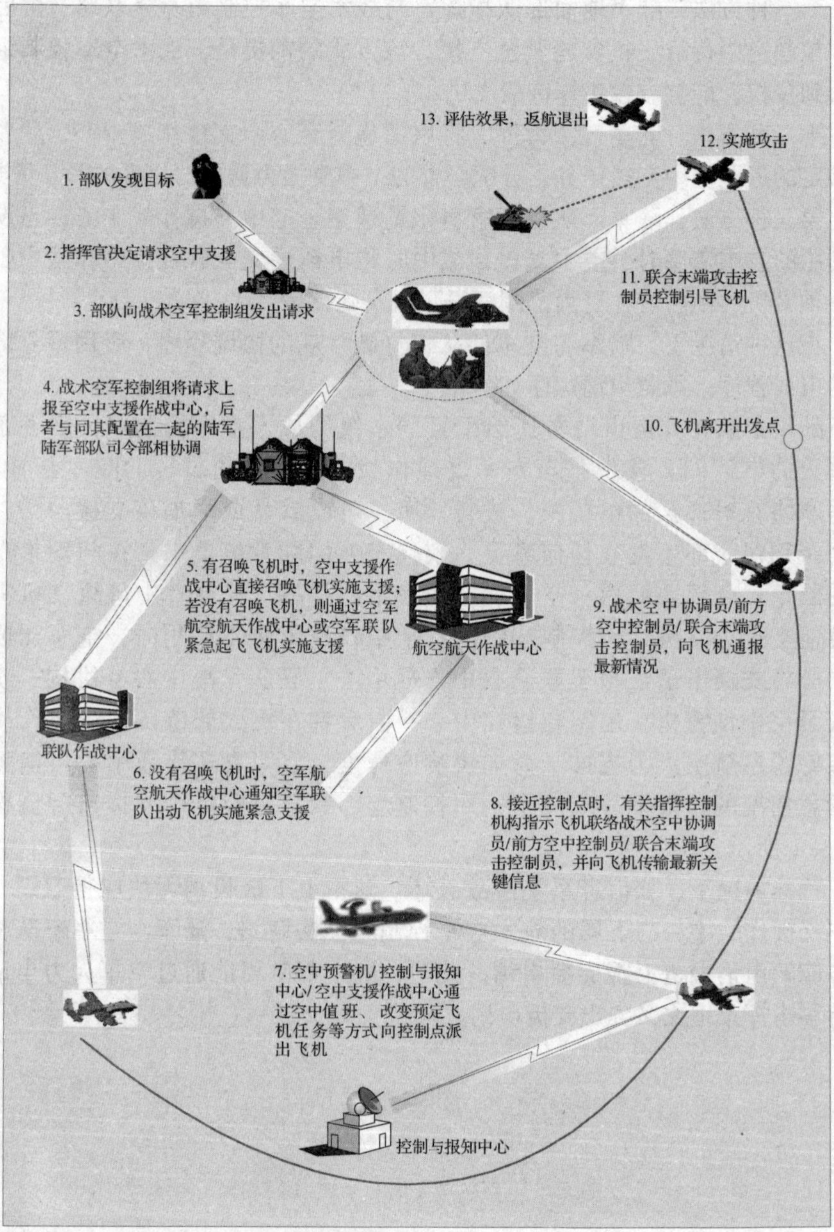

图 3－1　紧急近距空中支援流程

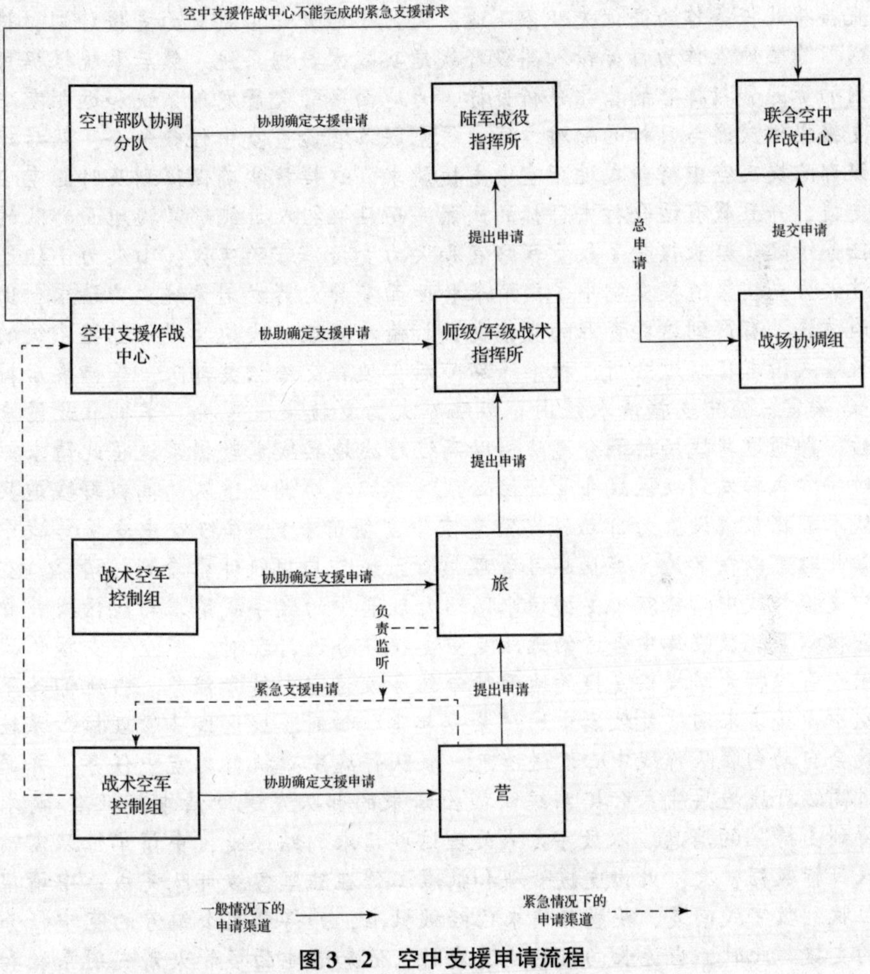

图 3－2　空中支援申请流程

紧急近距空中支援请求的计划工作①

某作战旅接到可靠情报，称其作战区域内可能藏有武器。于是该旅向其下属的一个营发布预先号令，命令其6小时内封锁并搜查该地区。旅长直接将此任务作为高优先任务下达。火力小组开始拟制火力支援计划，将武器隐藏地点作为目标输入高级野战炮兵战术数据系统。然后系统根据可用的资源和指挥官的指导分析目标，为地面多管火箭发射系统和近距空中支援提供武器与目标的配对方案。航空联络官检查空中任务命令，然后建议部队提交空中待命式近距空中支援请求。这样就能确保得到及时的空中支援，并且载有适合打击目标的武器，而且机组人员能够掌握地面部队的任务情况。旅长接受了航空联络官和火力支援军官的建议，由火力小组通过火力支援渠道提交空中支援请求和地面多管火箭发射系统火力请求，因为该旅没有得到这些资源的直接支援。输入高级野战炮兵战术数据系统的数字式请求在经过分析、批准等环节后，被转交给相关部队，等待最后批准/决定。空中支援请求经由军级陆军火力支援渠道审批。军批准此请求后，即通过其战场协调分遣队借助高级野战炮兵战术数据系统将此请求以数字方式转发到战区战斗管理核心系统（战场协调分遣队的高级野战炮兵战术数据系统设置为自动转发紧急空中支援请求）。军级空中支援作战中心此时可以在名为“战区战斗管理核心系统”应用软件中看到该请求。空中支援作战中心将空中支援请求网络处理器中的数字式请求与战区战斗管理核心系统数据库中合适的近距空中支援任务进行配对。军空中支援作战中心有权将为军提供支援的地面待命任务改为空中待命任务。当他们按下空中支援请求网络处理器中的“紧急起飞”键时，战区战斗管理核心系统就会自动向联队作战中心发送消息。联队作战中心执行其空中任务，并通过高级野战炮兵战术数据系统向提出请求的部队发送“请求获批准/请求得到支持”的消息。以数字方式处理这些请求的结果是，申请单位只需输入目标数据一次；火力支援处理和批准工作在陆军各级部队完成；申请单位收到数字式回复，获悉其请求已经被批准，并得到某个编号的空中任务的支援。此时，当连长向目的地进发时，他知道地面多管火箭发射系统和近距空中支援都已经做好支援其任务的准备。

——根据多种来源整理

① 万福明，储琴，徐立东．美军第3－09.3号．近距空中支援［M］．北京：军事谊文出版社，2013：118.

第三节　召开会议，定下兵力分配决心

兵力分配决心，是战区司令对各军种所属作战力量进行的分配。美军的兵力分配不是一步到位的，而是依据战场形势阶段性调整的，经历了一个由概略到精确、由模糊到清晰的过程。美军的空中兵力分配可以认为有三个阶段。

一是制订联合空中计划，对空中兵力运用进行阶段上的划分和总体上的安排；二是制订空中主攻击计划，定下某一作战阶段内兵力运用的优先顺序或兵力分配的百分比；三是制定空中任务指令，依照兵力分配决心和联合一体化优先目标清单，对每一架次的空中兵力运用进行详细规定。

本节所阐述的兵力分配，是一种概略分配，是对兵力运用重点的区分，是对作战行动优先顺序的排序，不同于本章第五节的空中任务指令，后者是对某一时间段内所有空中任务的详细规定，精确到了每一架飞机、每一次空中行动。

由于制空权对现代战争的重要性，以及航空资源本身的宝贵性，美军十分重视航空资源的分配。联合作战中，美军战区司令拥有最终的兵力分配权。战区司令针对战场形势，对空中兵力进行合理区分，以支援联合作战计划的实施。战区司令要确保联合空中作战的重点与联合战役计划的内容相一致。

美军通常围绕战役战斗的重要程度来组织空中兵力的分配，不同的作战区域、不同的作战任务、不同的作战阶段将会获得不同的兵力分配份额。美军一般会考虑每一种行动对联合作战的重要性，指定较强的力量遂行重要任务，同时派出较小规模的部队执行较为次要的任务。例如，当对手拥有较强的空中作战力量或地面防空力量较为强大，对美军空中部队和地面部队构成重大威胁时，战区司令的空中兵力分配决心中就会指定较多的空中力量实施制空作战。当空中作战规模较大或空中作战行动居于优先位置时会分配到较多的兵力，如60%的兵力用于夺取制空权，10%的兵力用于战略突袭，20%的兵力用于联合遮断，10%的兵力用于近距空中支援。

在联合作战中，战区司令可能会以召开会议的形式定下兵力分配的决心。当然，会议的形式是多样的，也并非一定要开会，还可能通过视频、文电的形式交流兵力分配的建议。战区司令与下属部队指挥官进行广泛的磋商，共同分析评估作战行动，探讨战略指导和未来作战计划。会议中，下属部队指

挥官会向战区司令提出兵力分配建议和支援需求，阐述支援其他军种部队的能力。战区司令进行宏观指导，提出行动构想，阐述作战意图，制定目标选择标准，规定行动优先顺序，定下兵力分配决心。

通常来讲，美军联合空中部队指挥官负责向战区司令提出空中兵力分配决心建议，其基本依据是联合战役计划、战区司令的意图和可用的航空资源等。联合部队空中部队指挥官会按照作战阶段划分和作战行动重点来确定兵力分配的优先顺序。在向战区司令提出航空兵力分配建议前，联合部队空中部队指挥官会同其他军种部队指挥官进行协商，及时了解其他军种部队的空中支援需求，积极听取其他军种部队指挥官的兵力分配建议。

战区司令定下兵力分配决心后，该决心就成为联合空中部队指挥官及其参谋机构实施空中任务分配的主要依据。一般情况下，联合空中部队指挥官于空中作战实施前 36~48 小时收到关于兵力分配决心的指示，随后开始制订相关计划。

第四节　优选目标，确定目标打击清单

优选目标，实际上就是确定攻击目标，并依照重要程度对攻击目标进行排序的过程。美军认为，在任何作战行动中，各级部队均需确定攻击目标，制定目标打击清单。制定目标清单是作战计划活动的重要组成部分，有利于各军兵种作战行动的统一性和协调性。成功的作战行动有赖于高质量的目标确定过程。从受领作战任务开始，各级参谋机构就着手进行选择攻击目标，选择打击目标贯穿于整个作战行动的始终。

美军十分重视目标的选择与打击工作。在海湾战争中，美军将制定明确的目标作为各级司令部一切工作的出发点。从“沙漠盾牌”到“沙漠风暴”再到“沙漠军刀”行动的各个作战阶段，在战略、战役和战术的各个层次上，以及空中作战、海上作战、陆上作战和电子战等各作战样式中，美军从参联会到战区前指以及各军种司令部，都提出了明确的行动目标。美国总统布什战前即宣布了此次战争“将伊拉克军队赶出科威特”等 4 项战略目标。据此，美国中央战区司令部确定了“沙漠盾牌”行动的 4 项目标，以及“沙漠风暴”行动的 6 项战役目标。根据中央战区司令部提出的战役目标，中央战区司令部各军种司令部又提出空中战役的 5 项目标、海上作战的 6 项目标，以及地面作

战的7项目标。各军种司令部各下属部队司令部也分别确定了攻击目标①。

确定攻击目标的目的是：正确选择最有利于实现联合作战目的的目标；用最适合的力量对目标实施攻击；避免各级部队重复选择攻击目标，减少资源浪费。在定下兵力分配决心的过程中，战区司令会做出目标选择标准、下达目标选择指标、提出目标优先顺序的基本考虑。联合作战指挥机构会根据战区司令明确的标准，围绕战区司令作战意图和行动构想，进一步选择、审查、分析和优选目标，形成联合一体化优先目标清单。联合一体化优先目标清单包含了经过优先排序的目标，同时也包含了打击目标的具体细节。

一、制定目标打击清单的机构

战区联指通常会成立联合目标审查委员会，由联合目标审查委员会具体组织目标的审查与排序，形成最终的联合一体化优先目标清单。陆军各级部队通常由指挥所火力中心负责对选定目标进行排序并为其匹配合适的打击手段。联合部队空中部队可能会成立联合指导、分配和目标确定小组（隶属计划部门）来具体负责目标选择工作。联合指导、分配和目标确定小组审查各军种部队上报的目标清单，并与配置在一起的各军种部队联络官进行协商，进一步分析目标清单是否支持联合作战计划，符合战区司令的作战意图。当存在目标选择不合理、空中资源有限、目标本身不适合空中打击等情况时，联合空中作战中心将剔除目标，并将原因告知申请的部队。联合指导、分配和目标确定的目标清单经联合部队空中部队指挥官批准后，将正式提交给战区联指。

二、目标打击清单的形成过程

各级部队都担负着提名目标、审查目标、分析目标、排序目标的职责，都需要根据作战任务、战场形势以及上级指挥官明确的目标选择要求，确定打击目标，并将目标进行优先排序。在各级部队选择目标的初期阶段，战区司令将制定目标选择的标准，确定目标选择的优先顺序。战区情报机构结合平时掌握的情况、战时搜集的情况，制定初步的联合目标候选清单，供各级指挥官进行初步的判断。各级指挥官结合作战任务、战场形势和搜集掌握的

① 姜川. 美国及北约其他国家战时司仪部组织和动作特点［J］. 外国军事学术，2001(4)49，59.

情况，进一步选择、审查和优化目标清单，形成本级目标清单。上级机构负责汇总下属部队的目标清单，并结合本级任务，对目标进行重新排序，而后再报给上级指挥机构，逐次类推。目标打击清单经过逐级审查、逐级排序，上报给军种或职能部队指挥机构（如联合空中作战中心），后者同配置于本级的其他军兵种联络官共同分析审查目标清单，对目标清单进一步调整和优化，而后再报给联合目标审查委员会。

在这些目标之中，既有本部队有能力攻击的目标，也有本部队无力攻击需要其他部队攻击的目标。例如，联合部队所属的陆军部队、陆战队部队和海军部队把需要遮断的目标上报给联合目标协调委员会，该委员会审查通过后，联合部队司令把这些需要遮断的目标交由联合空中部队以空中遮断的方式实施攻击。联合目标审查委员会审查、整合各军种/职能部队上报的目标清单，经战区司令批准后，将成为最终的联合一体化优先目标清单。由于各军兵种、各级部队担负的任务不同，分析判断情况的角度不同，因此所排出的优先目标清单可能存在较大差异。只有在各个层级都保持优先顺序的目标时才可能最终得到批准。

在形成联合一体化优先目标清单后，各级部队继续关注目标变化情况，继续搜集有关目标的情报，对目标攻击参数不断进行更新，直到完成目标攻击并达到预期效果时为止。为了确保攻击的准确性和有效性，美军要求联合空中部队指挥官建立特别小组和通信联络，以便把不断变化的攻击目标参数通报给实施攻击的部队。另外，联合空中部队还以目标信息报告和目标公告的形式加强对攻击目标的管理。目标信息报告主要用于报告目标参数变化、攻击效果评估、建议打击或不打击的目标、取消预定的打击目标。目标公告用于更新目标清单、公布攻击受到限制的目标。目标公告使联合部队所有下属部队都对目标清单的变化情况有所了解。

第五节　分配架次，制定空中任务指令

分配架次的过程，就是明确任务、统一行动的过程。不同于之前的空中兵力分配，这里的架次分配精确到了每一架飞机、每一个目标、每一次行动的时间、地点及要求等事项。

美军强调空中力量的集中统一指挥。制定空中任务指令的过程，实际上

就是分配飞行架次的过程。制定空中任务指令是一个系统的分析过程，通过该过程可充分运用各军种的空中作战资源，并能充分照顾各军种部队的空中作战需求，可以运用恰当的武器打击恰当的目标，快速实现作战目的。制定空中任务指令的过程可分为四步：汇总空中支援申请、协调空中打击资源、分配飞行架次/配备武器弹药、形成空中任务指令。这些工作不是线性的依次推进，而是同时展开、交叉进行的。

一、汇总空中支援申请

联合空中作战中心审批各部队所提交的空中支援申请，将合理的申请列入联合空中任务指令，同时排除不合理的或无法满足的申请，并向申请单位反馈信息，做出解释。陆军的支援请求通常是以联合战术空中打击请求表(详见第四章“联合战术空中打击请求表”小节）的形式出现。支援请求需详细列出：建议运用飞机和武器的型号及数量、弹药引信、预期打击效果、目标的外貌特征及识别方法、目标地区的威胁和摧毁目标的可能性等。

二、协调空中打击资源

联合部队指挥官与军种部队指挥官进行协调，了解各军种部队隶属航空资源的作战运用，以及本军种剩余的可供联合空中作战中心利用的航空资源。各军种通常会在空中任务指令形成前 24 小时提出空中架次分配申请。空中架次分配申请的内容包括：部队本身所不需要的，可由联合部队空中部队指挥官赋予任务的剩余架次；部队所属空中兵力的架次申请。联合空中作战中心负责统一协调各军兵种空中作战行动，所以各部队需要上报所属空中兵力的架次申请，以利于联合空中作战中心统一控制和协调战区内所有航空资源的作战运用。

三、分配飞行架次，配备武器弹药

当联合部队司令定下空中兵力分配决心后，美军联合空中部队指挥官及其参谋机构即开始进行兵力区分和武器选配，把联合部队司令兵力分配决心中每项任务所需的飞机架次或各型武器的总数确定下来。根据各军种部队提供的空中架次分配申请，联合空中部队指挥官对各军种剩余的空中作战架次进行统一的分配，同时对各军种自己留用的空中作战架次在联合部队范围内进行调整，并最终确定联合空中部队的空中架次分配。分配飞行架次后，联合空中作战中心会告知军种部队哪些支援申请得到了批准，哪些需要推迟，哪些需要重新调整。联合部队空中部队指挥官也可以向地面部队指挥官分配空中支援飞机的总数，由地面指挥官进一步把这些飞机区分给所属各地面作战部队。这种区分是根据各种作战行动的需要，而不是在各部队之间的平均分配。

当确定空中架次分配和目标优先顺序后，联合空中作战中心作战计划部门即开始武器选配，在与各军种指挥官充分沟通协商的基础上，对空中兵力进行精确区分、精确量化。具体而言，就是针对每一目标选择合适的飞机类型与数量，配备适于完成任务的武器弹药，明确目标识别方法、目标瞄准点、摧毁概率等事项。武器选配的方式是填写目标记录清单，其中的内容包括："建议的目标瞄准点、飞机和弹药的种类与数量、弹药引信安装、目标识别与特征描述、对目标实施打击的直接目的、目标区的威胁程度以及目标摧毁概率等情况。"此外，还可能包括目标区地形（如沙漠、丛林和城市居民地等）、目标区天气状况以及对攻击附带损害的限制等。

确定武器选配的人员包括情报参谋、作战参谋以及来自各军种的联络官。联合空中作战中心在选配武器时，通常与各军种的联络官进行协商，深入了解各军种部队编制、武器系统和弹药的具体特点，以使最终选定的武器系统既适合于对目标实施攻击，又不致使攻击部队冒太大风险。对于在计划中已经明确的目标，武器选配相对容易，而对事先无法确定的目标，如近距离空中打击目标来说，武器选配就相对困难。在这种情况下，美军要求选用适应性较广的多用途弹药，以满足对不同目标实施攻击的需求。

制订主攻击计划。在兵力区分和武器选配阶段，美军联合空中作战中心通常要拟制主攻击计划。主攻击计划是形成空中任务指令的基础，是"浓缩版"的空中任务指令。关于主攻击计划拟制的详细情况，详见第四章"主攻击计划"小节。

四、形成空中任务指令

联合空中作战中心根据战区司令、联合部队空中部队指挥官的指导，结合空中主攻击计划和军种支援需求，定下最终的空中任务指令。其内容包括：基本目标和备用目标、预定攻击时间或待机空域、加油数据、无线电频率和武器装载规定等。在定下空中任务指令的同时，也要制定空域管制命令、防空指令和特别指示等。提供详细的空域管制命令、防空指令有利于各军种部队计划和实施空中作战行动。这些指令需要充分考虑己方空中交通量、己方防空作战要求、敌我识别技术、气象条件以及敌军作战能力等要素，要兼顾安全与风险，确保作战资源的有效利用和作战行动的有序开展。指令要详略得当，不能对部队作战行动施加过多的限制，但当参战兵力繁杂、作战任务多样时，要对各部队行动进行详细的规定。

空军各级部队依据空中任务指令执行空中任务、监视空中作战行动、处理各种情况。陆军各级部队接收空中任务指令，了解支援作战飞机的详细情况（如飞机类型、起飞时间、航向航线等），调整优化作战计划，将空中支援作战行动纳入本级作战计划之中，实现陆空联合打击、精确协同。

空中任务指令的有效时间一般为 24 小时。虽然每个空中任务指令都有一定的时间性，但其制订过程是连续不断的。联合空中作战中心在任何时间都可能需要投入三项或更多的联合空中任务指令拟制工作中去。

第六节　战前预演，准备空中支援行动

行动准备主要包括预演、战前/通信检查和机动与部署三个环节。预演主要是对空中支援的流程进行模拟。模拟能使近距空中支援任务的执行者如身临其境，全面理解作战计划或命令，掌握行动次序，提高反应能力。战前检查是指对完成任务所必需的信息、装备、指挥网及通信链路等的检查，是确保人员、装备和飞机等做好战前准备的重要工作。机动与部署是指空中支援飞机由机场向前沿集结区、战斗阵位移动的作战行动。

一、预演

预演为参演人员预想战场提供机会，确保对计划的全面理解、提高反应速度和适应力，查出可能被忽视的存在混淆、摩擦或冲突之处。预演的程度受想象力、战术态势、时间和可用资源的限制。预演的类型包括六种：大规模预演、带少量部队的预演、地形模型预演、要图预演、图上预演和通信预演。在预演中，航空联络官或火力支援军官开展以下工作：确认指挥官的空中支援意图；空中支援预期架次数量；飞机种类；武器装载信息；空中支援飞机就位时间；接触点和攻击出发点；空域协调措施/火力支援协调措施；压

制敌防空计划；己方部队标示程序；战术空军控制组战场运用；战术空军控制组战场回撤；战术空军控制组通信计划；获批/未批的空中支援申请；终端攻击控制样式。

火力支援预演的重点是基本火力支援任务和火力支援矩阵表的执行、火力支援协调措施的效果，以及所有火力支援活动与部队机动的时间安排与协同。火力支援预演的作用在于完善火力支援计划，确保火力小组或火力支援协调中心的所有人员能够理解火力计划，并确认当前计划的可行性。

火力支援预演是作战准备阶段最为关键的部分。火力支援预演应该涵盖以下方面：确认火力支援协调措施确实支持机动和火力计划；核实最终确定的目标清单中包括空中支援目标；使用合适的地图数据核实重要目标的坐标位置；核实已经为每个目标都制订了“任务、目的、方法和效果表”，并明确界定了目标优先次序；核实每个目标的打击触发条件和目标打击标准；核实可能运用的空中支援攻击战术（高空/中空、低空/超低空）；核实保障空中支援实施的主要和备用通信线路的连接；核实每个目标的攻击指示（射击的部队、弹药引信组合、齐射次数、可用的飞机数量和类型，以及标准常规载荷）；核实明确执行射击任务的部队的机动计划，并消除其中的冲突；核实打击方法（按命令、时间等）；确认接触点/攻击出发点以及总体飞机的过往情况；协同空中资产和地面火力的时间安排；核实压制敌防空计划/程序；打击目标时间/距离目标时间；核实空中支援的目标标示程序；审查打击空中支援目标时的空中支援控制样式。

在预演结束时，参与人员应该核实重要目标的坐标/位置、主要和预备观察员、部队位置（防御），以及进攻作战（按阶段）计划机动情况。明确目标的触发条件和目标攻击标准，火力支援协调措施/空域协调措施，以及这些措施如何为火力和机动创造条件。核实压制敌防空的计划，空中支援的目标标示，必要时也应了解己方部队标示情况，拟运用的终端攻击控制样式。明确为空中支援飞机实施终端攻击控制的联合终端攻击控制员/前方空中控制员。预演结束后，参演人员必须在作战开始前将计划有效地传达给所属人员。预演过程中，航空联络官向地面指挥官提供有关空中支援各个方面的重要信息。

二、战前检查

战前检查可使人员做好执行任务的准备，确保人员和装备做好战斗准备。

战前检查可以分为以下几个方面。

人员检查。检查人员战斗状况，确保所属各部队人员了解任务、最终状态、机动计划和火力计划的情况。

装备检查。检查装备准备情况，确保作战行动过程中所涉及的装备都处于良好的状态。联合终端攻击控制员使用的物品包括夜视仪、红外激光指示器、激光测距仪、红外频闪灯、激光增强发光带、VS－17 信号板、弹着观察镜、多波段无线电台、雷达信标、烟火照明弹、配备照明和发烟弹的榴弹发射器、指南针、镜子、通用目标图、鉴别/加密材料和全球定位系统终端。末端攻击控制员应确保所用的地图、信息和数据都是最新的，确保有备用的通信和标示工具。

计划检查。检查和协调相关计划，确保各级部队计划内容的统筹性和协调性。美军检查的要素包括：机动计划；火力支援协调措施；空域协调措施；指定关心地区、关心目标区；决定点和触发条件；飞机的接触点和攻击出发点；直升机待命地域、战斗阵位和/或着陆区；反机动/障碍计划；己方部队标示程序（含白天和夜间）；火力优先顺序/空中支援优先顺序、优先目标、压制敌防空系统行动的打击目标、火力预射、最后防护火力、战斗序列和目标区。这些要素都包含于计划、图表、透明图之中。计划检查，就是要检查相关计划、图表、透明图所包含的要素是否存在冲突，是否协调一致，是否规范合理，是否支持战役企图。

支援作战机组人员需要核对任务、计划、清单、目标、程序、规则、措施、方法、路线等内容，检查飞机战备状态，确保支援作战飞机能够与其他空中支援力量、地面作战力量协调一致地完成作战任务。

三、通信检查

通信检查，就是要对主用和备用通信手段、通信线路进行检查，确保通信畅通，确保通信安全稳定。通信检查的内容包括以下几个方面。

指挥网的检查，包括连、营、旅、师等各级指挥机构之间的通信。

火力支援网的检查，包括火力实施网、迫击炮火力实施网、火力支援协调网、空中火力校射网。

空中网的检查，包括战术空中申请网/直升机申请网、联合空中支援申请网、战术空中引导网、战术空军控制组局域网、战术空中交通管制网等。

检查和核实密钥、时间同步、通信代字、口令和简语等。

检查白天和夜晚标示装备的可用性，信号显示是否正确。具体包括红外标示灯/指示器、视觉/红外频闪灯、航空信号布板、烟火照明弹、雷达信标和编码等。

四、机动与部署

机动。准备阶段，战术空军控制组需要机动至前方集结地域，观察所或战斗阵地。陆军部队的作战命令通常会明确机动的方法和路线。航空联络官需要确保战术空军控制组按照机动部队的计划实施机动。

部署。航空联络官会向指挥官推荐战术空军控制组的初始观察位置，航空联络官和陆军指挥官在决定战术空军控制组的部署位置时，须考虑安全、观察和通信三个方面的因素。

安全。由于战术空军控制组无法保障自身安全，战术空军控制组一般需要配置在机动部队所在区域内。在考虑任务、敌情、地形、兵力和可用时间等因素的基础上，指挥官会选择安全隐蔽，既便于观察，又便于通信的配置位置。

观察。观察位置的选择对于战术空军控制组至关重要。一方面，选择的位置需要便于观察目标，便于指挥、控制和引导作战飞机；另一方面，选择的位置应当安全隐蔽，避免明显地标或突出地物等敌方易于发现的区域。

通信。战术空军控制组主要的通信手段是战术无线电台。战术空军控制组的配置位置必须能与指挥官、上级司令部所属战术空军控制组和空中支援飞机保持通信。

如果时间和战场条件允许，要实施战场侦察，确认位置配置的安全性、观察位置的合理性、通信连接的稳定性。

第七节　实施攻击，评估支援行动效果

作战实施主要包括五个关键环节：一是战前协调；二是情况更新；三是控制引导；四是任务介绍；五是作战评估。其基本的流程是：联合空中作战中心下达空中任务指令，空军飞行联队接受空中任务指令，按空中任务指令选择武器平台，挂载武器弹药，准备航空支援行动。战术空军控制组与陆军

战术作战中心沟通协调，进一步掌握最新的战场情况，消除空域冲突，确定目标数据、目标标示方法和攻击控制样式等事项。控制机构（机载预警与控制系统、空中支援作战中心、战术空军控制组、机载空中协调员）指挥、控制和引导作战飞机前往目标区域。战术空军控制组利用标准程序进行任务介绍，支援作战飞机核实任务信息后，战术空军控制组根据受援部队指挥官的命令，指挥、控制和引导飞机对目标实施打击。空中、空间、地面相关侦察监视力量对打击效果进行取证，并完成初步毁伤评估。完成任务后，支援飞机依令返航。

一、战前协调

行动实施前，战术空军控制组要同陆军部队进行广泛的沟通协调，进一步确定空中支援的相关细节。沟通协调和进一步核实的主要内容包括战场情况、空域管制、火力打击、目标、攻击控制权、控制协调措施等。

战场情况。陆军和空军部队需要掌握最新的敌情、我情和战场环境情况，这样才能在准确的时间和准确的地点恰当地运用空中支援力量。战术空军控制组与陆军部队进行不间断情况交流，全面准确及时地掌握战场情况，这样才能减少不确定因素，降低误伤的可能性。战术空军控制组需要跟踪目标位置的变化情况，掌握最新的火力支援控制措施、空域控制措施，清楚己方炮兵阵地位置、敌方地对空主要威胁等事项。

空域管制。战术空军控制组、前方空中控制员、机载战术空中协调员、空域指挥与指挥小组和火力支援协调员必须消除空域冲突，为支援飞机提供一个相对安全的飞行区域。空域协调需要兼顾无人机、运输机、侦察机等其他空域用户的需求，需要考虑己方防空高炮、炮兵的作战计划。

火力打击。即将空中支援与地面火力进行协同，对目标进行联合火力打击。地面火力可以通过间瞄和直瞄火力标示的方法为空中支援飞机标示目标，还可对敌防空系统进行压制，减小支援作战飞机暴露给敌方防空系统的概率。

目标，即进一步核实目标的类型、数量、特征、瞄准点、打击效果等，特别是要精准掌握目标的位置信息。

攻击控制权，即协调由谁最终指挥控制飞机对目标实施打击。获得最终控制权的人员既可能是联合终端攻击控制员，也可能是机载前方空中控制员。在没有专业终端控制员的情况下，还可能是其他人员。在目标条件允许时，飞机也可使用精确制导导弹对目标实施自主打击，或采取空中自行照射的方式，引导激光制导炸弹对目标实施精确打击。无论由谁实施最终控制，都需要得到受援部队指挥官的提前授权。

控制协调措施，即掌握最新的火力支援、空域控制措施。包括：攻击出发点、接触点、战斗阵位、进出航线、最低风险航线、空域协同区、受限活动区、火力支援协调线、火力协调线、限制射击区、禁止射击区等。

联合终端攻击控制员、前方空中控制员与陆军部队就攻击飞机介绍任务、标示目标、消除空域冲突、压制敌方防空行动、批准最终攻击等事项进行协调，确定任务分工，划分职责范围。

二、情况通报

支援作战飞机按照任务简令由机场起飞后，控制机构将向飞机提供前往目标的最新航线，并提供完成任务所需的最新情况，使之根据最新信息抵达攻击阵位。

美军要求战术空军控制组将战场最新情况及时上报给空中支援作战中心，再由空中支援作战中心向支援作战飞机提供实时情报。当飞机报到时，联合终端攻击控制员/前方空中控制员立即向其通报最新的空域态势，包括其他已经就位的飞机，这些飞机的呼号、飞行高度、使用频率。联合终端攻击控制员/前方空中控制员向机组人员通报可用的空域，以及理想的攻击出发点/攻击待机点位置。如果情况有变化或支援作战飞机没有掌握最新的情况，联合终端攻击控制员/前方空中控制员还要向机组人员通报更新后的情况。更新的内容包括：情况更新序号；敌情、我情和战场环境情况；目标情况；控制协调措施；压制敌防空行动；使用弹药；末端攻击控制人员。

如果飞机数量较多，为了减少工作量，情况更新也可传递给机载战术空中协调员或前方空中控制员。飞机在首次向联合终端攻击控制员/前方空中控制员报到时，应立即说明是否已经掌握最新的地面情况。

三、控制引导

控制引导，即联合终端攻击控制员/前方空中控制员将目标信息有效传递给作战飞机，引导飞机及时发现目标并精准打击目标。控制引导的繁简程度，取决于战场态势、目标确定手段，以及联合终端攻击控制员和机组人员所处的视角。例如，从地面观察员的位置观察某一结构的垂直起伏状况，比从其上空的固定翼飞机观察更为容易。因此，引导过程中，联合终端攻击控制员需要考虑环境条件、目标区地形起伏情况、机组的视角、地图的分辨率和有效期等情况。联合终端攻击控制员可以先以较大范围内明显的地形地物为参照点，实施引导，而后从该参照点逐步缩小范围、细化描述，直至与预定目标建立关联。引导过程中，美军强调利用便携式战术目标确定系统、传感器、导航系统、态势图像等现代技术手段，实施精确引导，精确确定目标坐标和高程。

四、任务介绍

任务介绍，即联合终端攻击控制员向空中支援作战飞机介绍作战任务，明确攻击出发点、目标坐标和高程、退出路线等事项，帮助机组人员判定自己是否已经掌握了履行任务所需的信息。任务介绍不规定空中支援飞机的战术。近距空中支援任务介绍如表 3－1 所示。

表 3－1　近距空中支援任务介绍

“9 行”式任务介绍
勿传送行号。采用标准计量单位，除非另有规定。第 4 行、第 6 行以及任何限制性规定是必须复述的内容。联合终端攻击控制员可能根据需要复述其他内容。
“联合终端攻击控制员：(飞机呼号)，我是______ 类型(1，2，3) 控制______”， 1. 攻击出发点/战斗阵位：“(攻击出发点/战斗阵位)” 2. 航向：“______”；偏角：左/右“______” 3. 距离：“(攻击出发点到目标的距离［海里］)/战斗阵位到目标的距离［米］)” 4. 目标高程：“(海拔，［英尺］)” 5. 目标描述：“______” 6. 目标位置：“(经纬度或网格坐标或偏角或目视观察)” 7. 标记类型：“______”；编码：“(实际编码)” 8. 己方部队位置：“(相对于目标的方位［正偏方向］和距离［米］)” 9. 退出路线：“(基本方向和/或控制点)” 备注/限制规定（根据需要）：______

1. 攻击出发点/战斗阵位。攻击出发点是进入目标区域的出发点。对于旋转翼飞机，战斗阵位是对目标开始实施攻击的地方。

2. 航向与偏角。航向是以从攻击出发点到目标或战斗阵位中心到目标的磁角表述的。如果有限制规定，联合终端攻击控制员/机载前方空中控制员则要给出偏角。偏角是指攻击出发点到目标连线的一侧，机组成员可沿该线机动实施攻击。

3. 距离。距离是指攻击出发点/战斗阵位到目标之间的距离。对于固定翼飞机，距离以海里为单位，精确到小数点后一位。对于攻击直升机，距离以战斗阵位中心为原点，以米为单位，精确到百米以内。

4. 目标高程。目标高程是指标准海平面以上的高度，以英尺为单位。目标高程用于引导传感器，以及近距空中支援平台选定武器/目标选定。

5. 目标描述。目标描述应具体到机组成员能够识别目标。目标描述应准确、清晰。

6. 目标位置。联合终端攻击控制员/机载前方空中控制员可以运用多种方法表述目标位置（如网格坐标、经纬度、参考导航工具、利用明显参照物、通过话报形式描述目标外观）。由于有多种可以运用的坐标系统，所以在联合战术空中打击请求中必须明确使用的数据形式。如果使用网格坐标，联合终端攻击控制员/机载前方空中控制员必须使用边长100千米的网格识别数据。对于面状目标，应提供目标的中心或者力量集中程度最大的位置。对于线状目标，应提供预期命中点的位置、方向，必要时在“9行”任务介绍的备注部分提供该点到各端的距离。利用参照物对目标进行目视描述时，由控制员确定该点，机组成员也能在获取“9行”任务介绍之前或者在接收情况更新报告时目视观察到该点。

7. 标记类型。使用的标记类型包括烟幕、激光或红外线指示等。如果使用激光，联合终端攻击控制员/机载前方空中控制员还需提供激光编码。

8. 己方部队位置。以米为单位表示最近的己方部队与目标的距离，以正/偏方向表示己方部队相对于目标的方向（北、东北、东、东南、南、西南、西、西北）。

9. 退出路线。用于引导机组成员退出目标区的指示。退出指示可以运用基本方向或控制点表述。下达退出指示前要明确使用“退出”字样。

10. 备注。根据实际情况，通常应包括以下信息：激光—目标线（以磁角表述)；预期的弹药类型/数量和武器效果；威胁、位置和压制样式；任何正在进行中的炮目线；对航空兵的危害因素；天气；附加目标信息；夜视器材；时间因素；己方部队的标记。

11. 限制规定。限制性要求包括最终攻击航向、空域协同区、安全距离以及打击目标时间等。联合终端攻击控制员可以视情增加其他限制性要求，机组人员必须复述所有限制性要求。

任务介绍的过程，实际上就是下达简令、明确任务的过程，一旦飞机离开出发点或战斗阵位，该简令就不能更改。

五、实施攻击

受援部队指挥官拥有最终批准权，决定武器和弹药的使用。为便利实施空中支援，受援部队指挥官通常把武器发射批准权委托给联合终端攻击控制员。取得授权后，联合终端攻击控制员按照任务规定（“9 行”式简令）的控制样式，对支援飞机实施控制引导。

终端攻击控制样式有三种，分别为一类、二类、三类控制样式。当联合终端攻击控制员必须靠视觉获取攻击飞机和被攻击目标时，运用一类控制样式。例如，多国部队联合行动时，可能因语音障碍、通信系统不兼容等因素影响，需要选用目视方式实施终端攻击控制。其流程是：联合终端攻击控制员目视获取目标，向攻击飞机发送空中支援任务简令（“9 行”格式）；攻击飞机通过地图标绘、数字地图、视频系统、红外线、雷达等手段核实目标位置，并复核任务简令中的第 4 和第 6 行内容，以及联合终端攻击控制员提出的限制条件；联合终端攻击控制员以语音方式描述目标特征和标示目标的方法，并确认飞机是否能够正确识别目标和标示；飞机如果接到请求，将发出“进入攻击出发点”呼号；联合终端攻击控制员根据情况发出信号，向飞机指示目标；攻击飞机发出“进入”呼号（表示飞机进入空对地攻击终段，即将投射武器），并以目视方式获取目标或目标标记；联合终端攻击控制员目视观察攻击飞机，分析攻击飞机的战术动作，以降低对己方部队可能带来的风险。完成上述程序后，联合终端攻击控制员发出批准攻击或终止攻击的指令。

当联合终端攻击控制员需要控制每一次攻击行动，但估计在武器发射时无法用目视方式发现飞机或目标时，或者飞机在发射武器前无法发现目标、标示目标时，可采用第二类控制样式。在夜间和恶劣天气条件下，或者在使用防区外武器时，都可能使用第二种控制样式。其流程是：联合终端攻击控制员目视获取目标，或通过侦察人员、火力支援小组、联合火力观察员等其他人员获取目标数据，向攻击飞机发送空中支援任务简令（“9行”格式）；攻击飞机通过地图标绘、数字地图、视频系统、红外线、雷达等手段核实目标位置，并复核任务简令中的第4和第6行内容，以及联合终端攻击控制员提出的限制条件；飞机如果接到请求，将发出“进入攻击出发点”呼号；攻击飞机发出“进入”呼号；完成上述程序后，联合终端攻击控制员发出批准攻击或终止攻击的指令。

当需要批准受到限制的多轮打击行动，但估计在武器发射时无法用目视方式发现飞机或目标时，或者飞机在发射武器前无法发现目标、标示目标时，可采用第三类控制样式。攻击飞机在联合终端攻击控制员规定的范围内发动攻击，必须遵守联合终端攻击控制员预先规定的限制条件。在整个攻击行动期间，联合终端攻击控制员随时有中断飞行的权力。其基本流程是：联合终端攻击控制员目视获取目标，或通过侦察人员、火力支援小组、联合火力观察员等其他人员获取目标数据，向攻击飞机发送空中支援任务简令（“9行”格式），任务简令备注中应包括攻击区域、限制条件和攻击时间；攻击飞机通过地图标绘、数字地图、视频系统、红外线、雷达等手段核实目标位置，并复核任务简令中的第4和第6行内容，以及联合终端攻击控制员提出的限制条件；一旦满足上述条件，联合终端攻击控制员即下达批准攻击的指令；地面人员如果提出请求，攻击飞机将发出“进入攻击出发点”呼号；在首次投射武器前，攻击飞机须向联合终端攻击控制员呼叫“开始打击”；联合终端攻击控制员通过目视、监听等手段监控打击行动；攻击飞机向联合终端攻击控制员呼叫“打击完毕”。

由于在使用第二、第三类控制样式时不需要联合终端攻击控制员用目视方式捕捉目标或攻击飞机，在协调近距空中支援攻击行动时，可能需要利用来自观察员的目标信息。观察员可以来自侦察分队、观察与激光发射组、火力支援组、无人驾驶飞行器、特种作战部队、近距空中支援机组等单位。联合终端攻击控制员应保持对攻击行动的控制权，并依据其他观察员或目标探测传感器提供的信息，批准或取消火力召唤。在实施远程打击时，联合终端攻击控制员必须考虑到目标信息的及时性与准确性，必须考虑到武器飞行的距离和时间。

六、毁伤评估

毁伤评估，对判定任务完成的有效程度，定下是否需要再次打击至关重要。在综合考虑能力、经验、天气、地形、武器运用、战场态势等因素的基础上，要合理确定评估人员。评估报告的内容包括：行动规模，目标的数量和类型；目标活动情况；目标位置；打击时间；备注，包括消耗的弹药、观察到的毁伤情况（目标数量、摧毁数量）、任务序号、任务是否成功以及意见建议。

战术空军控制组、机组人员都要进行战斗毁伤评估。飞机完成攻击行动后，战术空军控制组需要尽快向整个编队、情报机构、控制机构提供战斗毁伤评估。如果无法提供详细的评估报告，也至少要向飞机和相关机构发送“成功”“不成功”或“不明确”的评估信息。联合终端攻击控制员、前方空中控制员都可以提出评估报告，通常是看谁观察攻击效果和武器效应的位置好，就由谁负责提出评估报告。如果由于地形原因无法通信，联合终端攻击控制员可以通过前方空中控制员向攻击飞机转发战斗毁伤评估报告。机组人员可以利用各类传感器协助联合终端攻击控制员评估打击效果。

机组人员要用简略空中报告向受援部队、相关指挥控制机构报告任务执行情况。机组返回基地后，还要用标准任务报告格式详细汇报任务完成情况。空中报告所含信息将被融入全源情报报告。

首次打击后，如果目标区域尚有多个目标，或者首次打击时未能实现理想效果，就有可能再次对目标实施打击。联合终端攻击控制员必须对所有再打击行动进行审批。联合终端攻击控制员要对再打击的必要性、飞机遭受敌方火力的可能性以及行动成功的概率进行评估，而后才能批准实施再打击。再打击的目标可以是上次打击的目标，还可能是额外增加的新目标。无论怎样，打击目标必须符合受援部队指挥官的意图，必须满足规定的限制条件。由于飞机上往往装载了多种弹药，控制员必须为目标匹配最合适的武器和弹药。在使用新的弹药和引信时，控制员和飞行员必须确保与己方力量的安全距离，必须确保符合投弹的限制规定。

需要强调的是，上述流程仅适用于一般情况，并不适用于所有情况，不是一成不变，也并非循序推进。

第四章
美军陆空联合作战计划制订

美军十分重视作战计划的制订工作，其陆空联合作战的高效实施，主要得益于各类作战计划的系统制订。美军的战役计划重点关注战役目标、战役方向、战役重心、力量分配等全局性问题，具有统筹性、联合性、概略性强的特点，而战斗计划则重点关注作战行动的精密规划，具有操作性强、精确性要求高的特点。

美军实施全球战略，作战中将陆、海、空、海军陆战队等各军兵种的空地行动作为一个整体进行筹划和组织，通常并不存在独立的陆空联合作战计划或是陆空协同计划，但这并不影响美军陆空联合作战的高效实施。美军注重协同拟制计划，而非制订专门的协同计划。在筹划过程中，各军兵种都在关注跨域协同问题，针对跨域协同事项反复沟通交流，协商解决目标选择、弹药使用和协调措施等问题，其陆空协同作战的具体内容实际上是融入联合作战计划、联合空中作战计划、主攻击计划、空中任务指令、联合一体化优先目标清单，以及陆军相关火力计划、机动计划和保障计划之中的。

根据战区司令指示和联合作战总体计划，联合空中作战中心拟制联合空中作战计划，并以该计划为基础，制订空中主攻击计划，再以空中主攻击计划为基础，制定空中任务指令；陆军部队根据上级命令指示、战场态势和空中资源分配等情况，分析空中支援需求，提交空中支援申请，制订完善本级火力支援计划和相关机动、保障计划。

美军陆空联合作战计划的制订是一个复杂的系统工程，并不是由单一机构或常设机构制订的，而是多级机构、多级人员协商、协作的结果。美军陆空联合作战计划活动始于联合作战中心的联合作战计划，终于陆军各级部队的作战计划、火力计划、机动计划。从某种角度上讲，联合作战计划从战役层次上概略规定了陆空军联合作战的总体实施，包括作战阶段划分、力量分配、支援关系、目标效果等，是陆空联合作战的“总指南”，决定着陆空联合作战的最终效果和总体设计；联合空中作战计划是对空中资源的总体分配和对空中作战行动的概略设计，是实施空中作战行动的“总计划”；空中主攻击计划，是72小时空中作战行动的“说明书”，是空中任务指令的“浓缩版”；空中任务指令是在空中主攻击计划的基础上，更进一步细化了空中作战行动、空中支援行动的细节，是24小时空中作战行动的“实施细则”，攻击飞机可以按照任务简令一步一动地实施支援行动；陆军部队的作战计划、火力支援计划和相关保障计划，是实施末端空中突击的主要依据，将空中支援行动与地面行动有效地整合在了一起。

这些计划表面上是独立拟制的，实际上是有机联系、整体协调的，存在拟制上的逻辑关系。下面分别对这些计划及其内在活动关联进行介绍。

第一节　联合作战计划

联合作战计划，是联合部队指挥官及其指挥机构为应对危机情况而制订的作战计划。联合作战计划，是陆空联合作战的“总指南”，也是各军兵种协同作战的基本依据。美军联合作战计划分为两大类，即和平时期的“周密计划”和危机时期的“危机行动计划”。周密计划是和平时期根据国家安全战略和军事战略对全球与地区态势的判断，为应对未来可能发生的危机预先制订的作战计划。危机行动计划是根据当前危机的发展，在时间紧迫、形势危急的情况下制订的作战计划。周密计划以对特定冲突的预测为基础，其价值并不体现在计划的详尽程度和预测的准确性上，而是体现在它能为将来的危机行动计划提供一个扎实可用的参考蓝本。

美国是世界各国中作战计划最多、最完备的国家之一。凡是认为有可能危及美国安全利益的地区，美军都会有针对性地制订计划。因此，一旦危机发生后，美军就能够迅速对相关计划进行选择、修改和扩充，平时制订的周密计划就演变成危机时期的行动计划，美国最高指挥当局一旦决定发动战争，危机行动计划在修改后就变成了真正的作战计划。近几场局部战争，美军均是基于现有作战计划进行调整的。如，1989年12月20日，美军出兵巴拿马，主要依据的是“蓝勺行动”作战计划；1991年1月17日，美军发动海湾战争，主要依据的是“1002保卫阿拉伯半岛”作战计划；2003年3月20日，美军发动伊拉克战争，主要依据的是“1003 东方大规模战区战争”作战计划①。

美军联合作战计划的拟制，强调上下联动交互进行。拟制联合作战计划，以战区联合司令部人员为主，但下属联合司令部、战区军种司令部、职能部队司令部会积极参与计划拟制，提出相关意见建议，辅助战区司令部制订作战计划。此外，支援作战的其他战区司令部、国防部相关局、政府组织、多国代表也可能根据需要参与到计划制订中。战区联指在拟制联合作战计划的过程中，会听取各军种指挥官的意见、建议，充分考虑各军种的兵力分配建议、目标打击建议和支援作战需求。根据战区司令的指导，各军种部队参与联合作战计划制订的过程中，同步判断所辖任务区内的战场形势，同步设计本级作战行动，协调跨域协同事项，辅助战区制订联合作战计划，并根据战区联合作战计划，制订本军种相应的作战计划、支援计划和保障计划等。

计划拟制前，首先要对全球形势进行监控；对事件是否发生、是否构成威胁进行确认；对所有来源的情报进行审查、分析和判断，力求全面准确地感知态势。当认为需要采取军事行动时，计划拟制人员根据战略指导、上级指令、所受现实威胁情况，在预先计划的基础上，拟制联合作战计划。制订作战计划主要包括启动计划、任务分析、拟制行动方案、分析行动方案、比较行动方案、批准行动方案、制订计划或命令七个步骤。战区司令全程参与并主导各步骤计划活动，会适时提出作战企图、作业指导和相关指示要求，明确作战筹划的关键事项和需要注意把握的问题。启动计划、任务分析、拟制行动方案、分析行动方案、比较行动方案、批准行动方案、制订计划或命令也是美军通用筹划流程，这为美军各军兵种基于同一流程、上下交互联动作业筹划奠定了基础。

美军联合作战计划的内容根据具体作战样式而定，但通常包括形势、任务、实施、后勤与行政、指挥与控制五项内容，详见表 4－1。

表 4－1　联合作战计划格式

联合作战计划格式
1. 第　　号
2. 发布司令部

① 赵小卓. 美军领导指挥体制及其运行机制 [J]. 外国军事学术，2009 (2)：5－6.

续表

3. 发布地点
4. 有效日时组
5. 作战计划：(序号或代字)
6. 美国××××司令部××××作战
7. 参考资料：(列出对作战至关重要的地图、图表以及其他相关文件)

一、形势（对战区战略形势、综合情况、冲突环境和影响做简要描述）

1. 概述

(1) 冲突环境

(2) 政策目标

一是美国/多国政策目标。

二是最终态势。

三是其他国家的政治决策。

四是作战限制。

2. 关切地域

(1) 作战地域

(2) 关心地域

3. 威慑备选方案

4. 风险

5. 敌军部队（预期可能采取行动的敌军部队，并对其总体能力进行评估）

(1) 敌方重心

一是战略重心。

二是战役重心。

(2) 敌方关键要素

一是战略关键要素。

二是战役关键要素。

(3) 敌方行动方案（对己方完成任务来说最可能的和最危险的行动方案）概述

一是敌方最终态势。

二是敌方战略目标。

三是敌方战役目标。

四是敌方作战构想。

(4) 敌方后勤保障

(5) 敌军的其他部队和能力

续表

（6）敌军预备力量动员 6. 己方部队 （1）己方重心 一是战略重心。 二是战役重心。 （2）己方关键要素 一是战略关键要素。 二是战役关键要素。 （3）多国部队 （4）支援司令部和支援机构 7. 假设 （1）威胁预警/截止时间 （2）预先配置和地区支援（包括国际支援和协助） （3）辖区内部队 （4）战略假设（包括那些与使用核武器相关的事项） （5）法律方面的考虑事项 一是国际法，包括武装冲突法。 二是美国法律。 三是东道国和盟国的法律。 四是交战规则。 五是部队态势协议。 六是其他双边条约和协议。 二、任务 对联合部队指挥官必须完成的基本任务做简要说明。应重点说明由谁完成、完成什么、于何时完成、在何处完成以及为什么要完成。 三、实施 1. 作战构想（作战构想应按由谁实施、在何处实施、于何时实施、为什么实施以及如何实施的方式加以表述；它还包括力量投送方面的构想） （1）指挥官企图 一是意图与最终态势。 二是目标。 三是效果。

续表

(2) 概述（作战构想以联合部队指挥官选择的行动方案为依据）
①联合部队指挥官的军事目标、辅助预期效果和作战重点。
②确定敌方的战略和战役重心。
③对己方战略和战役重心的保护。
④作战阶段的划分，包括指挥官在各作战阶段的企图。
第一阶段。
一是联合部队指挥官的企图。
二是时间选择。
三是目标和预效果。
四是风险。
五是实施。
六是运用。(包括地面部队、空中部队、海上部队、太空部队、特种作战部队)
七是战役火力。
列出那些作为计划基础的重要火力考虑事项。对火力的讨论应该反映出联合部队指挥官对所辖火力资源加以利用的方案。联合火力指示可能包括以下内容：联合部队的政策、程序和计划周期；计划活动涉及的联合火力支援资源；运用目标获取资源的优先顺序；需要联合火力对战役机动实施支援的地域；预期的联合火力支援需求；火力支援协调措施（如果需要）。
第二阶段至第××阶段。(引用作战阶段划分中第一阶段的相关内容)
2. 任务
分段列出受援和支援司令部下属各个单位的指定任务。对无论是在未来作战计划活动中，还是在作战命令实施过程中要执行的任务做简要说明。对任务的分配要包括下属和支援单位为实现作战构想而必须采取的所有行动，包括战役欺骗和战术欺骗。如果这些行动不能在缺少欺骗的情况下单独实施，就把这些行动分别列出，以便做特别处理。
3. 协调指示
为在同一司令部内运用两个或两个以上单位提供有关联合作战协调方面的指示。对与实施和部署时间区分相关的事项加以解释。
四、行政与后勤
1. 保障方案（保障方面的总体指导）
2. 后勤
3. 人事

续表

4. 公共事务
5. 民事－军事行动
6. 气象与海洋勤务
7. 环境考虑事项
8. 地球空间信息与勤务
9. 卫勤支援
五、指挥与控制
1. 指挥
（1）指挥关系
（2）指挥所
（3）指挥的连续性（按交接顺序，为在具体情况下作战的指挥指定指挥官）
2. 联合通信系统支援
对支援联合作战所需通信系统的范围和程序做总体说明。对需要特别关注的通信系统或程序给予重点说明。
签名
姓名
军衔/军种
指挥官

第二节　联合空中作战计划[①]

为整合资源、达成统一行动，联合作战中美军由职能部队（如联合部队地面部队、联合部队空中部队、联合部队海上部队、联合部队特种部队）统一指挥、控制和协调职能领域内各军兵种的作战行动。各军兵种部队的空中作战行动，由联合部队空中部队指挥官统一负责。

联合空中作战计划，是联合部队空中部队指挥官为综合与协调联合空中作战行动而制订的计划，包括联合部队下属各军种航空部队的作战行动。联

① 美军参联会．JP3－30：美军联合空中作战指挥与控制条令［M］．空军装备研究院通信所，译．北京：军事科学出版社，2008：25－43.

合空中作战计划，对各军种空中作战资源进行统一分配，对各军种空中作战行动进行统一筹划，是各军种联合空中作战的基础。

不同于空中主攻击计划和空中任务指令，联合空中作战计划是一种相对概略的战役作战计划，通常不涉及各部队具体的作战行动，具有较强的灵活性。联合作战中，通常只制订一份联合空中作战计划。而主攻击计划和空中任务指令则十分具体，且需要以“24小时”为周期进行不间断滚动制订，直至战役或战斗的结束。

联合部队空中部队指挥官及其参谋机构负责联合空中作战计划的制订工作。联合部队空中作战中心包括了其他军兵种的代表和专家领域的专家。可能的人员包括：空中和导弹防御计划人员；侦察/监视人员；战斗搜索与救生人员；特种作战人员；电子战人员；武器系统人员；目标分析人员；使命任务计划人员；政治-军事事务人员；情报人员；信息战人员；后勤人员；空中机动（空运和空中加油）计划人员；战区气象和海图人员；建模和仿真人员；公共事务人员；法律人员；宗教/文化人员；行政支援人员；太空战人员；指挥、控制、通信和计算机/网络人员；航医后送/医务护理人员；空域管制人员；心理战人员。

在制订计划期间，联合空中作战计划人员与其他军种部队计划人员以视频等形式定期召开会议，协调联合空中作战计划制订工作，确保军种间的行动整体协调。

制订联合空中作战计划，通常按照启动计划、任务分析、拟制行动方案、分析行动方案、比较行动方案、批准行动方案、制订计划或命令的流程步骤。

任务分析阶段。开始进行战斗空间情报准备，理解作战任务和上级指导方针，明确指定任务、隐含任务，形成任务清单。分析作战能力、限制条件、终止状态，提出兵力需求，形成指挥意图。

拟制行动方案阶段。研究敌方方案，分析敌方和己方的重心，细化战斗空间情报准备。研究制定多套作战方案，所有作战方案必须满足联合部队空中部队指挥官的意图要求，并完成其上级所赋予的使命任务。计划人员根据合适性、可行性、可接受性、可区别性和完备性来检验作战方案。如果作战方案能成功地完成使命任务，方案就符合合适性要求；如果能使用现有资源完成使命任务，方案就符合可行性要求；如果该方案符合给定的政策，值得冒风险去做，方案就符合可接受性要求；如果该方案与其他方案有很大区别，方案就符合可区别性要求；如果方案回答了是什么、在哪里、在何时、为什么和怎么样等问题，方案就符合完备性要求。

作战方案分析。针对敌方最可能和最危险的作战方案，对己方的每一个作战方案进行模拟推演。分析己方作战方案的优缺点，发现方案存在的问题和相应的决策点，以进一步修改完善方案。

作战方案对比。按照预先确定的评判标准，根据模拟演练的结果对作战方案进行比较。确定每一个作战方案的强点、弱点、优势和缺陷。

作战方案选择。参谋机构提出决心建议。建议包括一份简明扼要的情况分析判断，以及由此得出的建议方案。联合部队指挥官一旦确定、调整（如果需要）和批准了作战方案，该方案将直接用于联合空中作战计划的准备。

联合空中作战计划的制订。制订联合空中作战计划需要联合部队空中部队指挥官的参谋机构与联合部队指挥官的参谋机构、军种部队参谋机构进行有效协作。联合空中作战计划详细说明联合空中作战行动怎样支持联合部队指挥官的总体作战计划，详见表4－2。

表4－2　联合空中作战计划格式

联合空中作战计划格式①
第　　号
发布司令部
发布地点
签署日期和时间
联合空中作战计划：（号数或代码名称）
参考基准：地图、海图和其他相关文档
一、态势
简要描述作战计划中涉及的作战态势。确定相关的构想或作战计划。
（一）敌方部队
提供有关情报资料的摘要，包括以下内容。
1. 能影响战区作战的敌方主要部队的编成、驻地、部署、运动与兵力。
2. 敌方的战略方针（应当包括敌方对己方薄弱环节的判断，以及敌方针对己方这些薄弱环节的意图）。

① 美军参联会. JP3－30：美军联合空中作战指挥与控制条令［M］. 空军装备研究院通信所，译. 北京：军事科学出版社，2008：65－70.

续表

3. 敌方的主要作战目标（战略级和战役级目标）。
4. 敌方指挥官的个性和行为模式。
5. 敌方的作战和保障能力。
6. 敌方的弱点。
7. 敌方的重心。
8. 敌方的决定点。

注意：假定的信息也应按上述分类，可在情报附件中列出参考资料。

（二）己方部队

说明虽不是所属或配属但有可能直接影响联合部队行动的己方信息。

1. 上级、友邻和担负支援任务的美军司令部的作战任务。
2. 上级、友邻、被支援和担负支援任务的盟国或其他盟军部队的作战任务。
3. 美国其他政府部门的任务。
4. 受到影响的非政府和国际组织的任务。

（三）设想

此处要说明对整个计划都适用的设想，其中包括对指定性和隐含性任务的设想。

二、任务

陈述联合空中作战的任务和目的，与达成联合部队司令企图的关系。

（一）指导

提供各种指示文件、指令文书、备忘录、条约和战略计划的综述摘要，其中包括由高级指挥当局颁发的并适用于联合空中作战计划的任何战役/作战计划。

（二）将联合部队空中部队司令官的指示与联合部队司令官的需求联系起来

（三）列出本部队所受领的作战目标和任务清单

（四）限制

列出上级机构禁止或要求的行动清单（交战规则以及其他相应规定）。

三、空中作战

（一）作战意图

陈述计划过程中指挥官的作战意图。该意图应清楚、简洁地陈述针对敌人必须采取制胜的行动以达成预期的最终态势。

（二）作战方案

陈述在整个战役期间运用联合空中部队的概略方案。（这一部分内容是概要描述，详细内容在附件中列出）

1. 联合部队空中部队的编成。

续表

2. 基地部署概况。
3. 作战使命任务。
4. 与联合部队指挥官的作战计划或战役计划相关的联合空中作战阶段划分。
①每个阶段的目标。
②每个阶段的子目标/任务。
③每个阶段的子目标/任务的效能度量指标。
5. 各阶段的时间安排和持续长度。
(三) 第一阶段，为每个作战阶段提出阶段性作战指导
1. 作战方针。包括作战目标、攻击计划和时间选定。
2. 对下属和各军种部队的支援和被支援需求确定总的任务和指导，确保这两类任务相辅相成。
3. 完成任务所需要的部队。应考虑陆、海、空、太空、特种作战和多国部队的力量。
4. 下属司令部和军种部队的任务。
5. 预备役部队的位置和构成。规定“时刻准备”的任务，包括对一旦作为预备队部队使用时最大出动架次方面的指示。
6. 机动力。考虑输送工具、港口、交通线（LOCs)、过境和越界飞行权、增援、接收和前送以及东道国支援安排。
7. 欺骗。
8. 战斗搜索和救援。
9. 信息作战。
10. 心理战。
(四) 第二阶段到最后阶段
内容同第一阶段。
(五) 协同指示
四、后勤
使用适用于联合空中作战的信息和指示，按作战阶段简要、概括地说明联合空中作战的保障方案。后勤保障阶段必须和作战阶段相一致。后勤原则应当包括支援，因为支援与所有相关的军种部队都有关系。后勤计划应当与联合部队指挥官的广泛的后勤计划制订工作密切协作。在制订联合空中作战计划的后勤计划时，要考虑联合部队后勤中心和部门的执行能力。下列后勤支援清单并不包含后勤支援的所有内容，其内容要根据联合空中作战计划和战役计划来制订。本段应说明下述问题。

续表

（一）设想（包括盟军的需求）

（二）石油、汽油和润滑油

（三）运输

（四）基地发展

（五）外国军事援助

（六）行政管理

（七）交通线

（八）部队重组

（九）联合部队和多国部队的责任

（十）维持保障的优先等级和资源

（十一）军种部队之间的职责

（十二）东道国因素

五、指挥、控制与通信

（一）指挥

1. 指挥关系。概要说明整个或部分联合空中作战的指挥关系。注明预期要发生的部队移交，包括移交可能发生的时间。这些变化应与作战阶段划分相一致。给出指挥官、联合空中作战中心和指挥所的位置。

2. 指挥权的下放。

3. 计划/非计划的联合部队空中部队指挥官职责的变更。

（二）通信

1. 通信。通信计划，包括：使用的时区、会合点和识别指令、通信代码、联络指令以及相应的通信干线等。

2. 电子。电子系统计划，包括电子计划和其他相应的信息。

3. 战斗摄像。战斗摄像计划，包括把数字化静态照片和动态视频图像传送到五角大楼的联合战斗摄像中心。

4. 武器系统视频图像。武器系统视频图像计划，包括把图像传送到五角大楼的联合战斗摄像中心。

（签字）（指挥官）

附件：按需要

分发：

安全保密级别

第三节　主攻击计划①

主攻击计划，是一种兵力运用计划，将可能使用的空中作战力量与具体打击行动联系起来。在兵力区分和武器选配阶段，美军联合空中作战中心通常要拟制主攻击计划。主攻击计划是制订空中任务指令的基础，其主要内容包括飞机对目标实施攻击的时间、任务编号、目标编号、目标性质或行动类型、使用飞机的型号和数量等，如表4－3所示。在海湾战争中，美中央总部空军司令部第一次把主攻击计划作为一种重要计划形式，取得了良好的效果，后来被美参联会和其他军种接受，作为一种联合空中作战中的主要作战计划形式固定下来。

表4－3　主攻击计划（示例）

时间	任务编号	目标编号	目标性质或行动类型	飞机型号和数量
H－15	63829	A011	指挥所	1架F－117战斗机
H－10	6302C	A09	战备机场	2架F－117战斗机
0000	6554D	AS034	飞机加油点	4架F－15E战斗机
0000	43821	SAD32	电子战平台	4架F－16战斗机
0000	43822	N/A	压制敌防空	4架EA－6B电子飞机
0000	5103R	AR71	空中加油	3架KC－1308加油机
0025	0255U	CCCO1	国家指挥与控制系统	2架F－117战斗机
0000	33717	INT37	铁路、桥梁	4架“旋风”战斗机
0115	3212A	INT16	油料储存设施	2架F－15E战斗机
0125	2714G	CPA4	近距空中支援	4架A－10攻击机

1991年1月16日，海湾战争空中作战开始实施之前，美中央总部空中部队已经拥有三个主攻击计划，即“第一个24小时”的主攻击计划、“第二个

① 李文．美军联合空中作战研究［M］．北京：国防大学出版社，2003：96－102.

24 小时”的主攻击计划和“第三个 24 小时”的主攻击计划。每一个主攻击计划都简要列出以下几个方面的内容：任务编号、基本的目标编号、对目标性质的描述以及飞机情况。

海湾战争中的第一个主攻击计划是最详细的，涉及来自空军、海军、陆战队和陆军的固定翼飞机、直升机和无人机，各类飞机总数超过 700 架，此外还包括海军的“战斧”巡航导弹。该计划把“第一个 24 小时”内使用的空中力量区分为 76 个攻击组，各攻击组内飞机的数量不等，一般为数架至数十架，最少的只有 1 架，最多可达数十架（这次战争中最大的攻击组由 56 架 F－16 战斗机组成）。第一天的空中作战行动又被划分为 3 个波次实施：第一波次共投入 32 个攻击组，攻击区间为 1991 年 1 月 17 日 2 时 39 分至 5 时 25 分（当地时间）；第二波次投入 26 个攻击组，攻击区间为整个白天；第三波次投入 18 个攻击组，攻击区间从黄昏至午夜。同样，第二和第三个主攻击计划也都以 3 个波次实施。

在主攻击计划中，除攻击编组外，还包括与攻击编组相对应的保障编组。保障编组的任务是为攻击编组的行动创造条件或确保攻击编组的安全，其任务形式包括压制敌防空、伴随保障、部队防护和电子战等，是美军 1991 年 2 月 2 日对伊拉克两个机场实施攻击时的编组和飞行编组。

表 4－4　F－111F 对 H2 和 H3 机场实施攻击时的编组

任务编号	目标编号	目标性质或行动类型	飞机型号和数量
0111A	C05	H3 机场化学设施飞机燃料库	4 架 F－111F 战斗机
0121A/0131A	A03	H3 机场的加强掩体机场控制设施	12 架 F－111F 战斗机
0141A	All	H2 机场的加强掩体机场控制设施	12 架 F－111F 战斗机

表 4－5　对 F－111F 攻击行动实施保障的飞行编组

任务编号	任务类型	飞机型号和数量
0151X	压制敌防空	2 架 EF－111 电子战飞机
0161W	压制敌防空	12 架 F－4G 战斗机
0171C	搜索或部队防护	12 架 F－115C 战斗机

在拟制主攻击计划时通常重点考虑以下因素。

一是确定攻击目标的先后顺序。在联合空中作战计划内，联合空中部队指挥官已经对联合作战行动的实施顺序进行了安排，并确定了在作战中先后或同时达成的各种作战目标。因有些作战目标的实现是以其他作战目标的实现为前提的，所以美军要求在制订主攻击计划时必须考虑作战行动的先后顺序，对目标的选择也要考虑与被攻击目标之间的相互关系，以及敌方反应可能对美军后续行动或作战目标的达成产生的影响。例如，实施战略空袭和空中遮断都是以夺取和保持空中优势为前提的，在制订主攻击计划时，要把制空作战放在比战略空袭和空中遮断更优先的位置上。对于同时实施的作战行动，制订主攻击计划要根据作战目标对整个空中作战或联合战役的重要性，合理选择攻击目标并分配空中资源。例如，战略空袭与近距空中支援可同时进行，但通常情况下，战略空袭获取的作战效益大于近距空中支援，制订主攻击计划就应重点考虑战略空袭。

二是把握攻击目标的时间要求。美军认为，对某些目标的攻击有具体的时间要求。第一种情况是，对一个或数个目标的攻击将为对其他目标的攻击创造条件，主攻击计划必须考虑到攻击时间的先后顺序。第二种情况是，如不首先对敌某些目标实施打击，将会给己方部队造成不可接受的损失，主攻击计划必须优先安排对这种目标的攻击。第三种情况是，虽然一些目标并非极为关键，但对其实施攻击的机会很少，如不在某一时间对其实施攻击，将会失去对该目标实施攻击的最好机会，主攻击计划中的安排应做好随时对这种目标实施攻击的计划。如对集中之敌的攻击必须马上实施，否则敌人就会分散部署。对大多数机动目标（如机动导弹发射架）来讲，也是如此。

三是权衡效益与风险的关系。美军要求，主攻击计划在选择攻击武器系统时，应考虑攻击时面临的威胁。虽然有些武器对某些目标的攻击特别有效，但所冒的风险却很大，计划者必须在攻击效果与所冒风险之间寻求平衡。为此，美军通常把隐形飞机和巡航导弹及其他战区外发射武器用于对敌指挥与控制系统、防空系统和地面截击系统等目标的攻击，以便为其他非隐形飞机提供行动自由。另外，美军还强调采取集中兵力的方式对敌目标实施攻击，以此增强部队的防护能力。

四是与其他行动有效协同。美军要求，联合部队所属其他部队的作战行动或作战结果可能会给联合空中作战产生不同程度的影响，甚至会替代空中作战发挥某些作用，如地面部队的防空行动会减轻空中部队实施制空作战的压力，海军舰炮支援也会满足部分地面部队的近距空中支援需求。因此，主攻击计划的制订者应合理安排空中作战行动，减少空中资源的浪费，提高作战效益。

五是考虑可利用的空中资源。美军认为，联合空中部队指挥官掌握空中作战资源的多少对制订主攻击计划十分重要，可使用的飞机、运用的武器、优秀的飞行员和支援部队的数量会限制某一阶段作战行动的规模和攻击目标的数量。如果空中作战力量不足，无法同时实施多种行动，达成多个作战目标，主攻击计划制订人员就必须以确定优先顺序的方式解决力量不足的问题。

第四节　空中任务指令

空中任务指令，是联合空中部队指挥官为实施联合空中作战而拟制的以“24 小时”为时间跨度的空中作战命令，也可称作联合空中作战的日计划。空中任务指令是最详细、最具体的空中作战计划，具有操作性强的特点。主攻击计划拟制完成后，美军联合空中作战中心即开始拟制联合空中任务指令。空中任务指令是主攻击计划的拓展和细化，拟制空中任务指令的过程，就是分配任务、明确目标、协调行动的过程。在联合空中作战中，空中任务指令的作用极为重要，它是空中作战的最详细计划，在实战中表现出巨大优势。在海湾战争中，每天有数千架次飞机从阿拉伯半岛、西班牙、英国、土耳其等地起飞，进入伊拉克和科威特上空，却没有发生一起飞机相撞或误击事件，空中任务指令功不可没。

一、空中任务指令的内容

与主攻击计划相对应，联合空中任务指令也是以 24 小时为一个时间段（如清晨 6 点至第二天清晨 6 点），即每 24 小时制定一个空中任务指令。空中任务指令是空中支援飞机在行动开始前接到的最具体的作战命令。其主要内容包括：指挥与控制指示，对协调的指导与采取的措施，指挥与协调机构，具体的作战任务等。与作战任务相关的内容包括：主要打击目标和备用打击目标、攻击目标的具体时间、空中加油安排（包括加油空域和时间）、通信联络时使用的无线电频率以及武器运用时的特别指示等。在海湾战争中，空中任务指令通常包括所有飞机的起飞时间、空中加油时间与空域、目标的具体情况以及飞机飞临目标上空的时间。另外，还经常包括空域控制命令等。

空中任务指令的主要作用是，以主攻击计划和目标记录清单为基础，为联合部队所属空中作战部队提供遂行空中作战所需的更为详细的信息。依托空中任务指令，空中支援力量能够清楚地了解目标在哪里、何时打击、用什么弹药、打到什么程度、与谁协同、由谁引导、如何保障、如何通联、如何打击、天气和地形是否支持等一系列情况，陆军部队可以精确了解空中支援的确切情况，包括打击目标、打击时间和地点、飞行航线、空域协调措施、火力协调措施、指挥引导、末端攻击控制、通信联络等事项，进而优化和完善本级相关作战计划。

二、空中任务指令的制定

联合空中作战中心的作战计划部门负责拟制空中任务指令。空中任务指令不仅对联合部队的空中作战至关重要，还会对联合部队所属的其他部队（包括军种部队和职能部队）的作战行动产生重大影响，有时甚至还会成为其他部队组织实施作战行动的重要依据。因此，美军要求联合空中部队指挥官及时下达空中作战任务指令，将其通报给其他与联合空中作战相关的部队和单位。制定空中任务指令的考虑因素如下。

作战目标，包括联合作战目标和联合空中作战目标；己方部队的实力和弱点，包括己方部队目前的基本状况；对方的实力和弱点，包括对方的作战目标、部署状态和可能采取的战术；联合空中部队所属单位可提供的作战架次，特别是飞机的数量及作战飞机和支援飞机的数量，同时还要考虑联合部队各方对空中作战可能提供的后勤支援情况；油料支援情况，重点考虑空中加油能力以及实施空中加油的条件和限制；对目标实施攻击时受到的威胁，包括飞机飞往目标途中受到敌军飞机、地空导弹和高炮的威胁，以及作战飞机在攻击目标附近受到的威胁；武器状况，包括飞机的作战能力和局限性、弹药的性能和局限性、可使用的弹药情况以及飞行员的技术水平和弱点；气象条件，包括起飞机场、飞行航线上和目标上空的天气情况；攻击目标的目的，如摧毁、瓦解、削弱或欺骗等；攻击顺序和攻击时刻等。

到联合空中作战开始时，第一份空中任务指令已经完成，联合空中任务分配周期也开始起动。在联合空中任务分配周期的任何一个时间点上，联合空中作战中心要同时关注三个空中任务指令：第一份是当日正在实施的空中任务指令，即当天的空中作战计划，由作战行动部门实施监督并根据具体情况做必要的调整；第二份是正处在拟制过程中的空中任务指令，即第二天的空中作战计划，由作战计划部门负责；第三份是准备拟制的空中任务指令，是第三天的空中作战计划，同样由作战计划部门负责。

当空中任务指令拟制完毕后，作为联合空中作战任务分配周期内的计划活动即已结束，随后转入部队实施阶段。

三、空中任务指令与其他计划的区别

主攻击计划与空中任务指令之间的不同点是：

前者比后者的综合性更强，后者比前者更为具体和详细。对于联合部队司令、联合空中部队指挥官及其参谋机构和下级部队的主要指挥官来说，如想了解空中作战计划的全面情况，主攻击计划可能就已经足够了。但对于作战飞机的飞行员和下级指挥官来说，如要完成联合空中部队指挥官分配的任务，还需要比主攻击计划更详尽的计划。可以认为，主攻击计划是空中任务指令的浓缩，后者是前者的放大。正如海湾战争中美联合空中部队指挥官霍纳所说，“主攻击计划是对空中任务指令的‘蒸馏’”。因此，主攻击计划比空中任务指令的内容要少得多。在海湾战争中，美军的主攻击计划比空中任务指令的篇幅短，因为前者只列出进入伊拉克和科威特上空的飞行架次数，并且没有把空中加油和空运架次包括在内。“沙漠风暴”第一天的主攻击计划只有数十页，而空中任务指令却有数百页。主攻击计划只列出了飞机飞临目标上空的时间、任务编号、目标编号、目标名称、飞机类型及飞机数量。而空中任务指令除上述内容以外还包括无线电呼号、弹药装载、识别时的应答密码、空中加油指示（其中包括加油机的呼号、任务编号和航线等）、关于空中加油的特别程序、空中控制、救援和通信干扰等内容。

空中任务指令与联合空中作战计划的主要区别如下①。

第一，联合空中作战计划是空中任务指令的基础，而空中任务指令则是前者作战目标、力量运用等方面的最终体现，是为“落实”前者提出的设想而拟制的更为详细的计划。只有制订正确的联合空中作战计划，空中任务指

① 李文．美军联合空中作战研究［M］．北京：国防大学出版社，2003：106－107.

令的拟制才不会出现偏差，最终才会避免实施无效益的作战行动。

第二，制订联合空中作战计划是一项较长期的活动，需要长时间的准备。而拟制空中任务指令则是一种短期的计划活动。

第三，联合空中作战计划是对一次战争或冲突中的空中作战行动进行的整体筹划，其内容相对比较概略，原则性强。拟制空中任务指令的工作量非常大，要求做到"事无巨细"，特别注重"细节"，内容广泛。

第四，制订联合空中作战计划是组织联合空中作战过程的一个阶段，属于战前准备活动，通常在空中作战开始之前就已完成，因而它不是一个周期性过程。在空中作战过程中，需要只对已完成的联合空中作战计划做必要的修正，但通常不会再重新制订新的联合空中作战计划。拟制联合空中任务指令是联合空中部队指挥官不断把作战任务分配给下属部队的过程，除头两个作战日的空中任务指令外，其他所有空中任务指令的制订都与空中作战行动同时进行，因此美军通常把这种计划活动视为作战的实施。从联合空中作战即将进行时开始，制订空中任务指令的活动以每 48 小时为一个周期，周而复始，贯穿空中作战的全过程。

从总体上讲，拟制联合空中作战计划是真正意义上的作战计划活动，拟制空中任务指令是联合空中部队指挥官及其参谋机构为贯彻联合空中作战计划而进行的活动。所以，美军更倾向于把制订主攻击计划和制订空中任务指令看作联合空中作战实施过程中的一部分活动。

通常情况下，拟制联合空中任务指令标志着空中作战行动即将开始，所以美军认为此种计划活动属于联合空中作战实施过程的组成部分。联合空中任务指令的拟制是周期性的，每一个周期都从联合部队司令下达空中作战兵力分配决心开始，到对作战效果做出评估为止。所以，这种计划活动被美军称为联合空中作战任务分配周期。

联合空中任务分配周期通常包括以下六个阶段的工作。

第一阶段，联合部队司令与军种部队指挥官进行协商，定下空中作战兵力分配决心；第二阶段，审查各军种提出的目标清单，确定联合一体化优先目标清单；第三阶段，根据目标清单，分配飞行架次、选择武器弹药，生成主攻击计划；第四阶段，根据主攻击计划、目标清单和相关指导，制定空中任务指令、空域管制命令、特别指示等；第五阶段，部队执行；第六阶段，作战评估。

表4-6 美军空中任务指令（ATO）模板内容

序号	项目	内容
1、2	文电接收单位	通常包括参加行动的所有单位
3	演习/作战行动名称	作战行动专项识别码
4	电报编号	通常根据日期时间识别
5	有效时间	说明电报有效时间和生效日期
6	航空兵任务、部分任务区分	关于作战行动名称和空中任务指令日期的说明
7	执行部队	作战行动执行部队名称
8	任务数据	呼叫代号、飞机类型、任务
9	任务位置	飞行空域、机上待飞时间等
10	目标位置	目标所在位置清单
11	详细说明	详细说明现有各方面内容
12	侦察数据	侦察数据
13	加油地	执行任务飞机的加油地点和方式

第五节 空域管制命令

空域控制计划为空域控制提供一般性指导，而空域管制命令（ACO）则是指定时间段内的具体指导。空域管制命令与空中任务命令同时分布或单独分布。空域管制命令按照接受空域需求申请（军种部队可提出空域使用申请）、空域冲突自动检测、空域冲突人工协调、空域管制指令生成、空域管制指令发布的程序进行。空中任务指令主要包括以下内容。

（1）对空域管制计划的修改。

（2）现行敌我识别器/选择识别装置程序。

（3）与现行程序性空域协调措施（如大密度空域控制区、联合攻击区、战斗机攻击区、导弹攻击区、最小风险航线、协调高度、空中走廊、限制活动区以及其他的适当程序）相关的位置和程序。

（4）进入和通过现用限制活动区（如两栖作战目标区）的程序。

（5）现用盘旋区的位置。

（6）现用无人驾驶航空器的发射、回收和任务区。

（7）地（舰）对地（舰）导弹的发射和弹着限制活动区。

（8）约束性与非约束性火力支援协调措施（如火力支援协调线、禁止射击区、限制射击区、自射击区）。

（9）适用的地面部队控制措施（如主阵地、交战区、空中进攻轴线）。

表 4－7　空域控制申请典型格式

空域控制申请（空域控制）
发往：
发自：
主题：空域申请
一、所申请的空域协调措施
二、位置（纬度/经度）
三、高度
四、有效/废除时间（通常使用格林尼治平均时）
五、机型/任务
六、控制机构
七、备注

第六节　联合遮断计划

空中遮断行动是美国空军对陆军部队实施火力支援的主要方式，在美军陆空联合作战中具有重要的作用。作战中，陆军与空军部队均需对空中遮断行动进行计划和协调。遮断计划活动是与其他计划拟制活动（如火力支援计划、近距空中支援计划）相互关联、相互交融的，既可能单独拟制，还可能成为其他计划活动的组成部分，如火力支援计划中，可能包括了空中遮断和近距空中支援的内容。

遮断行动的目的，是通过致命性或非致命性手段，牵制、瓦解、迟滞和摧毁敌方力量，为己方作战行动创造有利条件。美军各军种部队都可能实施遮断行动，如联合空中遮断行动、联合地面遮断行动、联合海上遮断行动。联合部队指挥官一般通过下属部队实施联合遮断行动。各级部队都可以提供遮断能力，都可能组织联合遮断行动，都需要对遮断行动进行计划和协调。军种部队既可以为其他军种部队提供遮断支援，也可能接受其他军种部队的遮断支援。美国空军可以通过空中遮断行动对陆军部队提供有效支援。空中遮断行动大多是在火力支援协调线以远地域实施，近距空中支援通常是在火力支援协调线以内地域实施。不同于近距空中支援，遮断行动的组织协调相对简单，通常不需要复杂的协调流程和控制措施。但陆军与空军部队同样需要通报情报，加强必要的协调。

陆空联合遮断计划制订的基本流程是：陆军部队接受任务，分析空中遮断需求，提出空中遮断目标，经逐级筛选、排序后，递交给联合空中作战中心；联合空中部队指挥官在与其他军种/职能部队指挥官协调后，提出联合一体化优先目标清单（其中包含了需要遮断的目标），向战区司令提出空中兵力分配建议；联合部队指挥官听取建议，审批联合一体化优先目标清单，下达空中兵力分配指示；而后，联合部队空中部队指挥官根据战区司令确定的优先顺序，使用隶属或可用的空中力量，计划并执行空中遮断行动。

美军陆空联合遮断行动的计划和协调，主要通过制定联合一体化优先目标清单进行。在目标分析、筛选、排序，以及为目标选择打击手段的过程中，陆军与空军部队不间断沟通协调，就遮断目标达成共识。

第七节　近距空中支援计划

近距空中支援在陆空联合作战中具有重要的地位和作用。其计划的拟制较为复杂，涉及方方面面的考虑因素。近距空中支援计划拟制过程详见表4－8。

一、计划拟制人员

美军近距空中支援计划拟制人员包括：指挥官、情报参谋、作战参谋、火力支援协调员、航空联络官、空域管理人员、气象官等。

表4－8　近距空中支援计划拟制过程

接受任务	任务分析	拟制行动方案	分析行动方案/兵棋推演	制定计划或命令
阅读命令 下达 预先 号令	理解: 1. 上级火力支援计划 炮兵 近距离空中支援 迫击炮 歼击机/强击机 攻击直升机 海军水面火力支援 电子战 2. 进行火力支援评估 3. 分析事实/假设 4. 明确指定/隐含任务 5. 说明能力/局限性/约束/限制 6. 在火力支援的背景下分析联合作战环境情报准备 7. 从情报参谋处获取初始高价值目标信息 8. 获取指挥官初始目标指导 9. 拟制基本火力支援任务草案 10. 准备/发送联合战术空中打击请求	1. 确定基本火力支援任务编队位置: 确定高效益目标 量化效果 计划方法 分配搜索资源 分配攻击资源 综合机动与触发 2. 拟订初稿: 火力构想 高效益目标清单 攻击指导矩阵 火力支援实施矩阵 目标确定 同步矩阵 目标清单 火力支援协调措施 空域协调措施 优先火力 3. 确定预期控制样式	1. 兵棋推演 己方行动预案对敌方行动预案 2. 拟制最后稿: 火力计划 有关火力的段落 火力支援/航空附件 火力支援实施矩阵 目标清单 → 目标图层 → 目标选定协同表 → 高效益目标清单 → 攻击指导矩阵 →	1. 指挥官批准/修改行动预案 2. 形成火力支援计划 3. 与作战命令一并发布火力支援计划 目标 近距离空中支援打击目标 压制敌防空系统 目标标示 目标优先顺序 更新联合战术空中打击请求表 机载前方空中控制员

受援部队指挥官需要明确近距空中支援在达成作战目标中的职能作用。向计划拟制人员明确目标、行动构想、指挥控制要求以及具体交战规则。指挥官还要就风险评估、终端攻击控制样式等工作提供指导。

情报军官负责提供实时战场态势、目标信息和预计的敌人行动。

作战军官是确保指挥官意图得到贯彻的主要参谋军官。作战军官负责确保近距空中支援完全融入作战命令和火力支援计划。

火力支援协调员拟制火力支援计划和火力支援附件，负责与空军联络官、其他火力支援代表沟通协调，确保近距空中支援完全融入火力支援计划。

空军联络官就近距空中支援的能力和局限性向相关地面指挥官提供意见。与火力支援协调员等其他参谋人员密切合作，以确保近距空中支援顺利有效地融入火力计划、作战计划拟制过程中。空军联络官还负责近距空中支援计划中的一些具体工作。

陆军联络官是分配到空军部队（如战斗机联队）的陆军军官，就航空支援行动向空军部队提供建议。

关于近距空中支援计划的内容详见表4－9。

表4－9　近距空中支援计划

近距空中支援计划①
一、基本情况
（一）己方情况
1. 战斗地域前沿/己方部队前沿
2. 控制点/攻击出发点
3. 机动计划
（1）目标区域
（2）关键地形
（3）联合终端攻击控制员/（机载）前方空中控制员位置和呼号
（4）支援武器
①炮兵阵地和计划射程
②迫击炮阵地和计划射程
③反火力雷达阵地和计划探测距离
④炮目线

① 万福明，储琴，徐立东. 美军第3－09.3号. 近距空中支援［M］. 北京：军事谊文出版社，2013：312－323.

续表

（5）控制和协调措施 ①许可性措施 协调火力线 火力支援协调线 战场协调线 自由射击区 歼击区 ②限制性措施 限制射击线 禁止射击区 限制射击区 射击目标区 ③空域协调措施/空域协调区 ④导弹攻击区/战斗机攻击区和现状 （二）情报 1. 敌方阵地和数量 （1）企图 （2）可能的接敌途径 （3）通过观察总结的战术 2. 支援分队 3. 威胁 （1）位置 （2）威胁制导系统 ①雷达 ②光学器材 ③红外器材 （3）威胁能力 （4）征兆与警报 （5）使用条令 （三）天气：起飞/目标/着陆 1. 云幕高度 2. 能见度 3. 温度/露水点

续表

4. 风 （四）环境 1. 太阳方位角 2. 太阳高度角 3. 日出/日落时间，包括： （1）航海薄明之初 （2）航海薄暮之末 4. 月亮方位角 5. 月亮高度角 6. 照射百分数 7. 勒克斯度 8. 绝对湿度 9. 历史上的温度 10. 主要反照率 11. 城市照明 12. 热交叠 （五）任务/目标 1. 任务陈述 2. 指挥员意图 3. 支援部队 4. 目标优先顺序 5. 火力优先顺序 6. 预先计划的任务 7. 打击目标时间/抵达阵位时间 8. 改变任务的权限 9. 交战规则 （六）控制程序 1. 进入目标地区 （1）路线选择 （2）海拔/飞行速度 （3）现有控制机构 （4）空中资源冲突解除

续表

2. 通信电子设备操作说明 （1）身份验证 （2）跳频 （3）保密语音 （4）密语/电台业务通信代字 （5）转换 二、执行 （一）地面程序 1. 战备状况及情况更新报告 2. 任务录音带/任务携行量 3. 夜视镜视线 4. AKAC 事项 5. 报告间隔时间 6. 武器发射前准备 7. 飞机起飞前准备 8. 发动机启动时间 （1）惯性导航系统偏差校正 （2）飞机点火 （3）检查前视红外热成像仪 （4）内置抽查 9. 编队 10. 报到 （1）迅速核对 （2）KY－58/安全的语音核对 （3）变量信息格式核对 11. 滑行计划 （1）外来物体破坏预防 （2）夜视设备检验 （二）空中过渡 1. 起飞 （1）位置 （2）制动装置

续表

(3) 起飞样式 (4) 呼叫 2. 爬升 (1) 会合点 (2) 队形样式 ①高度 ②空速 ③功力设定 (3) 队形：观察/空域扫描任务分配 (4) 夜视器材插筒管 (5) 灯光 (三) 途中 1. 指挥控制 (1) 基本报到方式 (2) 预备报到方式 (3) 术语 2. 作战检查 (1) 传感器视轴（瞄准线） (2) 武器瞄准线 (3) 消耗品检查 (4) 环境评估 (5) 雷达测高仪检查 3. 航线选择 (1) 待降点/待命点/开始执行任务的各点 (2) 时间/燃油管理 (3) 发射器/灯光管理 (四) 空中加油 1. 时间 2. 航迹 3. 基本高度/高度区 4. 加油飞机呼号 5. 加油量

续表

6. 加油时间/循环顺序 7. 编队程序 8. 空中加油后的行动 （五）攻击阶段 1. 威胁区域 2. 作战检查 3. 近距空中支援任务介绍 （1）待命 ①样式 ②编队 ③任务分配/责任 ④消除冲突 （2）系统界面 （3）理论射速 （4）系统更新 4. 终端攻击控制 （1）通信 ①需要的呼叫 ②合理的保障 （2）向目标的限制性飞行 （3）可用的标记 （4）激光编码/密语 （5）最少跟踪时间 5. 攻击方案 （1）预先计划的任务：对方案的改变 （2）当前任务 ①出发时的样式 编队 任务分配 ②隔离 启动 空间/时间隔离

续表

③攻击参数 编队长机 僚机驾驶员 ④目标获取预测 目标标示 修正密位量 目标扫描方法 主要传感器 系统辅助设备 ⑤武器投射 (1) 参数 (2) 模式 (3) 武器分配 (4) 中止行动标准 ⑥偏离目标 机动 消耗品 间隔 航向选择 相互支援 ⑦会合点 编队样式 消除冲突 间隔 6. 打击方案改变 7. 再打击方案 (1) 标准 (2) 最低脱离 ①时间 ②距离 ③地形 (3) 通信要求 ①编队飞机之间

续表

②联合终端攻击控制员/机载前方空中控制员之间
(4) 消除冲突
(六) 返回部队
1. 会合点
(1) 位置
(2) 编队样式
(3) 飞机损坏程度评估
2. 未打击目标计划
3. 战斗核对清单
4. 指挥控制
(1) 航线
(2) 编队样式
(3) 任务分配
(4) 受伤飞机处理程序
(5) 指挥控制机构
(6) 战斗毁伤评估/情报反馈报告
(7) 一体化的防空系统突破
①敌我识别系统/灯/其他发射器
②高射炮兵监视器
(8) 备降/预备/应急机场
(七) 修复
1. 指挥控制
2. 修复类型
(1) 主要的
(2) 次要的
3. 夜视器材装载
4. 编队解散
5. 降落
(1) 主要的
(2) 次要的
6. 解除引信/恢复安全状态程序

二、计划制订过程

陆空联合行动中，最复杂、最典型的行动是近距空中支援行动。下面对近距空中支援计划的形成过程做简要介绍。

需要说明的是，并不存在单独的、孤立的近距空中支援计划拟制流程。近距空中支援计划的制订，同样遵循任务分析、拟制方案、分析方案、比较方案、审批方案、制订计划或命令的一般筹划流程。计划制订人员是在任务分析阶段或方案拟制阶段完成空中支援需求的分析，并提交空中支援申请，在拟制作战方案、制订作战计划阶段，设计作战行动、火力打击行动、支援保障行动的过程中，同步完成对空中支援行动的设计。美陆军部队是在任务分析、拟制行动方案、分析行动方案等筹划进程中，逐步明确近距空中支援的相关事项，包括近距空中支援的时机、地点、目标、效果、优先顺序、指挥引导、终端控制、协调措施、支援保障、毁伤评估等。

在接受任务、分析任务的过程中，计划拟制人员需要清晰地了解指挥官的作战构想、火力构想、机动计划，在掌握敌情、我情和战场环境情况的基础上，分析判断本级是否需要近距空中支援；是否有足够的近距空中支援资源可用；近距空中支援力量能否到达目标区，战场条件、天气状况是否满足；如果能到达，由谁指挥引导，由谁进行终端控制，如何通报情报，如何指示目标，如何打击，如何评估。在分析判断的过程中，拟制人员需要确定近距空中支援能否贯彻指挥官的作战意图，能否与其他行动有效协同，发挥出较高的作战效能。在确定需求后，计划人员将草拟并提交初步的近距空中支援请求（见联合战术空中打击请求表），在获得更多细节后，还可对提交的请求做进一步的完善。

在拟制、分析、比较、优选方案的过程中，计划拟制人员更新空中任务指令、空域管制命令，掌握最新的空中态势和支援资源信息，分析敌方行动和空中行动面临的主要威胁，确定近距空中支援的优先顺序，制定火力支援和空域协调的措施，明确打击地域、打击目标、飞行航线等事项，拟制出合适的、可行的近距空中支援方案。在拟制方案的过程中，计划拟制人员要贯彻指挥官的意图，充分考虑敌情、我情和战场环境等情况。拟制方案后，计划拟制人员要对方案进行评估，确定每个行动方案的优缺点，确定哪一个行动方案能最好地实现指挥官的意图。在此过程中，近距空中支援计划拟制人员也要分析每个行动方案中近距空中支援的长处与不足，对支援行动进行推演和评估，以确定近距空中支援是否支持指挥官的意图，与地面行动计划是否有效整合，指挥与控制是否可靠，火力支援和空域协调措施是否有效。

比较优选方案后，近距空中支援和其他火力支援的计划拟制人员进一步细化火力打击任务、目的、方法和预期效果，对作战方案中的火力部分进行完善，最后得出的任务清单即成为近距空中支援基本火力支援任务。基本火力支援任务有四个不同的部分：任务、目的、方法和效果。

任务，如限制第 32 摩步团的前进。目的，如夺取并占领目标“黑豹”。方法，描述如何完成任务、实现目的，如近距空中支援在不迟于 14：00，攻打 B 通道附近的装甲目标。火力效果，即将完成任务的情况进行量化，如近距空中支援摧毁 B 通道附近的 8～10 辆车。

指挥官选定方案后，参谋人员制订计划、命令，以细化选定的行动方案。行动方案包括火力支援附件和空域协调措施附件。火力支援附件可以对作战命令中的火力部分进行拓展和细化，具体内容包括四个部分。

一是目的。确切说明在战斗的每一阶段火力支援所要完成的任务。要具体说明攻击指示和打击标准。这是火力部分的最重要内容。火力支援附件应该说明作为联合职能之一的火力应如何与其他五项联合职能（指挥控制、情报、运动和机动、防护与维持）同步。

二是优先顺序。明确火力优先顺序，而且说明此顺序在每一阶段是否有变化，何时会变。在明确火力优先顺序时，要包括近距空中支援在内的所有火力支援系统。

三是分配。明确火力支援资源的分配，包括：分配给各单位的目标，以便下属部队制订计划；近距空中支援架次，以便下属部队制订计划；烟幕使用时间和区域；优先目标、最终防卫火力和特别弹药优先目标；配备了激光设备的观察队。

四是限制。说明火力支援协调措施和特别弹药使用需注意的问题。

三、需把握的问题

在制订近距空中支援计划的过程中，计划拟制人员要准确领会上级意图，全面分析战场形势、关注地形和天气因素，把握时间节点。

（一）准确了解敌情

美军强调，计划拟制人员必须考虑到敌人的编成、配置、战斗序列、能力和可能的行动预案。要了解敌方的进攻、防御能力，地对空威胁能力，假目标设置以及工程伪装等情况，敌方信息战能力以及对指挥控制系统的影响，特别是对通信、导航和目标选定方面的影响。美军认为，敌方通常会以地对空导弹、高射炮等武器防护其有价值的目标。使用“防区外武器”和不断变化的攻击出发点能减少飞机和攻击方向的暴露，提高飞机的生存力。

计划拟制人员要预想敌方行动可能对飞机编队造成的影响。战场情况复杂多变，需要拟制详尽的任务计划，并事先对机组人员进行任务介绍。飞行途中，敌方部署、目标位置、飞行航线还可能发生变化，机组人员需要与控制机构、受支援地面部队不间断沟通和协调，及时掌握最新的情况，适时改变原来的计划和战术。如果通信系统被破坏，则需要启动预备方案。

（二）全面把握我情

计划拟制人员必须了解和掌握己方情况，包括指挥控制资源，情报、监视和侦察资源和近距空中支援资源。

指挥控制资源。包括机载指挥控制资源（如联合监视目标攻击雷达系统、机载战术空中协调员、陆航部队指挥官）和地面指挥控制资源（如空中支援作战中心、战术空军控制组、战斗观察与激光引导组）。每一个指挥控制平台都有其优长与不足，计划拟制人员需要根据实际情况，合理安排、科学使用各个指挥控制平台。要制订详细、灵活、应变能力强的指挥控制计划，确保指挥控制行动的可操作性，例如，战术空军控制组支援哪支部队，如何通信、如何机动、如何射击都需要详细计划。

情报、监视和侦察资源。能够提供情报、监视和侦察的机构、平台和人员，包括无人机系统、联合监视目标攻击雷达系统、机载前方空中控制员、联合终端攻击控制员、战区空中控制系统、陆军空地系统、攻击飞机、侦察部队等。

近距空中支援资源。计划拟制人员需要选择合适的武器和弹药，确保打击行动的精确性、灵活性。武器的载荷、保险和引信必须根据期望的效果来设定。集束弹药和通用弹药对部队和静止的车辆非常有效。然而，坚固的、运动的或者极小的目标可能需要一些专门武器，如激光制导武器、光电武器和红外武器。

（三）注重地形和天气因素

地形对通信、目标识别、飞机视线有重要影响。旋转翼飞机受视线限制的影响非常大。计划拟制人员需要考虑地形可能带来的不利影响，通过机载空中控制员、其他空中指挥控制平台、远程中继等手段，减少地形条件带来的不利影响。

天气情况决定了飞机的攻击样式。合成孔径雷达、数据链、目标搜索吊舱等手段能提高气候不良情况下实施近距空中支援的能力。

良好的能见度对提升空中支援效能具有重要意义。云层高度和能见度对运用低空、中空、高空战术有重要影响，还会影响飞机的作战使用，以及终端攻击控制员侦察获取目标的能力。如果目标车辆在运动，排出的烟迹、尘迹能显示其位置。

能见度对远程打击（如自由落体炸弹/火箭）的影响比对近程打击（如慢降炸弹和火炮）的影响更为重要。大雾或烟幕对低空攻击的影响要比对大角度俯冲攻击的影响大得多，因为水平能见度通常要比斜面能见度低。低能见度和厚云层对激光和光电制导武器的使用具有一定限制。支援飞机与太阳背向飞行时，目标获取相对要容易些。

目标掩饰。在低空攻击中，飞行员很难发现被地形、建筑物、植被掩蔽的目标。找到攻击目标就需要提高飞机的高度。

热特征。对于热武器系统的探测和打击，需要充分考虑各种可能的变化因素，最新的作战情况、目标结构、热辐射、环境背景等因素都要考虑到。

对比和亮度。目标与周围环境的对比越明显，目标探测相对就越容易。远距离之外，发现相近颜色背景中的目标就比较困难。无论对比度是否明显，光线对目标识别定位都具有决定性影响，如果光线较弱，所有目标的定位都更为困难。

（四）把握时间节点

制订计划可用时间。时间是至关重要的一个因素。计划拟制人员必须估算制订计划、实现协同以及执行支援地面部队所需要的时间。没有充足的计划拟制时间将会降低计划制订效率，增加机组人员和地面部队的危险。

联合空中任务周期。对预有计划的请求，联合空中作战中心计划部门会在空中任务分配周期中设定一个截止时间。若近距空中支援请求不能在截止时间前提交，就需要通过联合空中作战中心作战行动部门提出，作战行动部门通过改变预定空中任务指令的方式来满足申请。申请还可能作为紧急请求，通过标准紧急空中支援申请进行满足。

另外，在制订近距空中支援计划的过程中，还需要考虑法律限制、误伤误炸等因素，降低对平民、平民设施和财产的附带毁伤，要参阅并遵循武装冲突法。为降低附带毁伤，美军强调增加精确制导和低能量武器的使用。

第八节　联合战术空中打击请求表①

联合战术空中打击请求表，是陆军部队向空军部队提出的空中支援申请表，一般同配置于本级的空军联络代表协商确定。联合战术空中打击请求表一般由陆军部队火力部门负责制定。在听取空军联络官意见、建议的基础上，火力部门根据战场形势、目标类型特点、建制火力优长与不足，合理确定空中支援需求，包括需要打击哪些目标、什么时间打击、在哪打击、需要什么效果、是否紧急等。确定空中支援需求后，需要及时向上级部门提交联合战术空中打击请求表。上级火力部门审查下属部队上报的空中打击请求表，剔除不合理、不重要或无法满足的空中请求，将合理的空中请求按照重要性进行排序。经逐级审查、逐级汇总、逐级排序，最终的支援请求表将通过高级野战炮兵战术数据系统、战区战斗管理核心系统等手段传递给联合空中作战中心。在各级都保持优先顺序的支援请求将最终得到批准。

联合战术空中打击请求表，主要包括三类信息：支援请求、协同事项、任务数据。其中，支援请求、协同事项由陆军申请单位填写，分发给空军部队；任务数据由空军部队填写，分发给申请单位。任务数据来源于空中任务指令，是对陆军部队空中支援请求的信息反馈，是经批准的、可以实施的空中支援。联合战术空中打击请求表的内容详见表4－10。

---

① 万福明，储琴，徐立东．美军第3－09.3号．近距空中支援［M］．北京：军事谊文出版社，2013：305－311.

表 4－10　联合战术打击请求表

<table>
<tr><td colspan="3">联合战术空中打击请求</td><td colspan="2">参阅美军第 3－09.3 号联合出版物关于准备工作的批示</td></tr>
<tr><td colspan="5">第一节　任务请求</td></tr>
<tr><td rowspan="2">1. 被呼叫单位</td><td rowspan="2">我是</td><td rowspan="2">请求编号</td><td>日期</td><td>发送否</td></tr>
<tr><td>时间</td><td>发送人</td></tr>
<tr><td colspan="3" rowspan="2">2. 预定：A 先后顺序____ B 先后等级____
紧急：C 优先等级____</td><td>日期</td><td>接收否</td></tr>
<tr><td>时间</td><td>接收人</td></tr>
<tr><td colspan="5">3. 目标/数量
A 户外人员____ B 堑壕内人员____
C 机枪/无后座力炮/反坦克炮____ D 迫击炮、火炮____
E 防空高炮____ F 火箭/导弹____ G 装甲____
H 车辆____ I 楼房____ J 桥梁____
K 地堡、掩体____ L 补给品、装备____ M 中心（指挥所）____
N 区域____ O 路线____ P 向东/南/西/北运动____
Q 备注____</td></tr>
<tr><td colspan="3" rowspan="2">4. 目标位置
A____（坐标） B____（坐标） C____（坐标）
D____（坐标） E 目标海拔____
F 表单号____ G 序列号____
H 图表编号____</td><td></td><td>复核否</td></tr>
<tr><td colspan="2">复核人</td></tr>
<tr><td colspan="5">5. 打击目标时间/时期
A 尽快____ B 不晚于____ C 在____ D 到____</td></tr>
<tr><td colspan="5">6. 预期使用弹药/打击效果
A 弹药____ B 摧毁____ C 压制____ D 袭扰/遮断____</td></tr>
</table>

续表

<table>
<tr><td colspan="6">联合战术空中打击请求</td><td colspan="6">参阅美军第3－09.3号联合出版物关于准备工作的批示</td></tr>
<tr><td colspan="12">7. 最终控制
A 联合终端攻击控制员______　B 呼号______　C 频率______
D 控制点______</td></tr>
<tr><td colspan="12">8. 备注</td></tr>
<tr><td colspan="12">第二节　协调</td></tr>
<tr><td colspan="4">9. 海军水面火力支援</td><td colspan="4">10. 炮兵</td><td colspan="4">11. 空军情报官/地面部队情报军官/地面部队作战军官</td></tr>
<tr><td colspan="4">12. 请求
□请求　□否决</td><td colspan="4">13. 审批人</td><td colspan="4">14. 否决理由</td></tr>
<tr><td colspan="4">15. 火力/空域限制计划
A 未生效______
B 编号______</td><td colspan="8">16. 生效时段
A （起始时间）______
B （终止时间）______</td></tr>
<tr><td colspan="4">17. 位置
A （起点坐标）
B （终点坐标）</td><td colspan="4">18. 宽度（米）</td><td colspan="4">19. 海拔/最高点（英尺）
A （最高点）
B （最低点）</td></tr>
<tr><td colspan="12">第三节　任务数据</td></tr>
<tr><td colspan="3">20. 任务编号</td><td colspan="3">21. 呼号</td><td colspan="3">22. 飞机架数和类型</td><td colspan="3">23. 弹药</td></tr>
<tr><td colspan="3">24. 预计/实际起飞时间</td><td colspan="3">25. 预计打击目标时间</td><td colspan="3">26. 控制点（坐标）</td><td colspan="3">27. 初次接触</td></tr>
<tr><td colspan="3">28. 联合终端攻击控制员/机载前方空中控制员/机载终端攻击控制员/频率</td><td colspan="3">29. 空域协调区</td><td colspan="3">30. 目标描述</td><td colspan="3">31. 目标坐标/海拔</td></tr>
</table>

续表

联合战术空中打击请求	参阅美军第 3－09. 3 号联合出版物关于准备工作的批示
32. 战斗毁伤评估报告（美国信息文本格式的飞行报告） 第 1 行/呼号______________ 第 3 行/请求编号____________ 第 5 行/打击目标时间____________	 第 2 行/任务编号____________ 第 4 行/位置______________ 第 6 行/打击效果________________ 备　注______________

一、任务请求

任务请求，主要包括八行内容。

第 1 行

被呼叫单位：明确该单位的番号/呼号/预先分配的编号。

我是：申请单位的番号/呼号/预先分配的编号。

请求编号：对于预定任务，该编号由陆军部队进行分配；对于紧急任务，该编号由空中支援作战中心分配。

已发送：指发送请求的时间和人员。

第 2 行：任务类别

• 预定

对于预先计划的请求，输入优先顺序（A 项）或优先等级（B 项）。

优先顺序是按照重要性以降序排列的数字，由请求方确定。

优先等级表述如下（#1 代表紧急，#2 代表优先，#3 代表常规）。

• 紧急

优先等级。紧急请求享有输入优先（C 项）。不必输入 A 项紧急请求的优先顺序，因为根据定义，所有紧急请求的优先顺序都是#1。

通过下面指定的数字来确定预定任务（B 项）或紧急任务（C 项）的优先等级：

紧急：#1。要求立即对目标采取行动，目标优先等级超过所有其他任务等级。

优先：#2。要求立即对目标采取行动，目标优先等级高于常规目标。

常规：#3。临机目标。不要求对目标实施紧急打击。

已接收：说明接收请求的时间和人员。

第 3 行：目标/数量

描述要攻击目标的类型、规模和机动性。明确目标的数量（如 10 辆坦克）或目标区域的大小。这种数量哪怕是粗略的估计，也是必要的；否则计划制订人员无法准确地确定需要的飞机架次、类型，以及弹药的数量与种类等情况。

第 4 行：目标位置

使用军事网格坐标参照系统确定目标位置。

A 项。坐标。确定一个点状目标或起点的位置。

B 项。坐标。与 A 项一起使用时，表示从 A 到 B 的坐标。

C 项。坐标。与 A 和 B 一起使用时，表示一条路线。

D 项。坐标。与 A、B 和 C 一起使用时，则表示一条路线或描述一个目标区。

E 项。目标海拔。目标的平均海拔高度，以英尺为单位。

F 项。表单号。

G 项。序列号。

H 项。图表编号。

复核人。对目标信息进行了复查和核对的人员。

第 5 行：打击目标时间/日期

说明请求进行空中打击的时间/日期。

A 项。尽快。

B 项。不晚于。

C 项。在（几点几分）。说明打击目标的确切时间。

D 项。到（几点几分）。表示一个时间节点，在该时间段内，需要提供支援。如果使用 D 项，就无须填写 B 项、C 项。

第 6 行：预期使用弹药/打击效果

指请求方对空中打击的预期效果。这对于计划制订者而言是至关重要的信息，请求方必须周到考虑。

A 项。弹药。

B 项。摧毁。

C 项。压制。

D 项。袭扰/遮断。

第 7 行：最终控制

明确提供任务介绍、控制弹药发射的最终控制员（如联合终端攻击控制员、机载前方空中控制员）。

A 项。联合终端攻击控制员。发送终端控制类别。

B 项。呼号。终端控制员的呼号。

C 项。频率。推荐的战术空中指导频率。

D 项。控制点。控制点位置，由军事网格坐标表示，还可由导航系统辅助确定。从该点开始，终端控制员将接管飞机控制权。

第 8 行：备注

包含上述没有提到的信息，特别是情况更新报告。在提交联合战术空中打击请求时，联合终端攻击控制员或请求单位将向空中支援作战中心/直接空中支援中心提供一份当前情况更新报告。情况更新报告将包括以下内容：情况更新报告编号（#）；目标，敌方总体情况；威胁活动；己方情况；己方位置；炮兵活动；批准部门；申请的弹药；限制规定/备注；局部压制敌方防空系统的行动（火力压制/电子战）；危害因素（天气、地形、障碍物）。

二、协调

主要包括 11 行内容。

第 9 行：海军水面火力支援。指与海军水面火力支援的协同。

第 10 行：炮兵。指与炮兵的协同。

第 11 行：空军情报官/地面部队情报军官/地面部队作战军官。指空中、地面、海上相关指挥人员的协调。

第 12 行：请求。指批准或否决该请求。

第 13 行：审批人。指批准或不批准该请求的人员。

第 14 行：否决的理由。

第 15 行：火力/空域限制计划。空域协调机构确定的相对安全的空中区域。空域控制官向机组人员提供某特定区域地（水）面火力的参数。视情发布计划编号或编码。

第 16 行：生效时段。空域协调计划将在该时间段内生效。

第 17 行：位置。空域协调区中心线起点和终点的网格坐标。

第 18 行：宽度（米）。确定空域协调区中心线两端之间的宽度。

第 19 行：海拔/最高点（英尺）。空域协调区的平均海拔高度。

三、任务数据

第 20 行：任务编号。

第 21 行：呼号。

第 22 行：飞机架数和类型。

第 23 行：弹药。用代码编号或实际名称标明弹药的类型。

第 24 行：预计/实际起飞时间。执行任务的飞机预计起飞或实际起飞时间。

第 25 行：预计打击目标时间。估计命中目标的时间。

第 26 行：控制点（坐标）。与第 7 行中 D 项一致。

第 27 行：初次接触。指与飞行编队接触的第一个控制机构。

第 28 行：联合终端攻击控制员/机载前方空中控制员/机载终端攻击控制员呼号/频率。指最终控制机构的呼号和频率。

第 29 行：空域协调区。参见第 15 行至 19 行。

第 30 行：目标描述。

第 31 行：目标坐标/海拔。

第 32 行：战斗毁伤评估报告（美国信息文本格式的飞行报告）。可选填，用于记录每一次任务的战斗毁伤评估。

第九节　联合一体化优先目标清单

联合一体化优先目标清单在美军陆空联合作战组织筹划与实施中，具有重要的地位与作用。联合一体化优先目标清单不仅包括需要重点打击的目标，而且包含了打击目标的具体细节。从某种角度来讲，形成了联合一体化优先目标清单，即意味着陆空主要协同事项的基本完成。

筹划中，各军兵种部队均会提出目标打击清单，战区司令在听取各军种意见、建议的基础上，审查目标清单草案，形成最终的联合一体化优先目标清单。联合一体化优先目标清单是制订联合空中作战计划、主攻击计划、空中任务指令等计划的基础和重要依据。联合战术打击请求表上的目标只有被纳入联合一体化优先目标清单（见表 4 – 11），才意味着真正得到了批准。

表 4－11　联合一体化优先目标清单

联合一体化优先目标清单概念格式														
优先顺序	BE 代码	OSFX 代码	紧迫程度	国家代码	目标名称	位置			备注	提名单位	任务优先顺序	提名优先顺序	陆军跟踪码	先前提名紧迫程度
						经	纬	高						
(a)	(b)	(c)	(d)	(e)	(f)	(g)	(h)	(i)	(j)	(k)	(l)	(m)	(n)	(o)
01					WEBB 空军基地					ACC	01A3－1	01		A,B,C
02					REESE 空军基地				阻断 24 小时	ACC	01A3－1	02		B,C
03					LUBBOCK 空军基地				阻断 24 小时	ACC	01A3－1	03		B,C
04					NODONG 存储点				摧毁	ARFOR	02W3－1	01	3E1501N	
05					SCUD 存储点				摧毁	ARFOR	02W3－1	02	3E1502N	
06					SAN ANGELO 萨姆－2 阵地					ACC	03A3－4	15		
07					AMARILLO 信息中心及雷达站					ACC	03A3－4	16		A

续表

说明	
(a)	目标优先排序
(b)	BE代码是关于设施、装置类目标与位置相关的ID编码。对于设施类目标，只有当其他地理空间分类方法不可用时方可使用BE代码或OSFX代码
(c)	设施类目标BE代码与ID编码或位置
(d)	目标紧迫程度分类码
(e)	国家代码
(f)	目标名称
(g)	三维坐标
(h)	三维坐标
(i)	三维坐标
(j)	期望效果
(k)	提名单位
(l)	关联战术任务
(m)	提名优先顺序
(n)	陆军跟踪码
(o)	先前提名的目标紧迫程度

第五章
美军陆空联合作战通指网系

现代战争越来越呈现出信息主导、体系支撑、跨域联合、精确作战的基本特征。美军陆空作战力量广域分布、动态部署，依赖于无缝链接的通信与指挥网系（以下简称“通指网系”），陆军与空军可实现实时精确协同。陆空通指网系可理解为，以通信网络为支撑，以指挥控制信息系统为核心，支持陆空协同作战的信息系统集合。从系统工程角度来看，陆空通指网系是美军 C^4ISR 系统的重要组成部分，是为美军陆空联合作战指挥提供重要支撑的一体化军事信息系统。陆空联合作战通指网系有机融合在美军 GCCS 整个系统中，发挥着陆空联合作战力量“黏合剂”的作用。信息时代，通指网系已成为美军开展近距空中支援、空中遮断、空中侦察、空运、空中搜救等行动的基本依托，也是美军探索实践“多域作战”“全域作战”的重要支撑。

根据美军的指挥体系和兵力部署，总体来看，美军陆空联合作战通指网系（美军 C^4ISR 系统的陆/空部分），主要分成了两个层次，即战略级通指网系和战术级通指网系。美军的战略 C^4ISR 系统是指全球指挥控制系统，是美国综合 C^4I 系统和国防信息基础设施的重要组成部分，是美军用以保障其在全球范围内部队的派遣和协调，实施危机管理和协调联合作战的系统。全球上百个地区都安装了该系统，可满足作战部队对无缝一体化指挥与控制的要求。战术级通指网系，主要是指美军军以下单位使用的指挥信息系统与通信系统，这里主要是指陆军与空军的战术通信与指挥信息系统。总体来看，当前美军已建成能够有效支撑陆空联合作战的通指网系，如图 5－1 所示。

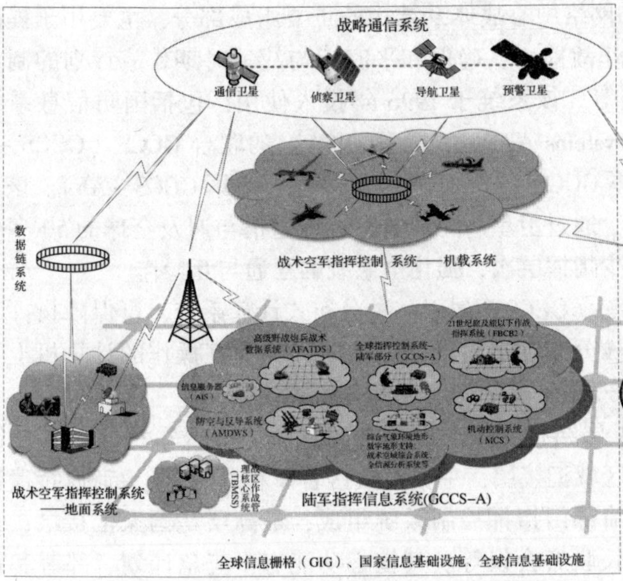

图 5-1　陆空联合作战通指网系组成

第一节　指挥信息系统[①]

美国陆军和空军均形成了较为完备的指挥信息系统，各系统之间能够实现互联互通互操作，这为陆空联动筹划、跨域协同奠定了基础。

一、战略指挥信息系统

美军陆空联合作战在战略、战役、战术各个层次进行组织，其组织实施离不开战略指挥信息系统的支撑，陆军和空军指挥信息系统本身也是美军 GCCS 的有机组成部分。

美军现役的战略指挥信息系统全称是全球指挥控制系统（Global Command and control system，简称 GCCS），主要支持其战略级行动，也可支持战术级行动。GCCS 是美军 C^4ISR（指挥 command、控制 control、通信 communication、计算机 computer、情报 intelligence、监视 suveilance 和侦察 reconnais-

① 赵捷. 诠释指挥信息系统［M］. 北京：长征出版社，2012：77-83.

sance）系统的核心和网络中心战体系结构的重要组成部分，主要用于提高联合作战管理以及应急作战能力，确保和平时期与战争时期作战计划的制订和军事行动的顺利实施等。该系统于1996年投入使用，包括国防信息系统局（Defense Information Systems Agency，简称DISA）的联合GCCS（GCCS－J）、各军种的GCCS（陆军GCCS－A、海军GCCS－M、空军GCCS－AF）。该系统采用扁平式网络结构，通过卫星、无线电、有线通信与遍及全球的50多个指挥中心连接，能够减少指挥层次，强化全系统的互通与互操作。

全球指挥控制系统（GCCS）属于一种分布式计算系统，可保障指挥和控制功能的软件及数据被分布在通过网络互连的异构与互操作的计算机上，通过高、中、低三层客户/服务器结构实现其分布式计算。

GCCS系统采用3层结构：最底层是战术层，由战区军种所属各系统组成；中间层是战区和区域汇接层，主要由战区各军种司令部、特种/特遣部队司令部和各种作战保障部门指挥控制系统组成；最高层是国家汇接层，包括国家指挥当局、参谋长联席会议等。其核心功能有：应急计划、部署和控制部队、后勤保障、情报态势、通信、定位、火力支援、空中作战、战术图像、数据表示与处理、数据库、办公自动化等。

二、陆军指挥信息系统

美军陆军作战指挥系统（Amry Battle Command System，简称ABCS）是包括陆军数字化部队在内的各主要作战部队实现战场通信与指挥控制必须依靠的重要系统。目前，美国陆军已建成以国家信息基础设施为依托，以战术级战场信息控制系统为基础，以战役、战略级指挥控制系统为支撑，以单兵指挥控制系统为末端的陆军指挥控制系统体系。美陆军作战指挥系统是美军全球指挥控制系统的分支系统，是陆军所有战略、战区和战术级联合作战指挥系统的总称，也是美国陆军全面建设信息化部队的核心基础。

根据1999年1月颁发的《美国陆军野战手册——FM24－1：陆军作战的通信支援》所述，从功能模块上划分，美国陆军作战指挥系统主要由以下分系统构成：陆军指挥信息系统包括全球指挥控制系统－陆军部分（GCCS－A）、机动控制系统（MCS）、全信源分析系统（ASAS）、高级野战炮兵战术数据系统（AFATDS）、前方地域防空与指挥控制系统（FAADC2I）、战斗勤务支援控制系统（CSCCS）、21世纪旅及旅以下作战指挥系统（FBCB2）、数字地图支持系统（DTSS）、综合气象系统（IMETS）以及战术空域综合系统（TAIS）等。其中，MCS、ASAS、AFATDS、FAADC2I和CSCCS，又被称为陆军战术指挥信息系统（ATCCS）。

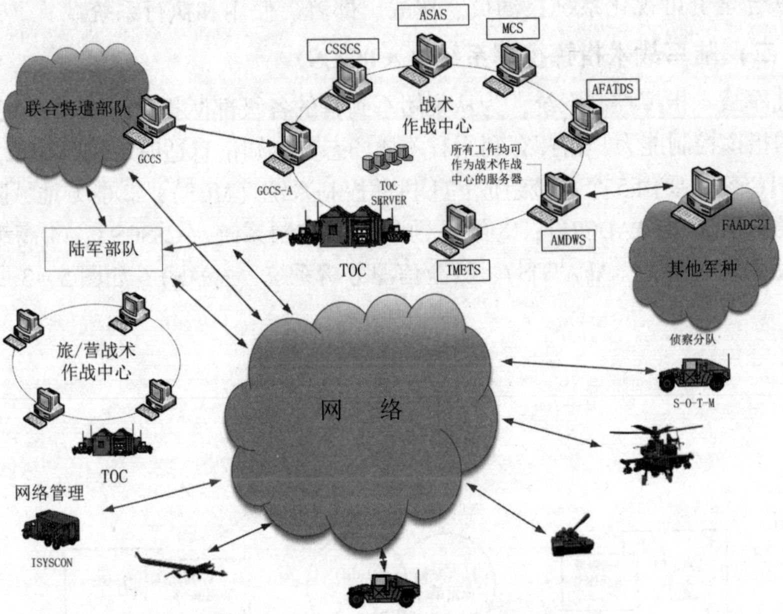

图5－2　美陆军作战指挥系统结构示意

图注：TOC——战术作战中心；GCCS——全球指挥控制系统；GCCS－A——全球指挥控制系统－陆军部分；CSSCS——战斗勤务支援控制系统；ASAS——全信源情报分析系统；MCS——机动控制系统；AFATDS——“阿法兹”高级野战炮兵战术数据系统；ISYSCON——综合系统控制；IMETS——综合气象系统；DTSS——数字地图支持系统；TAIS——战术空域综合系统；AMDWS——防空反导工作站；FAADC2I——前方地域防空与指挥控制系统；EBC/FBCB2——嵌入式战斗指挥系统/21世纪旅及旅以下作战指挥系统；TOC－SERVER——战术作战中心服务器；S－O－T－M——移动卫星通信。

（一）全球指挥控制系统－陆军部分（GCCS－A）

GCCS－A通常配备于陆军军级单位，是美军全球指挥控制系统中的陆军部分，是陆军的战略和战区指挥控制系统，可与空军、海军以及陆军其他指挥信息系统实现互操作，还可与盟国指挥控制系统实现互联。

GCCS－A能够为战略指挥官提供战备、计划、动员和部署能力信息；向战区指挥官提供通用作战图像（COP）及有关敌我状态信息、兵力部署计划及执行工具；为最高陆军指挥官提供通用战术图（CTP）；并能提供相关后勤资源数据。

GCCS－A 功能模块包括：陆军国防战备报告系统；自适应作战方案系统；通用作战建模计划与仿真战略系统；通用作战图像；全球资源状态与训练系统；联合全资可视化系统；动员、作战、部署、使用和执行系统。

（二）陆军战术指挥控制系统（ATCCS）

陆军战术指挥控制系统，为从集团军到营的各级部队提供近实时或实时的、无缝的指挥控制能力，指挥官利用有关战场态势感知信息适时地进行决策。

ATCCS 主要由 5 个系统组成：①机动控制系统（MCS）；②前方地域防空与指挥控制系统（FAADC2I）；③战斗勤务支援控制系统（CSSCS）；④高级野战炮兵战术数据系统（AFATDS）；⑤全信源分析系统（ASAS），如图 5－3 所示。

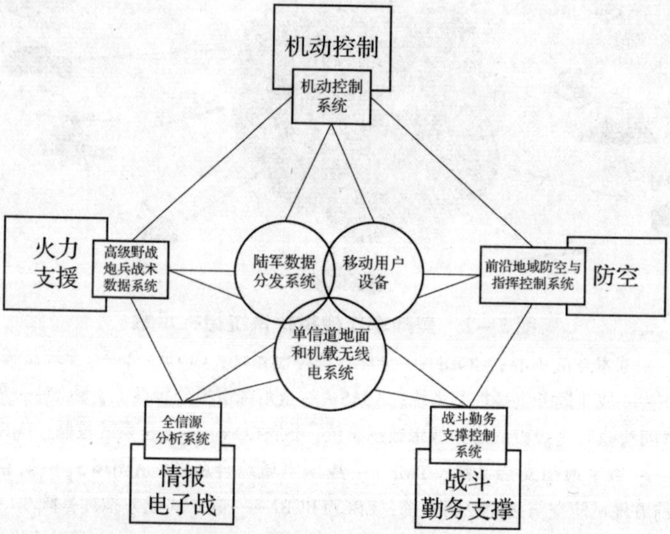

图 5－3　美陆军战术指挥控制系统（ATCCS）结构

1. 机动控制系统（MCS）

MCS 部署于军至营级单位，是军至营级指挥官及参谋进行战术规划的主要工具，能够提供通用作战图像（COP）和综合战场信息，包括任务、作战方案、机动计划、预警和作战命令，以及情报、火力支援、补给状况、空中请求等信息，能够协助指挥官决策和部署部队。MCS 能够接收 ABCS 其他功能子系统提供的重要作战指挥信息和数据，并能按照 ABCS 其他功能子系统的要求向其提供重要的 COP 信息。

2. 前方地域防空与指挥控制系统（FAADC2I）

前方地域防空与指挥控制系统，是为前方地域防空武器自动而准确地提供目标数据，保护已方飞机并简化空战管理手续的一套自动化系统。主要用于防空武器的指挥控制，是防空系统的神经中枢，“爱国者”“霍克”“复仇者”等各类防空武器通过前方地域防空与指挥控制系统组成了一体化陆军防空体系。前方地域防空与指挥控制系统能够与空军、海军、海军陆战队指挥控制系统连网，从而形成联合防空体系。其主要功能包括判读和整合传感器数据、评估威胁、提供预警、传递武器命令、指挥攻击行动等。系统能自动交换防空火炮指挥信息、分发与通报空战管理数据、空中轨迹和空中轨迹识别信息。

3. 战斗勤务支援控制系统（CSSCS）

战斗勤务支援控制系统的作用是协助指挥官和参谋人员计划、遂行后勤保障行动。CSSCS 可以快速收集、分析和分发重要战斗勤务支援信息，支援指挥控制系统和资源管理，可及时提供战况，以支援部队当前行动和未来行动。

战斗勤务支援控制系统为指挥员提供补给、野战勤务、维修、医疗、人员及战斗勤务支援保障方面的信息，也要提供包括后勤与特业参谋调动在内的各类信息。战斗勤务支援控制系统的数据来自全球勤务支援系统的陆军分系统。CSSCS 部署于营以上单位。系统采用人工智能作为决策手段，可以有效保证战斗勤务支援计划的准确性和时效性。

4. 全信源情报分析系统（ASAS）

ASAS 配备于美陆军军至旅级部队，是陆基移动式情报处理与分析系统，是陆军执行任务必不可少的信息支持系统。该系统接收并处理国家、战区和各级战术部门配备的各类传感器、分析设备以及 21 世纪旅及旅以下作战指挥系统（Force XXI Battle Command Bligade and Below，FBCB2）提供的情况侦察报告。

系统可提供及时、准确的敌方情况态势图。ASAS 主要功能有：战场情报准备，即情报人员可利用全信源分析系统远程工作站作为战场情报准备的分析工具；行动过程分析，即全信源分析系统远程工作站可协助作战人员分析敌方部队、装备、位置以及运动方面的信息；瞄准与报警，即通过输入各类报告和传感器数据，远程工作站可向操作人员警示敌方目标，自动推荐友军支援火力，为执行任务提供支援；敌方态势监控，即全信源分析系统可监控敌方当前态势；利用最新作战信息和情报，及时显示敌军部队的详细数据。未来 ASAS 将朝着小型化、软件化、通用化和综合化的方向发展。

5.“阿法兹”高级野战炮兵战术数据系统（AFATDS）

高级野战炮兵战术数据系统（AFATDS，简称“阿法兹”）能够为陆军、海军和海军陆战队的火力支援提供指挥、控制和通信。该系统配备上至军以上部队，下至炮兵连、排。该系统能够为美军各军兵种的多种武器平台提供支持，包括迫击炮、野战炮、火箭炮、导弹、攻击直升机、空中支援和海军舰炮，协助指挥官实现作战计划、机动控制、目标与武器配对、目标价值分析以及火力支持计划的自动化，能够有效支援空地一体化作战。

实际上，“阿法兹”的作用就是协助指挥官在恰当时机用恰当的火力打击恰当的目标。该系统设计的处理延时为 5 秒，能与英、法、德等国家的火力支援系统互通，能与 M1A1 主战坦克、AH－64“阿帕奇”直升机等具有数字化通信能力的武器系统直接联网，提供快速态势感知信息，并请求火力支援。该系统还可与美军空军、海军相关信息系统实现互操作，是一体化程度比较高的火力支援指挥控制系统。

美国陆军部队提出的联合战术打击请求表可通过高级野战炮兵战术数据系统发送给战区战斗管理核心系统，从而提高申请空中支援的效率。

与高级野战炮兵战术数据系统关联的系统有：前端输入装置（FED）、便携前端输入装置（PFED）、联合自动纵深协调系统（JADOCS）、“帕拉丁”火炮、多管火箭发射系统（MLRS）、战区战斗管理核心系统（TBMCS）、火炮显示装置（GDU）/火炮显示装置－替换装置（GDU－R）、21 世纪旅及旅以下作战指挥系统（FBCB2）、非直瞄火炮（NLOS－C）/非直瞄射击系统（NLOS－LS）、“神剑”精确制导炮弹、情报全信源综合分析系统（ASAS）/陆军分布式通用地面系统（DCGS－A）①。

（三）21 世纪旅及旅以下作战指挥系统（FBCB2）

该系统主要用于为旅及旅以下部队执行战术作战、火力支援和战斗勤务支援等任务的指挥官、分队直至单兵、武器平台提供机动中的实时和近实时

① 美国陆军部. 现役美国陆军武器系统鉴赏图典［M］. 刘杨，译. 北京：人民邮电出版社，2014：30.

的态势感知和指挥控制信息，是陆军作战指挥系统的重要组成部分。FBCB2主要采用两种通信方式：一是采用增强型定位报告系统（EPLRS）及单信道地面和机载无线电系统（SINCGARS）作为其通信接口的地面通信系统，适合于城市、平原地形作战，但作战范围受EPLRS的作战范围限制；二是采用L频段商业卫星进行通信的FBCB2蓝军跟踪系统（FBCB2-BFT），适用于作战节奏较快、作战范围广、作战地形较为复杂的军事行动。

其组成包括：特殊用途的附加式或嵌入式计算机系统、数字化部队战斗指挥软件系统、定位导航和报告系统、全球通信系统接口和数字化部队战斗识别环境。FBCB2与陆军作战指挥系统接口如图5-4所示。

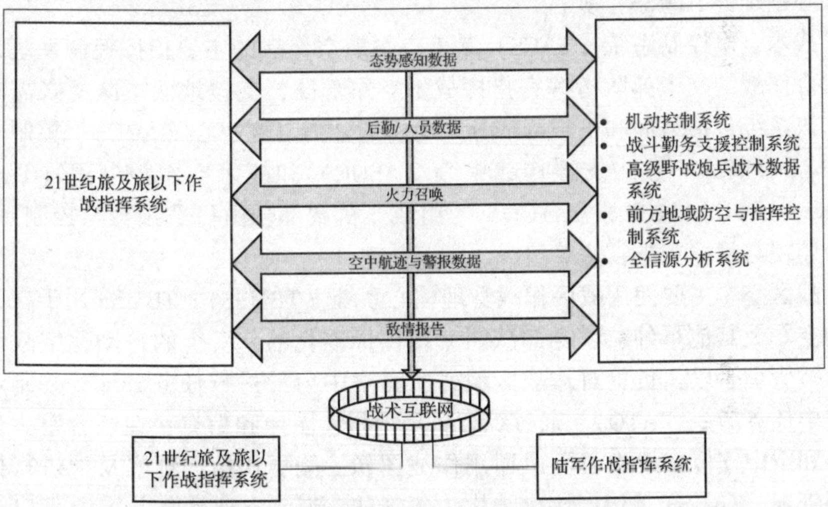

图5-4　FBCB2与陆军作战指挥系统接口

三、空军指挥信息系统[①]

美空军作战指挥系统，起源于20世纪50年代中期的半自动化地面防空系统——“赛其”（SAGE）系统。自20世纪80年代以来，空军指挥控制系统建设进入了一个崭新发展的时期，尤其是“空地一体战”理论的提出，对促进空军指挥控制系统的发展起了很大的推动作用。

① 赵捷．诠释指挥信息系统［M］．北京：长征出版社，2012：86-87.

在海湾战争中，以计算机为核心的指挥自动化系统，在空中作战指挥中得到了广泛的运用。“沙漠风暴”行动期间，美军中央总部空军司令部利用系统每天颁布的空中任务指令就长达700页，准确地协调和指挥了分属12个国家40多种机型平均每天2000多架次的空袭作战任务。美军空运司令部的空运调度分析系统共安排调度了11500次空运任务，运输人员55万人、作战物资50余万吨，对保障作战的胜利做出了重要的贡献。

进入21世纪，美空军指挥控制系统已发展成为能够与其他军兵种指挥信息系统互联互通的综合信息系统，成为国家军事指挥控制系统的一部分。

美空军指挥信息系统主要包括战术空军控制系统（TACS）和战区作战管理核心系统（TBMSS）等。

战术空军控制系统（TACS）是美空军航空作战的主要指挥控制系统，也是联合作战的空中部队指挥官指挥战术空军部队，支援地面军队所必需的系统。该系统包括地面和机载两部分。地面部分由空战中心（AOC）、控制与报知中心（CRC）、空中支援作战中心（ASOC）和战术空军控制组（TACP）（CRC、ASOC、TACP隶属AOC）等组成。机载部分由机载预警与控制系统、联合监视与目标攻击雷达等组成。

战区空军主要使用战区作战管理核心系统（TBMSS）。TBMSS用于在战区中为空军及其他军种、联合部队司令提供标准化的、安全的自动化空战计划和执行管理手段，负责对作战区域的所有空中力量进行任务分配，并制定联合空中任务指令（ATO）。通过综合各类情报、图像和信息，在联合空中作战中心和空中支援作战中心生成通用作战图像，能更快捷、更容易地进行任务计划管理。TBMSS采用模块化结构，便于陆、海、空运输，其配置可以根据信息资源、作战单元、可用的武器数量、参战军种和盟军、疏散要求及作战强度等战区条件进行增减。

TBMSS综合集成了应急战区自动计划系统（CTAPS）、航空兵联队指挥和控制系统（WCCS）和作战情报系统（CIP），分别支持不同的任务。CTAPS是联合部队司令的主要计划和执行工具，联合空战中心利用该系统自动制定、分发和执行ATO，并对空战进行管理，其用户包括联合空中部队指挥官、各军种空中部队及飞行部队。WCCS是一个用来监控联队作战的数据库管理系统，安装在联队作战中心（WOC），负责自动接收、分析、确认、分发ATO/ACO（空域管制命令）并对ATO/ACO的执行情况进行监控，能提供航空兵联队资源的完整综合信息。CIP 是美国空军的标准自动化情报系统，用于自动从多种情报源接收情报数据，进行关联、存储并分发给作战系统，从而在整个作战过程中直接支持空战计划制订和任务执行。

第二节　通信系统

通信系统是支持美军开展陆空联合作战的关键支撑。美军的通信系统一般可分为战略通信系统、战区通信系统和战术通信系统。战区通信系统支持战区司令部实施战役战术作战的组织指挥，能够有效地与各战斗部队的战术通信系统连接，对战场情报和最新态势进行实时的信息交换，一般由固定和机动的通信网组成，并形成战区一体化通信网。战术通信系统支持军以下各战斗部队实现信息的传递和交换，上连战区通信系统和战略通信系统，下连各战斗单元，一般由多种传输方式、宽频谱、综合业务的各种通信系统组成。

一、战略通信系统①

战术级陆空联合作战，离不开战略通信系统的支持。战略通信系统，是美军实施联合作战的“后台”，为其前台战役/战术级作战提供信息传送通道。美军战略通信系统依托 GCCS 建设，主要用于把探测预警系统和指挥中心连起来，并在各指挥中心之间传递信息，通常包括通用和专用两部分。通用通信系统包括国防信息系统网（DISN）、国防卫星通信系统（DSCS）、最低限度紧急通信网（MEECN）。专用通信系统包括空军卫星通信系统、极低频对潜通信系统、机载甚低频中继通信系统、战略空军司令部通信系统、数据链等。

国防信息系统网（DISN）的前身是国防通信系统，其目标是建立国防综合业务数字网，以单一网络设备标准用户/网络接口来实现各种电信业务，确保美军和其盟军实现全球通信与互通。作为国防信息基础设施（DII）的基石，DISN 是美国的基本战略通信网，主要保障美国总统与国防部长、参谋长联席会议、情报机关及战略部队的通信，沟通国防部长与各联合/特种司令部的联络，对固定基地及陆、海、空三军机动部队提供中枢网络，并可以为战术通信提供通信枢纽。DISN 包括五大部分，即国防业务交换网（DSN）、国

① 苏锦海，张传富. 军事信息系统［M］. 北京：电子工业出版社，2010：340.

防数据网（DDN）、国防文电系统（DMS）、国防商业运程通信网（DCTN）和自动数字网（AURODIN）。

国防信息系统网是美国国防部的一个全球范围的综合信息基础设施，覆盖了美国大陆（这是基本部分）、欧洲地区、印太战区，由支持基地部分、长途部分和可部署部队部分等组成。其主要传输手段有明线、地缆、对流层散射、微波接力及卫星等。其通信线路遍及五大洲100多个地区，连接了美军上千个指挥所及工作站，有上万条专用线路和交换线路。可跨越支持联合特遣部队和多国部队的战略和战术网，提供无缝和可互操作的信息传送。国防信息系统网向作战人员提供全方位的由政府控制和保密的信息传送业务，如交换话音、数据和图像。另外，还提供一套组网支持业务，如查号、协议转换和网络管理功能。国防信息系统网由美国防信息系统局负责管理长途通信，并负责支持基地部分和可部署部队部分之间的连接，而基地和可部署部队本身则由各军种负责。该网以开放式系统标准为基础，提供话音、数据、视频、遥测和增值网络业务等综合业务。

国防卫星通信系统（DSCS）是美国战略、战术共用的卫星通信系统，由卫星和地面站组成，承担美国战略通信，用于传递战略指挥信息情报数据、高度优先的战略预警信息和特种信息等，是全球军事指挥控制系统远程战略通信的支柱。

最低限度紧急通信网专供国家最高军事指挥当局在核条件下把美国核战争计划的命令传送给全球的美军核部队，并接受核部队回报执行命令的情况。它采用甚低频到特高频的所有通信手段，以保障通信的可靠性和生存能力。

二、陆军战术通信系统

目前，美陆军基本形成了以公共地域通信系统、战斗网无线电系统（CNR）、陆军数据分发系统（ADDS）为主体，以卫星通信系统为中枢，以定位报告系统为支撑的多手段、多层次、立体覆盖的区域通信网。

（一）公共地域通信系统

公共地域通信系统主要包括三军联合战术通信系统、移动用户设备（MSE）等。联合战术通信系统主要用于军以上通信，是一种先进的全数字干线网，采用全自动数字和数据交换，其近距离通信采用数字式视距微波链路，远距离通信采用对流层散射无线电终端，能够为美陆军、海军、海军陆战队、空军和各部队提供电话与数据通信的战术交换和中继能力。

移动用户设备是美军师级部队装备的地域通信设备系统，可与陆军一体化战术 C^3I 系统中的单信道地面和机载无线电系统及数据分发系统兼容，与三军联合战术通信系统、战术卫星通信、民用通信网及北约的设备接口。移动用户设备系统主要由节点交换中心、大型用户交换节点、小型用户交换节点、无线电入口单元、系统控制中心、移动用户终端以及其他用户终端等组成。其主要功能包括：提供军级战术地域覆盖，无须网关即可与美陆军和北约现有战术及战略通信系统互通，向移动和固定用户提供自动入网和重新入网的功能，提供移动用户之间直接通信能力，提供完整的保密系统。该通信系统在海湾战争中表现非常出色，它实现了把蜂窝电话机安装在每一辆吉普车、装甲运兵车上的设想。

在公共地域通信系统中，配置了能够适应机动任务的卫星通信装备。地面机动部队 SHF 卫星通信（GMFSATCOM）被装备于军以上梯队、军和师各级。单信道 UHF 卫星通信系统是美军低级梯队（连和营）的主要通信手段。其背负、车载和机载（直升机）电台用于战术地面作战的指挥控制。该系统在专用节点上与地域公共用户系统接口。

（二）战斗网无线电系统

战斗网无线电系统，主要包括单信道地面和机载无线电系统（SINCGARS）、改进型高频通信系统、单信道战术卫星通信系统。其中，单信道地面和机载无线电系统是美陆军师以下部队，尤其是前线步兵旅（营、连）、装甲兵和炮兵部队从旅至排各级通信的主要通信手段。在师、军地域内，该系统将为战斗、战斗支援及战斗勤务支援的指挥和控制提供通信手段。美军将用这种电台作为战区旅以下部队的主要指挥控制手段。指挥员通过系统下达射击和空中支援命令、向上级请求再补给及接收上级下达的任务。此外，该系统还有助于友邻部队之间的协调作战。

改进型高频通信系统主要配置到陆军的军、师、旅各梯队，以及海军陆战队等部队；单信道战术卫星通信系统主要为特种部队、别动队、海军陆战队等高机动的小部队提供密话和数据通信。

（三）陆军数据分发系统

陆军数据分发系统是一种由增强型定位报告系统和联合战术信息分发系统两类终端构成的综合指挥和控制通信系统，能够近实时地提供通信以及位置、导航、识别和报告信息。作为军、师、营级战场计算机的主要数据链路，数据分发系统与公共地域通信系统在旅和旅以上各级进行接口链接，能够为低级梯队的防空分队提供有关进入己方空域的敌军飞机的准实时数据，提供定位、位置信息和控制能力。

增强型定位报告系统（EPLRS）是美陆军数据分发系统的主要组成部分，是美国21世纪特遣部队的骨干数据通信手段，也是美陆军战术互联网的核心。它主要是为陆军战术指挥控制提供保密、抗干扰及近实时的数据通信支援，还可为战术部队指挥员提供己方部队与友方部队的位置，动态地显示前线部队的情况，并提供对友邻部队的识别。EPLRS保留了PLRS对大型用户团体的定位跟踪、导航的全部基本功能，并增加了高优先级数据分发能力以及用户间直接互通的能力。它能对数百个地面和空中用户提供实时定位和通信，使指挥员随时都能获知其下属部队的实时精确动态位置并自动发送指挥命令，对慢移动用户的定位精度为10～15米，对快移动车载或机载用户定位精度为25米。EPLRS设置数据接口设备取代PLRS用户读出装置，使系统可与各陆军系统的输入/输出装置相联，同时采用自适应路由选择技术，从而扩大了通信范围，增强了系统功能。EPLRS能支持陆军的防空火炮、火力支援、情报/电子战、战斗勤务支援和机动控制系统。

EPLRS通过PSH接口与联合战术信息分发系统互连，利用联合战术信息分发系统（JTIDS）的工作能力与海、陆、空三军或海军陆战队防空部队协同起来。该系统还可与陆军战术指挥控制系统及所选定的武器系统互联互通，为本部或上级司令部提供战场态势信息。美军JTIDS系统工作网络如图5－5所示。

联合战术信息分发系统（JTIDS）实质上是一种具有战术通信、导航定位和识别功能的综合集成系统，用以进行位置和状态报告、相对导航、监视、任务协调，主要用于在陆地、海上和空中分散和移动的各个单元间进行保密、灵活和抗干扰的通信。JTIDS是美国三军通用的一种保密、抗干扰、大容量数字无线电通信系统，能实现美军各军种之间以及美军与多国部队之间互通，覆盖地域可达数百千米，特别适用于空地协同作战。

该系统在通信方面，能对进入系统的战斗单元分发作战所必需的关键数据信息，这些数据信息包括己方战斗单元的位置信息、对敌方战斗单元的监视跟踪信息、危险报警信息及控制和指挥引导信息。当数据信息分发不能满足实时战术使用要求时，可使用数字话音通信作为辅助。在导航定位方面，

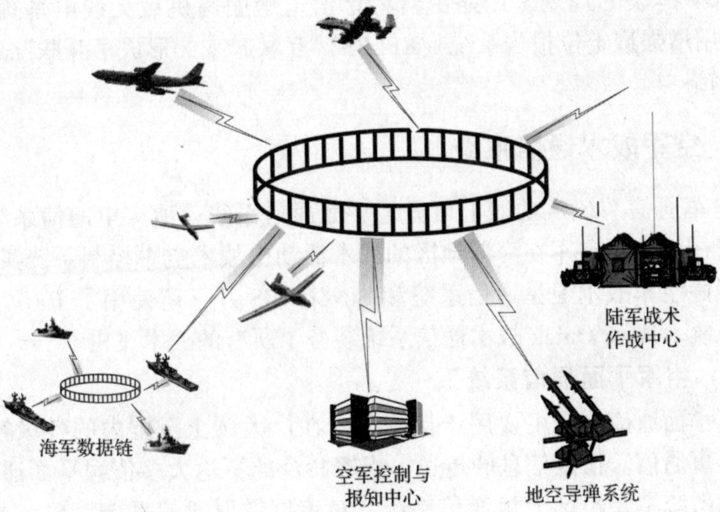

图 5－5　美军 JTIDS 系统工作网络

系统能为进入系统的战斗单元提供公共坐标系，以及相互间精确的相对位置数据。当进入系统的成员有两个或两个以上能准确知道自己的地理位置时，它便对相对坐标系进行地理定位，把相对坐标系与地理坐标系关联起来，使网内其他成员的地理导航定位准确度明显提高，以接力方式传送高准确度的地理导航定位信息，实现资源共享。在目标识别方面，系统工作网内各成员之间在交换位置数据信息和识别数据信息时，便完成了网内成员之间的识别。在联合战术信息分发系统中，同频段通信网络没有主台和属台之分，网络中任何用户之间都可以通信，而且互不干扰；用户不必呼叫，便可以随意接收网络中任一用户的信息，令敌方难以判断通信关系；由于采用了扩频跳频技术，因此，增强了抗干扰能力，降低了信息被截获的可能性。另外，系统因通信容量大，在一个地区的同一频段内，可以组成数十个可互通的网——一个网可以容纳数以千计的用户，可见该系统的容量之大。而且，由于系统采用时分多址、直接序列扩频跳频、同步密钥、级联纠错编码、相关检测等技术，实现了突发频率和传输信息离散化、随机化，所以，发射电波密度大为降低，信号具有近乎随机噪声的特点，提升了系统的保密性和抗干扰性。

起源于 20 世纪 90 年代初的美军战术互联网，就是按照其数字化战场和数字化部队建设的规划，用路由器将单信道地面与机载无线电系统（SINCGARS）用增强型定位报告系统（EPLRS）互联起来，形成了互联互通的一体化信息网络。

三、空军战术通信系统

美空军通信系统从功能上可分为平面通信系统、地－空通信系统以及空中交通管制系统。空军在海湾地区的战术活动由战术空军控制系统实施指挥，通信手段除空军战术卫星通信系统和 SINCGARS 外，还使用了 Have Quick 战术通信系统。Have Quick 战术通信系统装备了所有的战术飞机。

（一）空军平面通信系统

空军平面通信系统主要用于保障分布在广大领土范围内的各级空军部队之间的军事通信。情报信息的传送、指挥命令的下达大多依赖平面通信系统。平面通信系统主要包括卫星通信系统、对流层散射通信系统、短波通信系统和有线通信系统，同时也使用与陆、海军一样的系统——三军联合战术通信系统。空军的平面通信系统与陆军通信系统并无多少差别，通信手段和特点相似，也使用与陆军一样的系统——TRI－TAC。

（二）空军地－空通信系统

美空军地－空通信系统主要用以保障空军各级指挥官对各种遂行作战任务的飞机进行地—空和空—空之间的指挥通信，空军各种飞机与陆军、海军的协同通信，各种飞机实施陆上和海上的救生通信。其一般包括下列通信设备：机载通信电台、机载数据传输电台、机场塔台用通信电台、各级指挥所对空指挥用通信电台、各级指挥所对空数据引导通信电台、地面定向台用通信电台、着陆雷达引导用通信电台、空降兵引导组用通信电台、与陆军（步兵、炮兵、坦克兵）协同用通信电台、飞行员用救生通信电台等。此外，防空自动化指挥系统中的地－空数据引导传输设备也属于地－空通信系统。

地－空通信特点是：频带范围宽（2～400 MHz）；以话音通信为主，数据引导为辅；采用半双工工作方式，收发同频且成网工作；为满足地—空和空—空指挥通信的需要，电台的收/发时间必须很短；机载通信设备必须体积小、重量轻、可靠性高。

美空军装备有多种数据链系统，主要包括 Link 4A、Link 11、Link 16、Link 22、态势感知数据链（SADL）等。其中，Link 16 数据链是采取码分多址、通用信号格式并具有扩频、跳频抗干扰功能的综合数据链路，能够把4号数据链路和11号数据链路的通信容量综合在一起，用于为美军所有军种和北约集团各国提供联合接口，是美军空—海、空—地、空—空数据通信的主要方式。态势感知数据链（SADL）用于提供战斗机—战斗机、空—地、地—空数据通信，具有态势感知自动和按需的位置、报告功能。

（三）空中交通管制系统

空中交通管制系统主要用来保障空中交通管制中心对空中态势的了解和对飞机的控制，并依靠该系统传递有关飞行计划、飞行活动以及气象等信息。飞机上利用所装备的VHH/UHF电台及航管应答机，能够接收地面空中交通管制中心的管理与控制，以避免因飞机相撞或其他自然灾害所造成的机毁人亡的严重事故。

另外，美国空军的通信系统还有联合战术通信系统、空中战场指挥控制中心通信系统、单信道地面及机载无线电系统、集成通信交换系统和战术保密数据通信系统、战斗生还者定位系统等。

总体来看，美军联合部队司令部实施陆空联合作战时，通常由各下属军种部队负责提供并使用指挥与控制系统。联合空中作战中心提出陆空联合作战的任务需求并进行任务初始分配，交由空军部队司令部和陆军部队司令部分别利用空军战区空中控制系统、陆军空地系统依据陆空协同程序和规则搭建并运用陆/空部队的指挥与通信网系。

第三节　陆空指挥协调网①

陆空指挥协调网，是根据陆空协同作战的需要，将通信线路、传输设备、交换设备和各种用户设备按一定方式相互连接起来，用于完成陆、空战场信息传递功能的通信网络。陆空指挥协调网利用各种通信设备和计算机网络，将指挥信息系统各部分连接为一个有机的整体，并迅速、准确、保密、不间断地传输话音、文字、数据、图形、图像等信息。

为高效实施陆空联合行动，美军通常建立陆军指挥网、火力支援网、作战与情报网、空军指挥与控制网、空军空中支援申请网、空中控制网、战术空中引导网等网系，详见表5－1所示。

---

① 万福明，储琴，徐立东．美军第3－09.3号．近距空中支援［M］．北京：军事谊文出版社，2013：60－62.

表 5－1　美国空军/美国陆军通信网

网络	频率	航空航天作战中心	空中支援作战中心	控制与报告中心	联队作战中心	机载前方控制员	战术空中控制组	近距空中支援飞机	机载预警与控制系统	联合监视与目标攻击雷达
空军指挥与控制网	高频 卫星通信	×	×	×	×				×	×
空军空中支援申请网	高频 卫星通信		×	×			×			#×
空中控制网	超高频/甚高频/调幅			×		×		#	×	×
战术空中引导网	超高频		×			×	×	×		×
飞行报告网	超高频/甚高频/调幅	#	×	×	#	×		#	×	#

续表

网络	频率	航空航天作战中心	空中支援作战中心	控制与报告中心	联队作战中心	机载前方控制员	战术空中控制组	近距空中支援飞机	机载预警与控制系统	联合监视与目标攻击雷达
值守网	超高频 甚高频	×	×	×	×	×	×	×	×	×
战术空军控制组管理网	高频 甚高频/调幅		×				×			#
话音产品网		×	×	×					×	×
高价值资产网	超高频		×	×						×
备注	“×”表示具体网络中正常参与单位，“#”表示根据指示或要求的参与单位									

一、陆军指挥网

陆军指挥网，主要在陆军各级部队指挥机构之间建立。陆军部队利用该网指挥控制所属部队的行动。战术空军控制组可以进入该网，以获取指挥官授予的最后投弹权，还可与参谋部门协调，以便获取地面部队的态势信息，如图5－6所示。

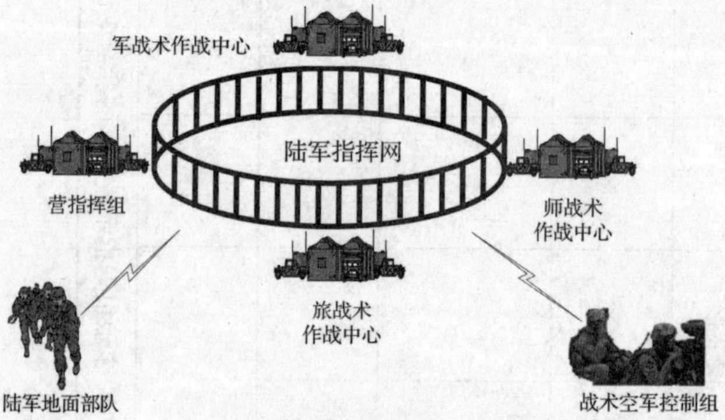

图5－6　陆军指挥网

二、火力支援网

火力支援网主要在机动部队、炮兵部队、火力协调机构等单位之间建立。该网的主要用途是申请和协调火力支援，促进机动部队、火力小组、野战炮兵、迫击炮和非野战炮兵观察员之间的协调。战术空军控制组可以进入该网，启用、撤销空域协调区，协调目标标示和火力压制任务。该网也可以用于联系前方观察员，或为控制近距空中支援任务提供方便，如图5－7所示。

三、作战与情报网

作战与情报网，主要在侦察单位之间建立。各种人力来源，如观察员、前方联络员、多国部队联络官、侦察分队和其他情报搜集单位使用该网传送日常作战和情报信息。作战与情报网将观察员与其对应的指挥与控制节点连接在一起。该网也可用于确定近距空中支援的触发条件是否已经具备，以便与地面部队协同近距空中支援。战术空军控制组可以进入该网，报告或获取前方作战环境信息，或为末端攻击控制提供便利。

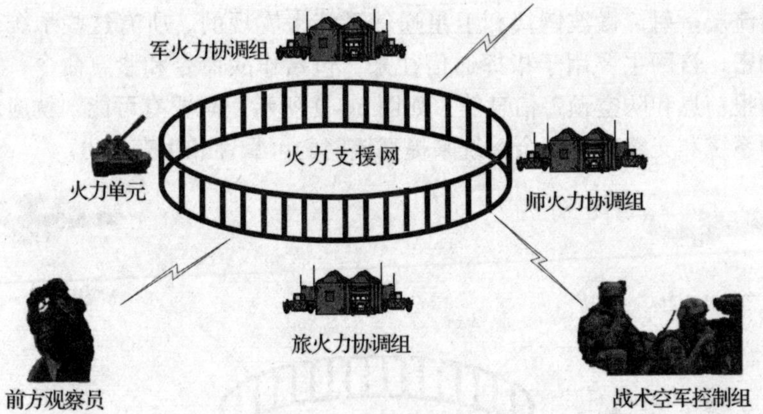

图 5－7　火力支援网

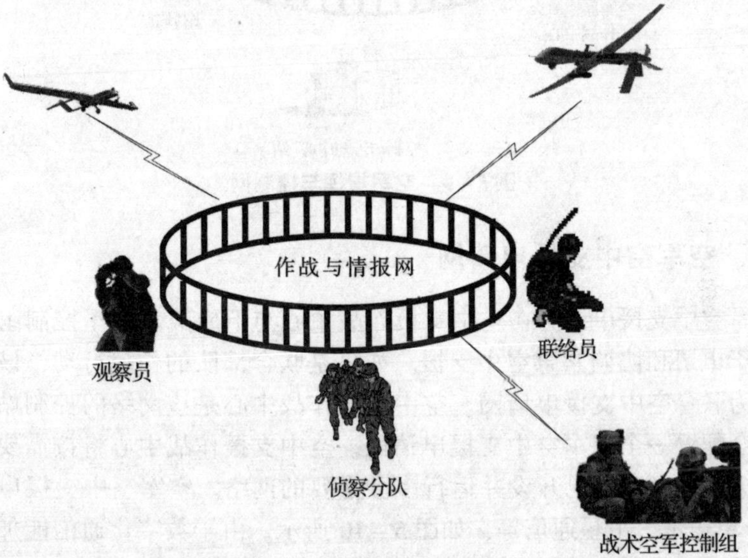

图 5－8　作战与情报网

四、空军指挥与控制网

空军指挥与控制网主要在空军航空航天作战中心、控制与报告中心、空中预警与控制系统、联合监视目标攻击雷达系统、联队作战中心之间建立，主要用于战区空军司令部对所属单位的指挥控制。该连接是通过高频/单边带、对流层散射－微波链接和卫星通信系统来实现的。所有这些系统通常都应该加密。该网主要用于指挥通信往来，包括作战命令和紧急命令、协调信息、情报信息和防空预警信息等，如图5－9所示。只要有可能，就应通过使用多种系统和交替使用冗余系统来提高该网的可靠性和生存能力。

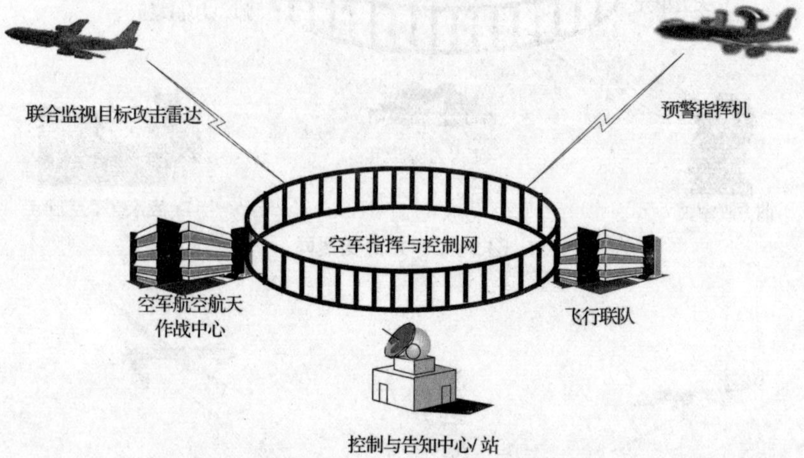

图5－9　空军指挥与控制网

五、空军空中支援申请网

空军空中支援申请网在空中支援作战中心与下属战术空军控制组之间建立，用于申请和协调紧急空中支援。如果是联合部队的作战行动，该网的名称可改为联合空中支援申请网。空中支援作战中心是该网络的控制站。通常每个师会配置一个空军空中支援申请网。空中支援作战中心将按需要、现有装备和分配的频率情况开设并运行多个必要的网络。空军空中支援申请网使用高频/单边带、卫星通信等，如图5－10所示。由于数字化通信能加速申请与自动化系统的融合，所以它是发送/接受空中支援申请的首选方式。

六、空中控制网

空中控制网主要在控制与报告中心、作战飞机之间建立。该网的用途是协调在控制与报告中心控制下的空中飞机的任务指导。空中支援作战中心通过美国陆军/美国空军指挥与控制网和战术空中控制网发生联系，如图5－11所示。

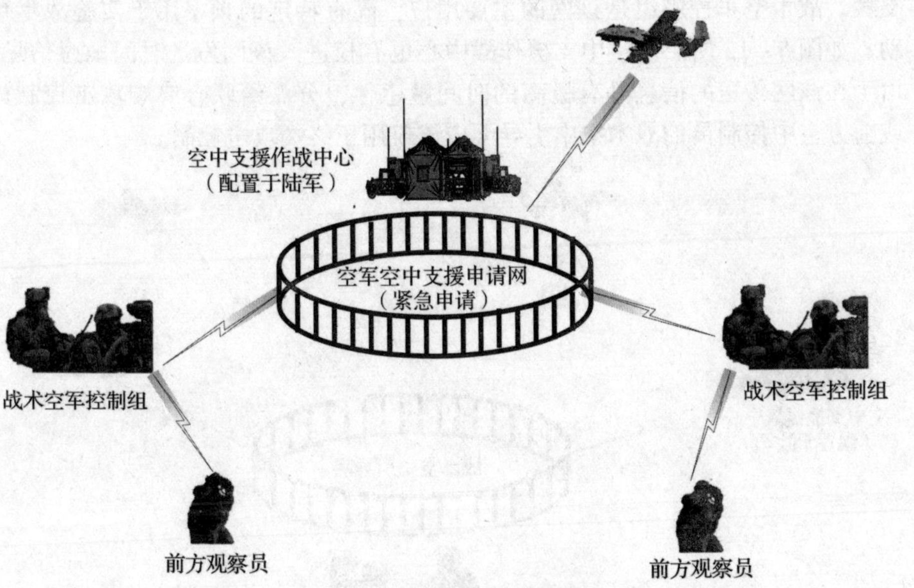

图 5－10　空军空中支援申请网

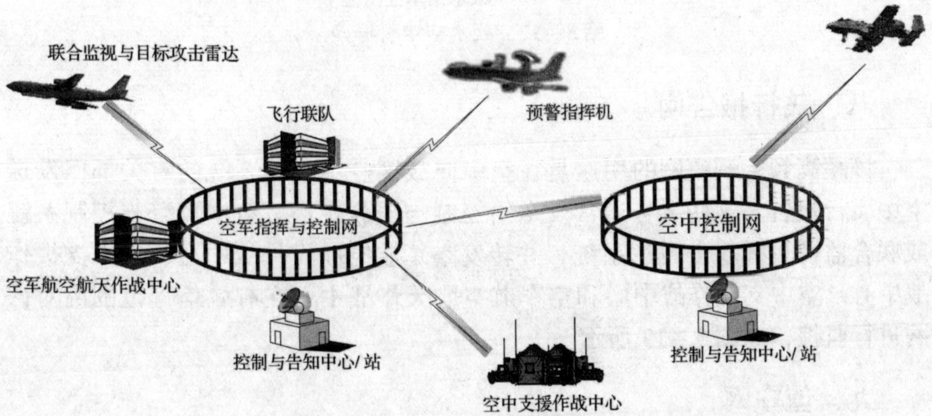

图 5－11　空中控制网

七、战术空中引导网

战术空中引导网主要在战术空军控制组与作战飞机之间建立。战术空军控制组/前方空中控制员使用其超高频－调幅网引导和控制飞机实施近距空中支援。战术空军控制组是该网的主要用户，配有特定的频率用于实施战术行动，如图 5－12 所示。空中支援作战中心也有权进入该网发送时间敏感信息。由于在该网传送的信息具有极高的时间敏感性，分派给联合终端攻击控制员或前方空中控制员的战术空中引导网应该仅用于终端攻击控制。

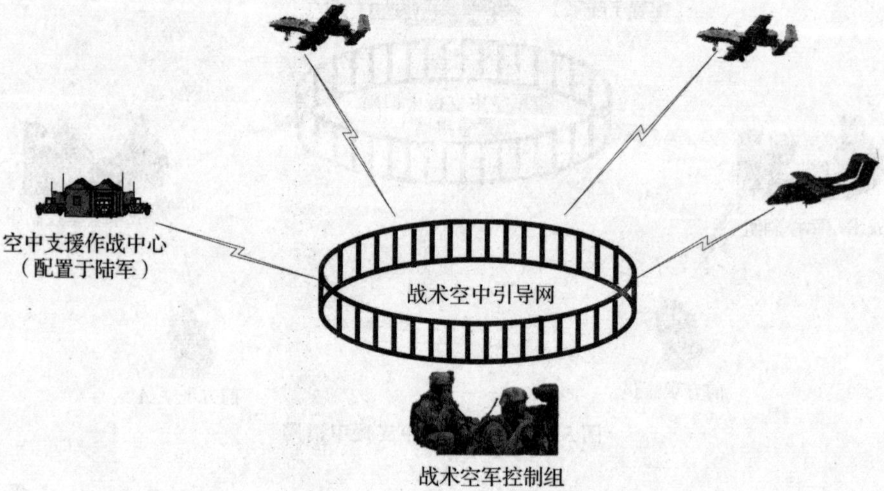

图 5－12　战术空中引导网

八、飞行报告网

该超高频－调幅网的用途是在空中向战区空中控制系统的有关部门发送空中飞行报告。这些报告通常发送给控制与报告中心、空中预警与控制系统或联合监视目标攻击雷达系统，并转发空军航空航天作战中心、空中支援作战中心。空中支援作战中心和空军航空航天作战中心在有效信号范围内对该网进行监控，如图 5－13 所示。

九、值守网

该网可为飞机提供一个紧急求救网。空中控制机构可通过该网向飞机通报紧急情况或严重影响飞行安全的危害。在有能力的情况下，所有飞机都应保持对该网的监听。

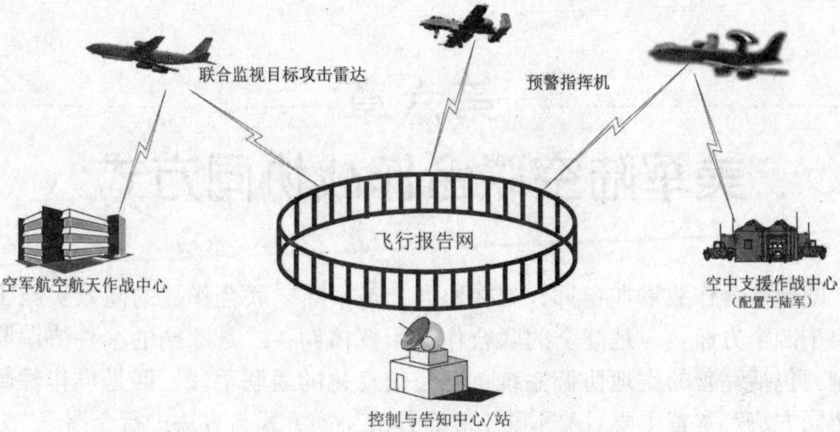

图 5－13　飞行报告网

十、战术空军控制组管理网

该网的用途是在空中支援作战中心与战术空军控制组所属部门间传送紧急的行政、后勤和指挥信息。

十一、中队内部网

该网提供中队飞机之间及中队飞机与中队队部之间的通信手段。各飞行中队均有其自身的内部网。

十二、保密因特网中继交谈网

该网提供情报活动人员、选定飞机、空中支援作战中心和携带因特网中继交谈设备的战术空军控制组之间的通信手段。

十三、数据链网

数据链网用于提供数据通信、增强态势感知、目标确定和冲突消除。联合空中作战中心联合界面控制军官负责在作战任务链路中建立该网络结构。

第六章
美军陆空联合作战协同方式

陆空联合作战重在指挥，难在协同。美军陆空联合作战的高效实施主要取决于四个方面：一是健全的联合作战指挥体制；二是顺畅的军种协调联络机制，包括完善的空地协调系统；三是信息化的通联手段；四是操作性较强的协同方法。本章主要对美军陆空联合作战协同方式与方法进行介绍。

第一节　美军陆空联合作战协同方式

美军的协同注重计划性和灵活性，按照不同的角度，美军陆空联合作战就有不同的协同方式。如按组织方法，可划分为指令式协同和自主式协同；按协同流程，可划分为逐级协同、越级协同等。我们认为，美军陆空联合作战的协同主要分为三种形式，即计划式协同、临机式协同和召唤式协同。这三种方式实际上涵盖了其他协同方式的内容和方法。计划式协同适用于一般情况，临机式协同适用于紧急情况，而召唤式协同是介于计划式协同与临机式协同之间的一种方式，适用于空中资源较为丰富的情况下。

一、计划式协同

计划式协同。即在规定的时间范围内，支援方与被支援方按程序完成支援申请的提出、审查、批准及拟制等工作。一般情况下，也就是时间较为充裕的条件下，美军通常采取计划式协同的方式。

计划式协同是美军主要的协同方式，也是临机式协同、召唤式协同成功实施的基础。计划式协同主要以计划性近距空中支援的形式体现，其申请渠道是：支援申请按本军种指挥层级逐级提出、逐级审查、逐级批准，上级可以同意或取消下级提出的申请，如果各级都对申请表示认可，最后支援申请将递交给航空部队。陆军的支援申请最终报给联合空中作战中心，由该中心决定是否批准申请。陆战队的申请则要经本军种的战术空中作战指挥中心审查，在陆战队空中力量无法满足申请时，再上报到联合空中作战中心。海军的支援申请首先上报至支援军种协调中心审批，如果海军舰载航空兵部队资源无法满足申请需求时，再将申请上报至联合空中作战中心。联合空中作战中心接到支援申请后，对支援申请进行审查评估，并按照轻重缓急程度确定优先顺序。合理的申请将被列入联合空中任务指令；不合理的或无法满足的申请将被排除，并向申请方做出解释。

计划式协同的优势是，支援作战飞机在起飞前已经明确了攻击目标和攻击时间，支援和被支援部队已掌握目标情况，支援和被支援方的协调时间充裕，协调计划会比较周密，攻击飞机在起飞前能选择适合的弹药，因而消耗的弹药会更少，作战效益高。

二、临机式协同

临机式协同，即紧急近距空中支援协同方式，适用于时间较为紧急的情况。在预定计划之外，当地面部队发现战机或本部队需要近距空中支援时，该部队指挥官可向上级申请紧急近距空中支援。其申请步骤如下。申请部队指挥官将申请通报给配置于本级的战术空军控制组，后者把申请迅速传递给空军空中支援作战中心或陆战队的直接空中支援中心，空中支援作战中心或陆战队的直接空中支援中心直接指挥控制所能掌握的航空资源实施支援，当航空资源不够用时，空中支援作战中心或陆战队的直接空中支援中心将支援申请上报至联合空中作战中心。有时空中支援作战中心或直接空中支援中心与联队作战中心直接联系，请求实施近距空中支援。支援作战飞机在飞往接触点的途中，控制与报告组、机载预警与控制系统、联合监视与目标攻击雷达、空中支援作战中心或直接空中支援中心引导作战飞机与战术空中协调员或前方空中控制员建立联系，后者把有关攻击目标的最新数据通报给作战飞机；作战飞机到达攻击进入点并从该点出发飞向目标空域。随后，联合终端攻击控制员对作战飞机实施控制，引导其对目标实施攻击。

紧急近距空中支援的实施较为仓促，计划相对来说不是很周密，支援行动很可能无法得到良好的协调，最终会影响作战效果。紧急近距空中支援通常是以取消或减少计划性近距空中支援架次为代价的。在实施的优先顺序上，计划性近距空中支援要优先于紧急近距空中支援。但当情况迫切时，美空军也会推迟或取消不太迫切的计划性近距空中支援申请，而优先实施紧急近距空中支援。

三、召唤式协同

召唤式近距空中支援是指为满足未来可能的需要而预先计划的一种近距空中支援方式。在制订支援作战计划时，地面部队指挥官并未掌握目标的确切情报，也无法确定攻击目标的具体时间，只是预期地面部队在某一区域某一时间范围内会需要近距空中支援。空中部队接到实施待召唤近距空中支援的命令后，飞机在机场待命或升空待机，当目标位置和对目标实施攻击的时间明确后，飞机听从召唤进入目标所在空域，对目标实施攻击。召唤式协同是介乎计划性和紧急近距空中支援之间的第三种协同方式。

召唤式协同与计划式协同的相同点是：召唤式近距空中支援需要提前计划，需要事先对近距空中支援力量进行分配，召唤式协同的实施是预有计划的。两种方式的不同点是：在计划式协同中，具体的支援任务、攻击目标、攻击地域、攻击时间、协同关系在计划中就已明确，支援作战飞机达到目标区域附近后，只需要与被支援方进行简单的协调，甚至不需要协调，就可按既定计划对目标实施攻击；而在召唤式近距空中支援中，地面部队可能只是意识到已方需要近距空中支援，而对攻击目标的种类、大小及时间等情报并不十分明确，一旦出现有利目标时，地面部队需要与空中待战飞机进行沟通协调，明确攻击目标信息。召唤式协同的不足之处是：在规定的时间区间内，飞机可能因没有合适的攻击目标而不能实施近距空中支援，或是对不十分重要的目标实施攻击。为了避免资源的浪费，美军通常为执行这种任务的飞机指定备用攻击目标，一旦没有合适的近距空中支援攻击目标，就在返航前对备用目标实施攻击。

召唤式协同与临机式协同的相同点是：召唤式协同中，在正式提出支援申请之前，执行近距空中支援任务的飞机就已到达被认为有必要实施近距空中支援地域的上空，等待地面部队提出请求，一旦出现合适的攻击目标，在空中待机的飞机马上开始实施近距空中支援。临机协同中，一旦出现合适的攻击目标，地面目标就立即启动紧急航空火力支援申请。两者都是对临机出现的目标进行打击。两种协同方式的不同点是：由于预有计划，提前前置航空资源，召唤式协同的反应时间更短，实施召唤式近距空中支援的最终决定权可能被赋予终端攻击控制员，所以反应时间大大缩短，从被支援部队提出申请到飞机实施攻击通常只需要数分钟时间，待战飞机能立即根据地面指挥官的需求迅速投入支援行动；而临机式协同还需要经过一定的申请流程。

第二节　美军陆空联合作战协调方法

方法是达成目的的有效途径。协调方法是消除冲突、达成统一行动的具体措施，是实现联合作战行动的关键环节。美军陆空协调方法可分为火力协调方法和空域协调方法。

一、火力协调方法

美军火力协调方法可区分为划“线”协调、分“区”协调、建“箱”协调、按“时”协调四种具体方法。四种方法之中，既有许可性措施，又有限制性措施。在许可性措施内，各方可以不经协调直接打击目标，这减少了协同环节，有利于对作战目标的快速打击。限制性措施要求在对目标打击之前，需要经过专门的协调。

（一）划“线”协调

划“线”协调，即通过设置火力协调线、火力支援协调线、战场协调线、限制射击线等来区分火力、消除冲突、避免误伤，加速火力打击进程。

火力协调线。常规火力、间瞄火力和地面火力对此线之外、该部队战斗分界线以内的目标在任何时间均可实施射击而无须额外协调。

火力支援协调线。火力支援协调线是空地行动的术语，通常只在地面设置。地面部队指挥官在与上级、下级、支援及友邻部队协商后，在其任务区域内设置和调整火力支援协调线。如果可能，火力支援协调线应沿明显的地貌设置，以便于从空中识别。火力支援协调线不是固定不变的，而是根据战场形势动态调整的，变更火力支援协调线需要提前通知可能受到影响的所有部队。打击火力支援协调线以外目标的部队必须通知所有受到影响的指挥官，以便做出必要的反应来避免空中和地面的误伤。火力支援协调线并不是一条分界线，火力支援协调线之外的区域并不是自由射击区。实施支援的分队打击火力支援协调线以外的目标时，其打击行动不得在该线或该线后方产生负面影响。火力支援协调线以外的打击行动必须与设置该线的部队达成有效协同，保持行动一致，消除各种冲突。

限制射击线。限制射击线是在两支正在会合的己方部队（一方或双方都在运动）之间设置的一条线。在未与受影响部队进行协调的情况下，联合火力或联合火力效果不得超越该线。该线用于预防误伤，避免正在会合的两支地面部队实施重复打击。

横向隔离。横向隔离是快速协调空地火力的有效方法，当飞机在指定区域一侧活动时，将保证飞机飞行安全；反之，则不能保证飞机安全。如图 6－1 所示，当飞机保持在 62 网格线以西区域活动时，飞行将是安全的，在 62 网格线以东区域飞行时，飞机将不受保护，地面部队可以在 62 网格线以东区域对目标实施打击，而无须考虑己方飞机活动情况。当支援飞机和地面火力需要同时打击目标且飞机不穿越炮目线时，可采用横向隔离的方法。

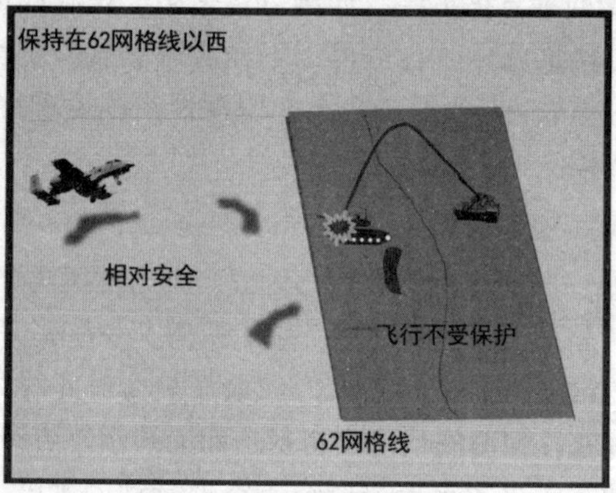

图 6－1　横向隔离示意

高度隔离。高度隔离是区分空域使用，促进火力协调的有效方法。当飞机保持在规定高度之上或之下飞行时，就是安全的，能够有效避开间瞄火力的弹道。当飞机需要穿越地面火力打击区对目标实施打击时，可采用区分高度的方法，使飞机与地面间瞄火力保持安全距离。如图 6－2 所示，飞机穿越地面火力打击区时，保持在海拔高度 1524 米以上飞行，就能确保安全。

图 6-2　高度隔离示意

高度和横向隔离。高度和横向隔离，即同时运用高度隔离和区域隔离的方法来协调火力打击和空域飞行活动，适用于较为复杂情况下的协调，对机组人员而言是限制性较大的措施。当飞机需穿越地面火力射击区域时可能采用，以确保飞行安全。如图 6-3 所示，当地面部队正在对目标进行间瞄打击，而作战飞机需穿越炮目线时，必须保持在 62 网格线以西、海拔 914 米以下区域飞行，在此区域内飞行就是安全的，能够有效避免误伤误击。

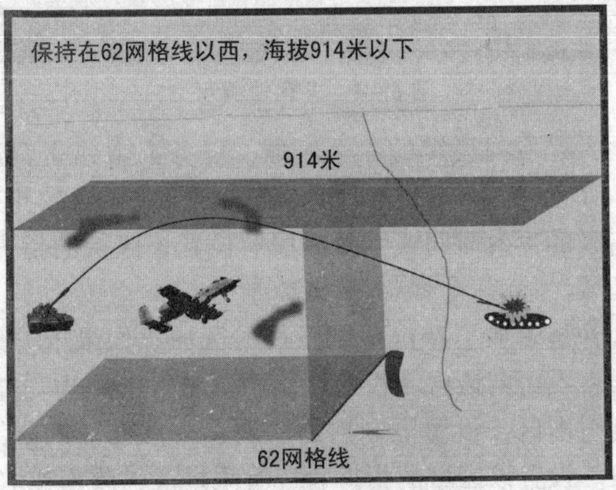

图 6-3　高度和横向隔离示意

（二）分“区”协调

即通过划定区域的方法进行协调，如自由射击区、禁止射击区、限制射击区等。

自由射击区，是专门设定的一个区域，任何武器都可以向该区域进行自由射击，而无须与设置该区域的指挥官进行协调。自由射击区能够加速火力打击进程，降低作战协调的复杂度。如图 6－4 所示的第×军自由射击区，当设置自由射击区时，一般要注明自由射击区的生效时间或生效时段。设置该区域的指挥官，有限批准、改变或取消该区域。

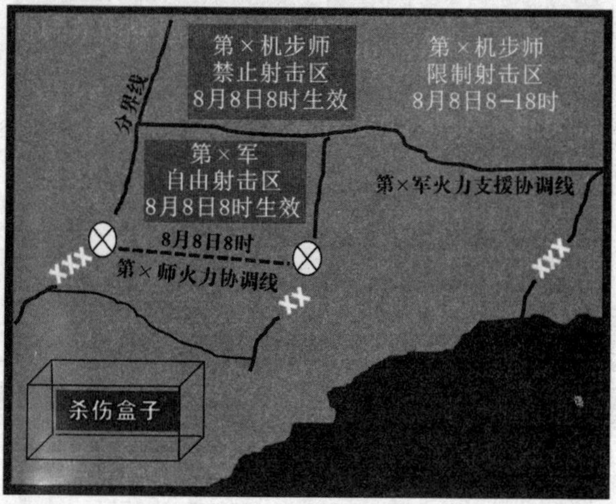

图 6－4　分区协调示意

禁止射击区，是专门设定的一个区域，任务火力禁止对该区域目标进行射击。如图 6－4 所示的第×机步师禁止射击区，当设置禁止射击区时，一般要注明禁止射击区的生效时间或生效时段。设置该区域的指挥官，有限批准、改变或取消该区域。

限制射击区，是附加了特定限制条件的区域。如果未与设置该区域的司令部进行协调，就不得向该区域投射超出限制条件的火力。如图 6－4 所示的第×机步师限制射击区。设置限制射击区时，一般要注明限制射击区的生效时间或生效时段。设置该区域的指挥官，有限批准、改变或取消该区域。

（三）建“箱”协调

火力杀伤箱，是美军用于推动联合火力打击的一个三维立体区域。其实质是一种高效的火力支援协调措施。不同于火力支援协调线、限制打击区、禁止打击区等平面协调措施，火力杀伤箱是一个具有长度、宽度、高度的立体区域。设置火力杀伤箱的主要目的是减少空对地火力限制，加快空地协调，促进联合火力打击效果，确保飞机安全。设置火力杀伤箱后，在没有终端攻击控制员的情况下，飞机可以不与建立火力杀伤箱的指挥官进行协调，而直接对目标实施攻击。

美军火力杀伤箱，分为蓝色火力杀伤箱和紫色火力杀伤箱。二者都可用于加速火力协调，都允许飞机对杀伤箱内的目标实施打击。二者的不同点是，蓝色火力杀伤箱（见图6－5）不允许地对地间瞄火力对杀伤箱内的目标进行射击，而紫色火力杀伤箱就无此限制。紫色火力杀伤箱允许空对地火力、地对地间瞄火力同时对杀伤箱内的目标进行打击。为避免误伤，在紫色火力杀伤箱内，一般通过区分高度的方法来区分飞机飞行空域和地对地间瞄弹道经过空域。如图6－6所示，地面火力和空中火力能够同时对紫色火力杀伤箱内的目标实施打击，但前提是飞机要保持在指定高度之上飞行，地面火力弹道不能超过指定的高度。

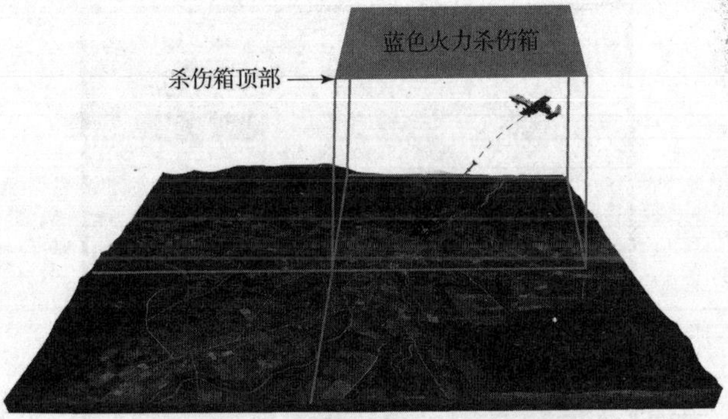

图6－5 蓝色火力杀伤箱示意

（四）按“时”协调

按“时”协调，即区分火力打击行动的先后顺序进行协同。在某一时刻由地面火力对目标实施打击，空中力量保持观察、警戒、待机状态，不进入

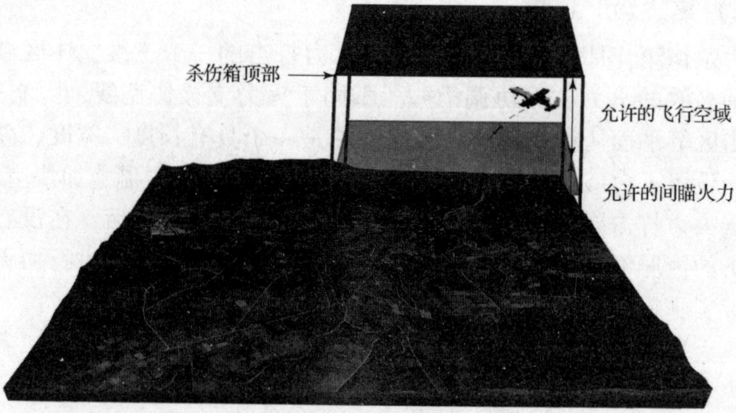

图 6－6　紫色火力杀伤箱示意

规定的作战空域，待地面火力打击行动结束后，空中力量再进入目标区，对目标实施打击。按时协调，是美国陆军与空军部队常常使用的火力协调方法。如图 6－7 所示，在 14：09 由地面火力对目标实施打击；14：15 由空中火力对目标实施打击；14：17，飞机退出任务区后，地面火力再次对目标实施打击。

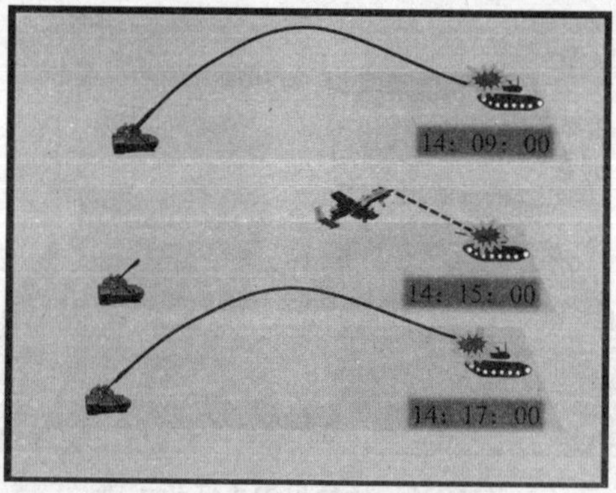

图 6－7　按“时”协调示意

二、空域协调方法

空域协调方法，是为了加速协调、防止冲突、促进空域高效利用而制定的协调措施。陆空联合作战中，联合空中作战中心通常会指定空域管控部门专门研究制订空域管制计划、下达空域控制命令和特别指示。管制与报知中心、机载预警与控制系统、空中支援作战中心、战术空军控制组以及陆军营以上各级指挥机构均担负着相应的空域协调职责。

近距空中支援过程中，美军通过设置空域协调区、协调高度、高密度空域控制区、限制活动区、最小风险航线、陆军飞机标准航线等方法进行协调。

（一）空域协调区

空域协调区是由相关地面指挥官在目标区划定的一个三维空域区域，在此空域内己方飞机不会受到己方地面火力的打击，处于安全状态。空域协调区是美军主要的空域协调措施，包括正式空域协调区和非正式空域协调区。

正式空域协调区。根据有关地面指挥官的要求，由空域控制机构建立正式空域协调区。设置空域协调区的目的是限制地面火力，为飞机行动提供便利。设置正式空域协调区，需要拟制详细的计划。要明确正式空域协调区的长度、宽度和高度，明确横向和纵向边界。要准确了解地面部队的火力打击计划，评估地面炮弹、导弹的飞行轨迹，确保弹道不会穿过空域协调区，确保飞机的飞行安全。如图 6－8 所示，当地面火力在对目标进行打击时，飞机在指定地段进入，在最高高度以下、最低高度以上飞行就是安全的。

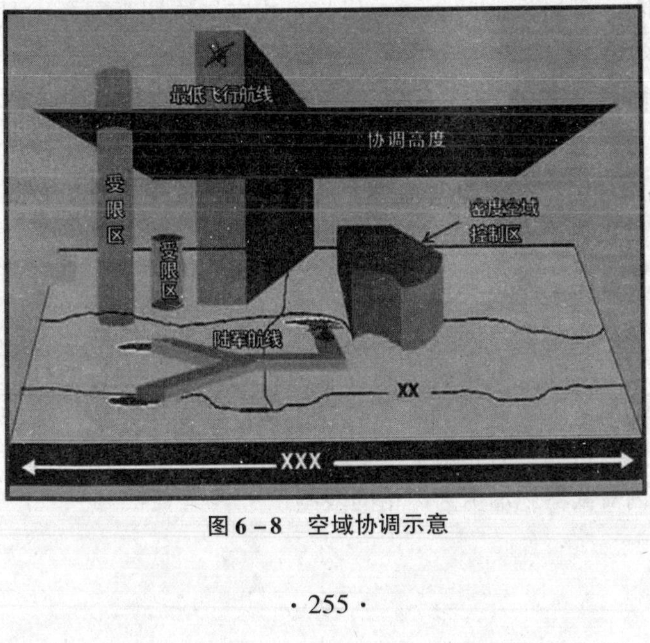

图 6－8　空域协调示意

美军正式空域协调区的划定一般在空域控制命令、空中任务指令或者特别指示中公布。美军正式空域协调区示意如图 6 –9 所示。

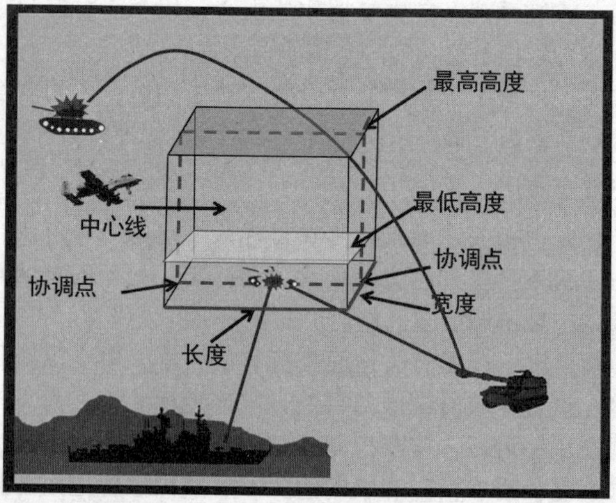

图 6 –9　正式空域协调区示意

非正式空域协调区。任何一个地面指挥官都可以建立非正式空域协调区。

非正式空域协调区，可通过区分时间、区分区域的方法快速建立。非正式空域协调区一般持续时间很短，但与正式空域协调区同样重要，这是因为它灵活，易于设置，能够有效应对战场态势的变化。

（二）协调高度

协调高度，即区分飞行的高度。协调高度是区分固定翼飞机、旋转翼飞机飞行区域的常用方法，即确定一个高度，固定翼飞机不得在此高度以下飞行，而旋转翼飞机不得在此高度以上飞行。

（三）高密度空域控制区

高密度空域控制区，即在此区域内集中了大量的武器和空域用户。高密度空域控制区一般在空域控制计划或空域控制命令中进行明确。高密度空域控制区有确切的范围，通常与地貌或导航辅助数据相一致。高密度空域控制区的准入通常由机动部队指挥官控制。机动部队指挥官还可以指示在高密度空域控制区内对武器施加更为严格的限制。

（四）限制活动区

限制活动区，即设置的指定空域，在此空域内限制某个或多个空域用户的活动。

（五）最小风险航线

最小风险航线即推荐固定翼飞机使用的一条具有明确范围的临时走廊，这条走廊对低空飞越战斗地带的飞机构成的已知危害最小。

（六）陆军飞机标准航线

陆军飞机标准使用航线，是设在协调高度以下的航线。这些航线为陆军航空资源的运用提供便利，通常位于军至旅级部队的后方作战地域。这些航线不需要得到空域控制机构的批准。

第七章
美军陆空联合作战指挥的启示

联合作战的关键在指挥。陆空联合作战的本质就是通过力量体系的有机融合，指挥机构的高效联合，达成作战行动的无缝结合。联合指挥问题是陆空联合制胜的决定性因素。美军陆空联合作战指挥有其特殊性的做法，也有其规律性的借鉴意义。

第一节　优化联合指挥机制，强化陆空集中统一指挥

陆空联合作战的组织实施较为复杂，只有建立优化完善联合指挥机制，强化战役层面的集中统一指挥，才可能防止出现陆军与空军各行其是、“打乱仗”的局面。海湾战争以前，美军进行了许多不同规模、不同样式的联合作战，但联合部队指挥官空有联合的“头衔”，而无联合的“实权”，各军种自成体系、内耗不断，很难实现真正意义上的协调。越南战争中，美军的“联合”只是停留在机构的层面上，并没有深化到军种间的协作上。各军种在南越上空进行独立的空中战争，很少进行协同，海军和空军甚至以减少载弹量来竞争每日出动最高架次数。为了弥合军种缝隙，1986 年美国总统批准了《戈德华特－尼科尔斯法案》。该法案取消了各军种部长的战时指挥权，赋予战区指挥官较高的作战指挥权，美军才由此开始了以海湾战争为标志的现代联合作战。因此，要通过条令法规对各级指挥机构的组成与职责、内外关系、工作流程与方法、工作制度等内容进行明确和规范，避免职能交叉、政出多门，保证战区指挥权责落到实处，成为本战略方向唯一最高联合作战指挥机构。

第二节　加强军种指挥关联，强化陆空横向自主协调

按协调组织者的不同，协调可分为两种方式：一是指令式协调，即上级统一组织的协调；二是平级协商式协调，即横向单位自行组织的协调。联合作战中，战略层次上的作战协调一般由统帅部组织，战役层面上的作战协调一般由战区联指组织，而战术层面上的作战协调主要由军种组织。这主要有以下几个原因。

第一，联合作战通常是在战略战役层次上组织。我们知道，美军联合作战指挥分为三个层次：战略层次，即参谋长联席会议；战役层次，即战区司令部（如印度洋－太平洋司令部）及其下属联合司令部（如驻韩司令部）；战术层次，即联合特遣部队司令部（根据任务性质临时建立）。可见，美军在战术层次上并不存在常设联合指挥机构。第二，随着军兵种数量的增加、战场空间的拓展、组织指挥的复杂，现代指挥更多的是间接指挥，而非直接指挥。联合部队指挥员的指令要经过军种指挥体系的流通，最终才能转化为分队的作战行动。联合作战指挥机构的扁平化也并不意味着军种指挥层次的消失。因为指挥体系的扁平化主要是反映在信息流层面上，而不在指挥决策或指挥权力的层面上，作战指令仍然需要经过中间层次的理解、细化、转发，才能到达指挥末端。与以往不同的，只是中间层次减少，信息流程加快。所以，战术层次上不同军种部队之间实时的作战协调行动并不能完全依赖于联合指挥机构由上至下的逐级协调或越级直接协调。第三，联合部队指挥员及其指挥机构能够直接指挥、控制和协调的部队数量有限。在联合作战中，联合部队指挥员及其指挥机构也将关注主要作战方向和重大作战行动的协调。所以，在作战中，联合部队指挥员及其指挥机构负责审批陆空作战协同计划，对陆空作战行动实施整体、宏观上的协调。具体的近距空中支援活动主要由军种组织。因此，要加强军种间的指挥关联，强化军种间的横向协调。

信息化条件下，瞬息万变的战场态势，也要求我们不断强化陆空横向协调，以满足陆空部队实时协调、自主协调的要求。强化陆空横向协调，关键是要下放陆空协调职权，加强军种机构的指挥关联，以达到减少协调层次、优化协调机制的目的。美军联合司令部指挥官就是通过下属联合司令部、军种部队、职能部队、联合特遣部队的指挥官行使指挥权。职能部队包括联合

部队空中部队、联合部队地面部队等。美军联合部队空中部队指挥官由军种指挥官担任。联合空中作战中，美军联合司令部通过联合部队空中部队指挥员控制、协调各军兵种所属空中作战力量及其行动。未来作战中，为了适应联合层次向战术级延伸的趋势，提高部队反应速度，需要加强军种横向关联，减少协调层次，不断强化陆空横向协调职能，才能满足陆空实时整体联动作战的要求。

第三节　构建陆空协调组织，建立陆空双向协调机制

协调机构双向派出是指空军部队向陆军部队派出协调机构的同时，陆军部队也应向空军部队派出协调机构或联络人员。

关于陆空作战协调机构的派遣，外军主要有两种做法。一是苏军的做法，即空军向陆军单向派出，苏空军集团军、师分别向主要作战方向上的陆军方面军、集团军和军派出作战小组（或空军代表）。二是美军的做法，即空军与陆军双向派出。美军战区陆军向联合空中作战中心派出战场协调分遣队的同时，联合空中作战中心也向战区陆军派遣空中部队协调分队。

未来战场，情报的实时交互和高效利用将在很大程度上决定近距空中支援的效能。陆军部队向空军部队派出协调机构，并将陆军协调机构与空军指挥机构相应的职能部门无缝对接，对空军部队来讲，这相当于在空军指挥机构内部增添了能生动诠释陆军部队及其作战行动的“解说员”；对陆军部队来讲，这相当于在空军指挥机构内部增添了陆军部队的前方“联络站”。协调机构的双向派出将有助于空军部队与陆军部队的沟通与交流，加速陆空作战情报的交互与有效利用。

增设空军联络人员，加强对空指挥引导能力。美国空军向陆军师、旅、营等单位派出了大量的战术空军控制组，有效地解决了空地协调问题。战术空军控制组，携带必需的通信和引导装备、器材和资料，随陆军地面部队行动。若把美军陆空协同组织看作一个系统，战术空军控制组则属于这个系统的末端协调机构，它是对空中支援力量实施分散控制的另一个关键部位。美军战术空军控制组中的空军联络官很多具有飞行或领航经历，经过了大量指挥引导训练，战术空军控制组中的联合终端控制员经过了大量实爆实投训练，并且需要得到国防部的资格认证。战术空军控制组中专业的引导队伍，保证

了美国空军与陆军的有效协调。我军同样需要加大相关军种联络人员和终端攻击控制人员的培训。通过培养专业的对空引导人员、专业的末端攻击控制人员，能够进一步提升部队陆空协同作战能力。

改进引导器材和引导方式。英国国防部关于《伊拉克战争的经验教训》指出："由于不能提供足够精确的移动目标的位置坐标，使得近距空中支援任务受到了阻碍。大多数地面部队在地图上标注目标位置，而不是使用 GPS 全球定位系统设备。而且，由地面部队提供的移动目标 GPS 信息有时很快就过时了，这就需要飞行员在执行打击之前通过瞄准再次确认移动目标。"吸取外军经验教训，空中支援作战中，须给支援作战飞机提供实时精确的目标数据。为此，需要加大对空指挥引导器材，以及目标识别、定位、标示等器材的保障力度，如便携式通信电台、数据链、"北斗"定位系统、激光测距机、微型摄影机、激光目标指示器、频闪灯、布板等先进的通信设备和引导器材，确保引导人员在战场各种复杂情况下都能够开展引导活动。

赋予空军协调联络机构遂行紧急航空火力支援的权限。为应对战场突发情况，美军联合空中作战中心一般授予空中支援作战中心处理紧急空中支援申请。空中支援作战中心配置于美国陆军军、师等单位，具有改变飞机预定任务和紧急召唤飞机的权限，必要情况下还可直接联络联合空中作战中心或空军飞行联队，由后者在更大范围内调动飞机实施紧急空中支援。为更快地响应战场突发情况，空中支援作战中心还可能把召唤飞机的权限下放至战术空军控制组，因此，在阿富汗战争、伊拉克战争中，美国陆军地面部队的士兵才能实时呼唤空中支援。未来战场，战场形势复杂多变，为缩短反应时间、提升航空火力支援的效能，可根据情况赋予空军协调联络机构指挥控制空中或地面待战飞机的权限。在作战中，一旦发生紧急情况，陆军部队可直接将支援申请递交给空军协调联络人员，由后者指挥控制待战飞机实施支援。需要指出的是，由于空中资源的有限性，空军协调联络机构能够直接指挥控制的飞机数量是有限的，且需要在拟制计划或其他时机提前授权。

第四节　科学编组指挥机构，明晰陆空指挥协调渠道

优化陆空联合作战机制，提升陆空联合作战效能，必然要解决好"由谁组织""与谁协调""怎样协调"的问题。科学编组指挥机构，细化各个部

门、要素、席位的主要职责，明晰陆空作战协调的渠道，规范情报交流、目标选择、空中申请、作战评估、空域协调等事项的具体组织过程，有利于加快陆空协调的进程，提高陆空协调效率。

美国陆军设置了火力部门、火力支援协调组等机构。火力部门拟制火力打击计划，提出火力支援申请，评估火力毁伤效果，协调使用各种火力打击手段。美军还设有专职的火力协调员（可由炮兵部队指挥员兼任）。设立协调员的目的是加强领导，明确职责，提高协调效益。经过专业培训的火力协调员了解各军兵种主要火力打击兵器的性能和作战运用原则，熟悉火力协调的具体内容、方法和要领。设立火力协调员有利于量敌用兵、量敌用弹，更有利于各火力打击单位之间的相互协调配合，使火力协调更为顺畅，火力打击更为快捷。美军还设有空域管控组，主要职责是监控空域态势，制订空域管制计划，发现和解决空域冲突，与其他军种和友邻部队协调空域使用等。设立空域管控组有利于加速空域协调，减少误伤，促使各方力量更好地利用空域。信息化战场，各军兵种一体联动筹划已成为重要的发展趋势，因此，要着眼多域联合、跨域协同，进一步规范和细化各机构、部门、要素和席位的职责，进一步明晰陆空指挥协调渠道。

第五节　加强信息系统建设，构建互联互通信息网络

信息系统是陆空联合作战的基础和重要依托。在作战中，只有将各种通信系统或设备所构成的有形和无形的“信息公路”连接起来，构成一个无缝链接、无所不在的陆空信息网络，才能使陆空信息链路“联”起来、陆空信息资源“活”起来、陆空关联信息“流”起来，才能提升陆空联合作战效能。美军陆空联合作战的高效实施，就依托于互联互通互操作的信息系统。美军联合监视与目标攻击雷达可同时引导陆军的火炮、战术导弹和攻击直升机以及空军部队的作战飞机对目标实施攻击；基于蓝军跟踪系统，美陆军部队可以看到空中作战飞机的态势信息。战术空域综合系统，陆军部队能够跟踪战场上空飞机和分发空域控制措施；基于自动化纵深作战协调系统，可以传送目标数据、火力攻击效果图，协调多域火力打击力量；轻型全信源分析系统，能够有效收集处理、分发各类情报信息；基于高级野战炮兵战术数据系统，能够有效协调、控制和计划火力支援，包括分发传递空中支援申请。

信息系统的建设是一个系统工程，需要把握重点，整体推进，不断提高互联互通互操作水平，为提升陆空联合作战效能提供有效支撑。

第六节　重视联合文化培养，强化人员主动协作意识

高超的指挥艺术离不开智囊型的团队，无缝一体的作战行动源于整体利益至上的团队配合。在变幻莫测的战场上，最重要的是人与人之间的和谐与合作，和则气盛，和则制胜。各级人员没有强烈的协作意识，再先进的技术设备，再科学合理的机构设置，也难以形成克敌制胜的体系作战能力。特别是信息化战争条件下，战场瞬息万变，战机稍纵即逝，各作战要素、作战单元紧密相连，日趋一体化，各级指挥员或参谋人员若没有主动协作的意识，各作战力量就很难“攥指成拳”。只有通过不断强化各级人员的协作意识，军种与军种之间的交流才会紧密无间，机构与机构之间的联系才会顺畅有序，人员与人员之间的合作才会桴鼓相应。协作意识的培养依赖于联合作战文化的熏陶，作战思想的统一以及法律法规的约束。所以，要重视联合作战人才的培养，使各作战人员具有与生俱有的“联合性”；重视对各军兵种部队联合作战文化的熏陶，形成齐心协力谋打赢的良好氛围；完善协调机制、细化协调措施，以明确职责、规范行动，加快提升陆空体系作战能力。

参考文献

［1］克劳塞维茨．战争论［M］．北京：解放军出版社，2004.
［2］邓尼根，马塞多尼亚［M］．北京：军事科学出版社，1996.
［3］徐立东．美军近距空中支援研究［M］．北京：军事谊文出版社．2013.
［4］张新征，蔡建华．美国陆军数字化师武器装备体系研究［M］．北京：军事科学出版社，2006.
［5］朱和平．21世纪预警探测系统［M］．北京：军事科学出版社，2004.
［6］李文．美军联合空中作战研究［M］．北京：国防大学出版社，2003.
［7］军事科学院世界军事研究部．伊拉克战争：战略、战术及军事上的经验教训［M］．北京：军事科学出版社，2005.
［8］万福明，储琴，徐立东．美军第3－09．3号：近距空中支援［M］．北京：军事谊文出版社．2013.
［9］凯尔斯．分布式网络化作战——网络中心战基础［M］．于全，译．北京：北京邮电大学出版社，2006.
［10］樊高月．观察美军点与面［M］．北京：长征出版社．2012.
［11］李恒劭，秦立富．战场信息系统［M］．北京：国防工业出版社，2003.
［12］艾登．现代战机百科全书［M］．西风，等译．北京：中国画报出版社．2016.
［13］温切斯特．战机档案：美军战机［M］．张立功，马江平，译．北京：中国市场出版社，2013.
［14］薛彦绪，范嘉宾．高技术条件下联合作战指挥与协同［M］．北京：国防大学出版社，2003.
［15］刘进军，陈伯江．陆空协同作战概论［M］．北京：解放军出版社，1996.
［16］姜道洪，刘会民．作战协同概论［M］．北京：国防大学出版社，2004.
［17］李成刚．第一场高技术战争［M］．北京：军事科学出版社，2008.
［18］曾苏南，李银年．一体化联合作战专题研究［M］．北京：军事科学出版社，2004.

[19] 汪圣枫. 美军实战内幕［M］. 武汉：武汉大学出版社. 2012.
[20] 军事科学院世界军事研究部. 美国军事基本情况［M］. 北京：军事科学出版社，2004.
[21] 原太生. 联合力量战区空域管制［M］. 北京：蓝天出版社. 2002.
[22] 冯兆新. 美军联合作战理论研究［M］. 北京：国防大学出版社. 2001.
[23] 军事科学院外国军事研究部. 美军作战手册［M］. 北京：军事科学出版社，1993.
[24] 美国国防部. 海湾战争：美国国防部致国会的最后报告：上，中，下［M］. 军事科学院外国军事研究部，中国国防科技信息中心，译. 北京：军事科学出版社，1992.
[25] 军事科学世界军事研究部译. 战略瘫痪论［M］. 北京：军事科学出版社，2005.
[26] 萧石忠. 美国空军［M］. 北京：人民出版社，2004.
[27] 军事科学院世界军事研究部译. 伊拉克战争：战略、战术及军事上的经验教训［M］. 北京：军事科学出版社，2007.
[28] 总装备部电子信息基础部. 空军武器装备［M］. 北京：原子能出版社，航空工业出版社，兵器工业出版社，2003.
[29] 郭武君. 联合作战指挥体制研究［M］. 北京：国防大学出版社，2003.
[30] 李春元. 联合作战中的陆军指挥［M］. 北京：军事科学出版社，2009.
[31] 张西红. 数字化战场中战术互联网架构与应用［M］. 北京：国防大学出版社，2004.
[32] 军事科学院世界军事研究部译. 伊拉克战争：来自参战国军方的报告［M］. 北京：军事科学出版社，2005.
[33] 刘钢，王厚生. 综合信息系统发展概论［M］. 北京：军事科学出版社，2002.
[34] 王福利，李路. 美军陆空联合近距空中支援问题研究［M］. 北京：国防大学出版社，2020.
[35] 王成俊，刘晓达. 美军指挥控制概论［M］. 北京：国防大学出版社. 2002.
[36] 军事科学院外国军事研究部译. 科索沃战争：美国国防部关于联盟力量行动的战后审查报告：上［M］. 北京：军事科学出版社，2000.

[37] 西风. 阿富汗战争（2001—2011 年美国与北约的作战行动）[M]. 北京：中国市场出版社，2014.
[38] 马克·欧文，等. 艰难一日 [M]. 杨保林，等译. 北京：中信出版社，2012.
[39] 张安国，侯晓萌，刘卫国. 美俄军队联合作战指挥比较研究 [M]. 北京：军事科学出版社，2012.
[40] 李春立. 陆空联合作战行动协同研究 [M]. 北京：军事科学出版社，2013.
[41] 西风. 当代美军空中力量 [M]. 北京：中国市场出版社，2009.
[42] 西风. 21 世纪美军空中力量 [M]. 北京：中国市场出版社，2013.
[43] 胡海军，李春立. 伊拉克战争研究 [M]. 北京：军事科学出版社，2003.
[44] 美军参联会. JP3－30. 美军联合空中作战指挥与控制条令 [M]. 空军装备研究院通信所，译. 北京：军事科学出版社，2008.
[45] 美国陆军部. 现役美国陆军武器系统鉴赏图典 [M]. 刘杨，译. 北京：人民邮电出版社，2014.
[46] 樊高月. 美国陆军扫描 [M]. 北京：光明日报出版社，1999.
[47] 刘剑. 美国陆军图鉴：下册 [M]. 北京：人民邮电出版社，2014.
[48] 卢利华. 外军作战指挥 [M]. 北京：国防大学出版社，2010.
[49] 周海瑞，李皓昱，介冲. 美军联合作战指挥体制及其指挥控制系统 [J]. 指挥信息系统与技术，2016，7（5）：10－18.
[50] 樊高月. 美军联合作战指挥机构及其运作 [J]. 外国军事学术，2003（3）：9－17.
[51] 赵小卓. 美军领导指挥体制及其运行机制 [J]. 外国军事学术，2009（2）：1－9.
[52] 张东，雷正伟，牛刚，等. 美军指挥信息系统发展历程及其结构特征 [J]. 兵工自动化，2018（2）：19－22.
[53] Joint Publication 1. Doctrine for the Armed Forces of the United States. 2017.
[54] Joint Publication 3－0. Joint Operations. 2018.
[55] Joint Publication 3－16. Multinational Operations. 2019.
[56] Joint Publication 3－31. Joint Land Operations. 2019.

[57] Headquarters, Department of the Army. ADP 1 The Army. 2019.
[58] Headquarters, Department of the Army. ADP 6 – 0 Mission Command. 2019.
[59] Headquarters, Department of the Army. ATP 3 – 91 Division Operations. 2014.
[60] Headquarters, Department of the Army. ATP 3 – 92 Corps Operations. 2016.
[61] Headquarters, Department of the Army. ATP 3 – 93 Theater Army Operations. 2014.
[62] Headquarters, Department of the Army. ATP 6 – 0. 5 Command Post Organization And Operations. 2017.
[63] Headquarters, Department of the Army. FM 3 – 94 Theater Army, Corps, and Division Operations. 2014.
[64] Headquarters, Department of the Army. FM 3 – 96 Brigade Combat Team. 2015.
[65] Headquarters, Department of the Army. FM 6 – 0 Commander and Staff Organization and Operations. 2014.
[66] Joint Publication 1. Doctrine for the Armed Forces of the United States. 14 May 2007.
[67] Joint Publication 3 – 56. 1. Command and Control for Joint Air Operations. 14 Nov 1994.
[68] Joint Pub 3 – 13. Joint Doctrine for Information Operations. 9 October 1998.
[69] Joint Publication 6 – 02. Joint Doctrine for Employment of Operational/Tactical Command, Control, Communications, and Computer Systems. 1 October 1996.
[70] Joint Publication 3 – 0. Doctrine for Joint Operations. 10 September 2001.
[71] Joint Publication 2 – 01. Joint Intelligence Support to Military Operation. 20 November 1994.